WESTERN
ETHICS
CLASSICS
OF
THE 20TH
CENTURY

20 世纪西方伦理学经典

伦理学限阈

道德与宗教

［上］

万俊人　主　编

唐文明　副主编

北京师范大学出版集团
BEIJING NORMAL UNIVERSITY PUBLISHING GROUP
北京师范大学出版社

新版序言

　　《20世纪西方伦理学经典》是我20多年前还在北京大学从教时就想做的一件学术工作，但因为各种缘故，断断续续花了近十年时间，直到我辗转清华约五年后，才在唐文明教授等门人的协助下完成此事。感谢彼时担任中国人民大学出版社社长的贺耀敏先生和李艳辉编审，是他们的鼎力支持才使这部近250万字的文献集得以在很短的时间内成功出版，并数次重印！大约前年秋，转任北京师范大学出版社总编辑的李艳辉女士同我商议，能否将此书转至她新任总编的北师大出版社再版。艳辉总编先后负责出版过我的多部著作和译著，是我在出版界最信任的朋友之一，她的提议无疑是我必须认真对待的，更何况北师大出版社在她的经略下日新月异，已然成为当今最负学术盛名的大学出版社之一，于是，便有了此书的北京师范大学出版社新版。

　　我深知，翻译编辑这类专业学科类文献的系统选编已不多见。或许是受业师周公辅成先生的影响，抑或为我自己对从教为学的既定"成见"所致，至今我仍相信这样的工作依然是有意义的。业师辅成先生学出老清华国学院，而老清华国学院的"授业"范式是：不单每一类学科而且是每一门课程都需先立范例并确定文献范围，尔后方可开坛论学教学。辅成师早年在北大开招并授业西方伦理学专业的研究生时，便是先编专业文献，然后再编讲义，最后开讲教学的。只可惜，他老人家花费巨大心力和精力编辑的《西方伦理学名著选辑》因"文革"之故，只在"文革"前夕出版了上卷，下卷延迟到上世纪 80 年代后期才得以杀青。同样的情形也发生在辅成师开设的"西方人道主义史"并编译《西方哲学家、政治学家关于人性论人道主义的言论选辑》一事上。杏坛未已，天意苍茫。学界一如日用世界，许多的人和事确乎都是难以琢磨的，更遑论合理预期和从容信托了。

但无论世事如何变换，总有某种连绵不断的踪迹可寻，相对于社会文明，文化或者普遍意义上的知识往往显示出更顽强也更清晰的"传统"特性和"文脉""谱系"，亦即某种知识、意义和精神信念的连续性。当代的学人喜欢谈论诸如"知识边界"或"学科界限"一类的问题，而且说法甚多，说词亦繁，这大概源自当代学科交叉或所谓"跨学科"趋势日益增强的缘故。果真如是，我以为对于"知识边界"或"学科界限"至关重要的大概有两个因素：其一便是已有的专业知识谱系，其二是专业知识内部的"问题域"，即某专业知识的基本主题及其衍生问题。就此而言，编辑梳理学科经典（文献）的工作不仅不可或缺，而且具有首要地位。这当然只是我个人的"私见"，未必能够得到公认。可执着如此，我自然会我行我素，不改初心了。

职是之故，我便带着学界友人和门下诸弟子一如既往，持续数年，终于完成了这部 20 世纪西方伦理学的经典选编和翻译，依主题分类集结为四大卷。发行十多年后，出版社和我都意识到一些问题，诸如：开本过大，不便于学生携带；分卷太厚，不便于随时阅读，尤其是精读选读；如此等等。于是，趁此次再版的机会，出版社决定将之分解为较小开本的多卷本重新编排出版，我和唐文明教授非常感谢出版社的这种悉心考量和出版改进。

关于本书的选编、翻译及其背景和寄意等事宜，我在原版的长序中均有交待，这里就不再赘言了。我想再次强调的一点是，这部专业文献选编寄托着我和参编诸君对于某种师门学术传统的尊重和维护，主要目的是为现代西方伦理学专业教学和研究提供一种简要的知识路线图，她直接承接着业师周公辅成先生所主编的《西方伦理学名著选辑》（上、下卷），因此她更近似于一部较为系统的教学参考文献，若还能为非专业的伦理学、甚或人文社会科学爱好者提供某些有益的资源，甚或多少能够满足他们的阅读兴趣和求知愿望，那自然是再好不过的善举了。

　　是所望焉！

万俊人
急就于 2021 年"五一国际劳动节"，京郊悠斋。

编者序言： 20 世纪西方伦理学知识镜像

一、西方伦理学知识的中国成像

40 年前，业师周辅成先生主持编译了两卷本《西方伦理学名著选辑》，交付商务印书馆刊印。但由于种种原因，1964 年上卷出版后，下卷却迟迟未能杀青，直到 1987 年，两卷才得以完整刊出。先生无疑是新中国成立后西方伦理学研究的开拓者，其主编的这两卷文本对于我国西方伦理学的研究和教学所发挥的作用自不待后学如我者言，大凡涉猎伦理学的国内学人，甚至是许多人文社会科学圈内的学人都会有所体会和评价。业师从学之时，西学东渐之势强劲如潮，然，西方伦理学却迟迟难越雷池。这或许与中国之为"道德文明古国"的文化传统身份或特殊地位多有关系。中华文明对西方现代文明的接受过程是经由"器物"到"政制"再到"文化"而渐次展开的，按陈独秀的说法，中国传统道德文化的现代开放乃是这一展开过程的最后阶段，是国人之最难"觉悟者"。不难理解，道德文化或社会"精神气质"（ethos）的改变肯定难于器物功能的改变，更何况是在一个拥有几千年道德文明传统且素来以此为荣的古老国度里实施道德文化的开放与变革。因此，西方伦理学进入现代中国当然也只能是西学东渐的最后一波，其传入的迟缓也就自然而然了。事实上，虽然国人对西方现代的道德价值观念吁求既久且烈，但对西方伦理学的知识援引却只是到了 20 世纪四五十年代才真正开始，而业师的两卷编译则是这一知识援引事业的标志性成果，至少可以说，绝大部分中国伦理学人都是通过这部两卷本的《西方伦理学名著选辑》，获取西方伦理学的原始知识地图的。

先生早年以中学为业。我曾经问过先生，是什么原因使他从中国哲学转向西方伦理学并最终决定以此为终生学术事业的。先生的回答极为简单却又耐人寻味："因为大家都不做而我又觉得必须去做，所以便做了。"先生当初的学术选择似乎是基于其主观直觉而做出的，可如今想来，这为人所不为的从学之道该要有多大的学术勇气和何等坚定的学术志向！近半个世纪的风雨春秋，先生大半生的荣辱坎坷不都系于他对西方伦理学教研事业的执著么？记得在研究生毕业前夕与我的一次促膝交谈中，先生仰头望着有些灰暗的天花板，几乎是一字一语地对我说："他们要我退休，我不能带你继续读书了，但西方伦理学总还是值得做的，你尽力去做吧！"也几乎就是从那一刻开始，我就再也没有考虑过自己的学术选择。几年后，我写成两卷本的《现代西方伦理学史》，当我把刚刚出版的样书送到先生台前的时候，先生平静地说："哦，好！只是稍急了些。若先把现代西方伦理学的文本资料编好，然后再写此书就更好了。"师言如光，师道如命，觉悟间更有几分沉重与决意。在随后的日子里，我仔细阅读了先生主编的两卷本选辑，并开始计划编译一部《现代西方伦理学名著选辑》以续师业。先生的编译始于古希腊而止于 19 世纪末，留下待续的恰好是整个 20 世纪。于是我便决意编译一部较为详尽的《20世纪西方伦理学经典》，按照理论类型和时间演变分为四卷，以期配合先生的奠基性工作，完整地呈现西方伦理学自古至今的知识图像。

西方伦理学的知识传统源远流长，用文本选集的方式所呈现的西方伦理学知识图像，显然只能是一幅粗略的知识草图，但文本选集的方式曾经是，且在我看来依然是我们了解域外文化和知识的一种简明可为的有效方式。比如说，20 世纪五六十年代由我的母系北京大学哲学系外国哲学教研室的先生们所编译的数册《西方哲学原著选读》，就一直是国内大学西方哲学教学的基本教材或文本资料。近年来，有关西方哲学的原典移译总体上已经转向对学者或学派之代表性文本的系统翻译。但即便如此，一种"面"的文本了解仍然具有"点"的文本了解所不能替代的作用。譬如，前者更有助于呈现学科知识谱系的连贯性和完整性；更有助于专业知识的非专业化普及——须知：这也是现代知识传播最有效最具市场化力量的方式；更便于有关学科教育课程的普遍开展，如此等等。

业师的两卷本《西方伦理学名著选辑》呈现了西方古典伦理学的知识图像，而我则希望，这部四卷本的《20世纪西方伦理学经典》能够延伸前书已经呈现的西方伦理学知识谱系，从而使整个西方伦理学知识图像的呈现更为完整连贯，尽管这一知识图像本身已然发生了即使在西方学者看来也是令人眩晕的变化。话说到此，难免牵扯出一个问题：既然20世纪西方伦理学知识图像本身如此变化多端，又为何以"经典"名之？学术或理论文本的经典性首先应当体现在文本自身持续长远的思想影响力和理论典范性上，而这又需要一定的时间检验。从这个意义上说，将刚刚过去的20世纪的西方伦理学文本冠以经典之名确乎有些冒昧。但我之所以明知故犯，是基于这样两点考虑：其一，我们所选编的大部分文本已然经过了相当长的时间检验，并被公认为20世纪西方伦理学的权威性文本。在选编这些文本时，我们参照了多种已在欧美学界获得广泛认可，或者已经成为权威性的大学或研究生基本教材的伦理学选编本，如 Sellars & Hospers 合编的《伦理学理论阅读》(*Reading in Ethical Theory*[1970])，Steven M. Cahn & Joram G. Haber 合编的《20世纪伦理学理论》(*20ᵗʰ Century Ethical Theory*[1995])，Peter Singer 主编的《伦理学指南》(*A Companion to Ethics*[1991])，等等。其二，文本的经典性总是相对的，伦理学文本的经典性更是如此。我这样说当然不是想用后现代主义的解释方式，来消解现代理论经典及其学术权威性，而仅仅是想表达这样一种或许还有待批评的见解，即任何理论文本的经典性首先应当是由它所表达的思想之时代特征和理论创造性价值所赋予的，其次也应该是由它对于某一学科的知识创新贡献所赋予的，而即使是同时代的学人也应该，而且可能在这两个方面对同时代的知识文本作出合理的评价和选择，尽管毫无疑问，这些同时代的学术评价和选择标准将会因未来学人的再评价或重新选择而发生改变。

对于读者来说，文本总是具有"他者"的文化特性，西方的文本对于中国的读者来说自然就是更遥远、更陌生的"文化他者"，而由于作为文化的道德伦理的知识有着比其他知识更为敏感的"文化意识形态"特征和价值征服性（权力）话语功能，所以，西方伦理学的知识文本对于中国的读者来说，就更可能产生某种精神隔膜，甚至是某种文化恐惧。事实上，西方伦理学知识图像的中国呈现一直都是不太完整的，有时甚至是模糊不清、扭曲变形的。其所以如此，不仅仅是由于人们显而易见的社会政治原因，或者因为"政治意识形态"之故，而且也由于我们不易察觉和承认的文化传统影响，或者叫做"文化意识形态"的原因。就前者言，由于我们在相当长的时间内把道德伦理问题仅仅看做社会意识形态和国家上层建筑内的问题，忽略了道德伦理作为社会文化精神之价值内核的普遍意义（相对于意识形态或上层建筑的纯政治理解），因而不可避免地把西方伦理学知识化约成了西方资本主义政治原则本身，始终对其保持着高度的政治警惕和文化抵触。就后者论，由于各文化传统之间有着天然的文化异质性，道德伦理价值层面的"不可公度性"（incommensurability）始终是阅读和理解异域伦理学知识文本的一个难以逾越的文化—心理障碍，而具体到现代中国知识界，这种道德知识层面上的文化心理隔膜往往更容易成为文化守成主义的一个有力的借口。

上述两种因素无疑对西方伦理学知识的中国成像产生了很大的影响。十多年前，我曾向伦理学界呼吁，我们需要持守的学术姿态应当首先是"本色的了解"，然后才是理性的批判和选择。但时至今日，这种"本色的了解"仍然是我们所欠缺的，或可说，西方伦理学知识的中国成像至今仍然是不够清晰的。弥补这一基础性的知识欠缺，正是我们编译本书的初衷之一。好在时至今日，不仅是当代中国的知识学人，而且是当代中国的普通民众，都逐渐意识到了这样一个道理：社会的开放不可能限制在某些"器物"技术性的层面或学术局部，更不可能回避来自各个方面或层面的参与和竞争。问题的关键不在于我们必须面对什么，而在于我们如何面对！如果我们把西方伦理学知识不仅仅当作一种异质的社会意识形态，而且也看做一种有差异的文化竞争者和知识资源，那么，我们就会以一种学习和竞争的姿态，面对这一来自异域的"地方性知识"，并从中寻求和吸收一切有益于丰富我们自己的道德文化知识的资源，将中西伦理学的会面与交流看做中国地方性道德知识扩展为普遍意义上道德知识的机遇。就此而论，首先获取一幅较为完整的西方伦理学知识图像就不仅是必要的，而且也是有益的。这一确信几乎又可以说是我们编译本书的基本动力和目标。

二、20 世纪西方伦理学知识镜像

麦金太尔教授在其《追寻美德》一书的开篇即大胆断言："后启蒙时代"的西方伦理学由于传统的中断已然只剩下一些道德知识的"碎片"而显得缺乏充分的理论可信度和实践解释力。这一西方式的自我批评可能有些言过其实，但就 20 世纪西方伦理学发展的整体而论，又很难说麦氏的此一论断全然是空穴来风。

道德知识首先是一种地方性知识，而且总是以传统的方式生长和传承着。这是为什么在此一传统中被视为正当或者善的行为在彼一传统中却可能被看做不当或者恶的行为的根本缘由。比如说，云南傣族的"阿注婚姻"（一妻多夫婚姻制的变形?!）在道德伦理上就难以为汉族所接受。所以我们可以说，任何道德知识首先必定是一种"地方性知识"，然后才可能成为一种普适性知识，因而必须首先在特定的道德文化传统语境中才可能被正确地了解和理解。麦金太尔对西方"后启蒙时代"道德知识的状况的指摘正是基于其脱出传统、一味追求普遍理性主义道德知识的主流趋势有感而发的。事实上，20 世纪的西方伦理学首先就是从这种伦理知识的科学化寻求起步的。1900 年，英国伦理学家摩尔《伦理学原理》一书的出版被看做一个具有划时代意义的伦理学知识事件。它第一次系统地批判了各种已有的伦理学所触犯的一个共同"谬误"——即所谓"自然主义谬误"：人们一直试图用某种自然的或人为的东西来定义"非自然的"道德的"善"概念，实际是用某种事实性的东西来定义价值（善）概念，而真正的道德价值（善）却是不可定义的，一如"红色"不可定义一样。摩尔的批判复活了 18 世纪"休谟命题"的非认知主义力量：我们不能合乎逻辑地从"是然"（事实命题）中推导出"应然"（价值命题），因此关于道德的学问能否成为一门科学或知识仍然是一个疑问。伦理学的知识合法性再一次以——与休谟的质疑相比——更彻底的方式突显出来，成为 20 世纪上半叶西方伦理学争论不休的中心课题，由是，所谓"元伦理学"（meta-ethics）或"批判的分析伦理学"（critical analytical ethics）也就成为20世纪西方伦理学的主流之一。

"元伦理学"的突显无疑是现代科学主义压迫的文化后果之一，然而，道德的人文本性决定了道德知识无法满足科学技术化知识标准的"非科学"命运。一种学院式或学究式的道德知识永远只能是灰色的理论，无法真正反映丰富多彩的人类道德生活世界。如果说人类的道德知识只能寄居于特定的道德文化传统并以文化的而非科学知识的方式生长的话，那么，麦金太尔关于"后启蒙时代"之道德知识碎片化的理论论断，就不啻对现代西方道德知识状况的文化诊断，而这一诊断的依据正来源于尼采的"道德谱系"理论。站在"世纪的转折点上"（周国平语），尼采以超人的智识洞见到，当康德、黑格尔式的理性主义伦理学在19世纪后期登峰造极之时，人类自身的道德知行潜能便已然枯竭见底。道德首先是一种实践智慧和意志能力，一旦它被迫蜕化为某种形式的知识技术，人类社会便不再存有任何道德崇高的渴望和英雄主义的道德激情。普遍形式化的知识所要求的是强求一律和恒定不变，而道德智慧却要求实践崇高和价值超越。尼采用一种极端的提问方式将他在19世纪末叶所发现的道德疑问交给了20世纪：在我们这个道德（文化）谱系多元化而且充满族群意志力的人类生活世界里，一种普遍的道德知识如何可能？

尼采的声音春雷般地随着20世纪西方世界的思想年轮一起滚动，不绝于世，以至于我们无法因为时间的分界而将生活在19世纪的尼采排除在20世纪西方伦理学的发展过程之外。最先发出响应的是胡塞尔及其所发动的现象学—存在主义哲学思想运动，它不可避免地带来了西方20世纪伦理学的革命性骚动：拨开理性主义的哲学天幕，反省现代科学主义及其所导致的价值观念危机，重返生活世界本身，成为20世纪前中期西方伦理嬗变的又一主题。由是，存在主义本真伦理学、生命伦理学和形形色色的人本主义伦理学相继登台。你方唱罢我登台，各领风骚数十年。20世纪前中期的西方伦理学既有学究式的逻辑游戏，又有迪斯科式的思想宣泄。

思想的宣泄源于过度积压的思想爆发。20世纪的确是一个太多思想刺激的世纪：仅仅在前半个世纪的40年间便爆发两次世界大战，这本身也许是人类文明史上绝无仅有的劫数！经济大萧条、饥荒、"冷战"、核威胁、种族屠杀与地区冲突、传染病与生态危机、恐怖与征服……几乎所有灾难和悲剧都在这个世纪迸发，人们不能不日有所思，夜有所梦，陷入难以摆脱的心灵焦虑。然而，生活的磨难常常成为思想的温床，甚至成为人文知识的增长动力，这仿佛又是人类文明行进的悲剧性逻辑！在欧洲大陆，这一逻辑显示为伦理思想的深度进展和广度扩张，似乎可以肯定地说，没有哪一个世纪能够像20世纪的欧洲大陆这样产生如此众多的道德"主义"和伦理"学说"，形成如此富有张力的伦理思想和道德理论。存在与虚无、自我与他者、生命与天道、心理与身体或者灵与肉、形上与反形上、人与自然，以及现代与后现代或后后现代，几乎人类所有的道德经验、道德情感、道德观念和伦理问题都挤压在这个世纪，一起迸发出来。与之对照，在美国，这一逻辑却更多地表现为知识的生长与积累。一方面，由威廉·詹姆斯在19世纪末叶创造的"美国哲学"即实用主义，迅速成为20世纪的显学，这种被称为"美国精神"之灵魂和核心的哲学，不仅缔造了"美国哲学的谱系"（C. West 语），成为美国开始摆脱其对于欧洲文化母体的精神依赖的基本标志，而且还凭借着20世纪迅速强大起来的美国国力，向世界各地迅速扩张，本土化的地方性哲学知识一跃成为普遍意义上的哲学知识。当美国人自豪地宣称詹姆斯使美国从一个哲学进口国一跃成为哲学出口国并把詹姆斯奉为"哲学的爱国者"（康马杰：《美国精神》）和美国的精神英雄时，他们实际上也在告诉世人：美国不仅要成为20世纪的经济强国、政治强国和军事强国，而且也将要成为精神文化的强国。另一方面，正是这一强烈而深远的动机，促使美国利用两次世界大战的机会，在大力扩张自己的物质势力的同时，也大量引进或接受了来自欧洲大陆一批又一批科学家、哲学家和人文社会科学家，获取了前所未有的技术资源和智力资源。也就是说，20世纪中后期的知识学人的地域迁徙，使美国实际上已经成为全球的科技创造中心、思想创造中心和知识创造中心。

虽然美国实用主义哲学根本上只不过是美国现代典型经验的观念反映，一种地道的工具主义目的论道德哲学。然而，它却再典型不过地揭示了西方"现代性"道德危机的秘密：实用理性至上，让包括道德在内的一切人类和人类社会事务都暴露于市，使其接受竞争和交易规则的检验！西方"现代性"的道德危机给西方宗教的复兴提供了机遇，一如中世纪晚期的宗教危机给近代人道主义的启蒙运动提供了历史机遇一样。在整个20世纪，西方宗教尤其是宗教伦理主要是作为一种社会文化批判的精神力量而复活和发展起来的。在市场经济和商业社会的环境下，现代世俗伦理不断降低价值目标和道德标准，正当合理性的规范化诉求逐步掩盖甚至替代了人类对卓越与崇高的美德追求。缺乏终极价值关怀成了现代人普遍的道德缺失，因之也成了现代社会最稀有的道德精神资源。人类需求最大的往往是其最缺乏的。现代宗教伦理正是从这一缺口切入现代社会的。20世纪的西方宗教伦理构成了整个20世纪西方伦理知识体系中最重要也最连贯的一脉，从20世纪之初的人格主义，到马里坦的"神学人道主义"；从神正道义，到当今方兴未艾的宗教生态伦理学；西方各种形式或教派的宗教都在充分利用自身的价值精神资源和现代社会文明的缺陷，用道德批判的方式参与并干预现代社会生活，神学道德或宗教伦理学成为20世纪西方伦理学知识图像中主要构成之一。

　　然而，对"现代性"道德的批评与辩护始终是20世纪西方伦理学演进的主线。进至20世纪后期，这一主线演化为两个相互交错层面上的理论争论：一个是现代主义与后现代主义之间的争论，其中的道德争论更多地行进在关于"文化政治"(the politics of culture)和"文化哲学"(the philosophy of culture)的语境之中，而且所谓"后现代(主义)伦理学"至今仍然处在朦胧不清的生长初期，除了李约塔尔、鲍曼等少数后现代思想家开始讨论后现代伦理问题之外(见李氏的《后现代道德》和鲍氏的《后现代伦理学》)，真正谈论后现代伦理学的学者并不多见。事实上，充满解构力量的后现代话语究竟如何谈论甚至是否能够谈论天性持守规范秩序的道德伦理话题，仍然还是一个问题，期待用后现代叙事方式去建构某种后现代伦理学，就更是一个疑问了。

　　另一个层面是"现代性"思想内部的理论争执，其中以新自由主义、共同体主义(社群主义)和文化守成主义(一说"文化保守主义")三家最为突出。自由主义原本是西方现代社会的意识形态——即一种具有宰制性思想力量的社会观念形态，如何辩护和完善这一观念形态及其社会价值权威，始终是西方思想界的头等大事。20世纪70年代伊始，美国哈佛大学伦理学和政治哲学教授罗尔斯发表《正义论》(1971)，标志着 20 世纪西方伦理学的重大转折，即伦理学从学理式的纯伦理学知识论探究转向道德实践规范的重新建构。康德社会契约论的普遍主义规范伦理学传统得以复兴。与此同时，一种基于亚里士多德美德伦理或黑格尔历史主义传统的共同体主义（一译"社群主义"）伦理学也开始抬头，并与新自由主义伦理学形成鲜明对照，而与共同体主义有着内在亲缘关系的文化守成主义也悄然兴起，并逐渐成为一种全球性的当代伦理思潮。然而，当代西方伦理学的三足鼎立并不具有内在分裂的知识异质性或理论异质性，毋宁说，它们之间的理论竞争更像是一场话语权力的争夺，一如江湖门派之争终究无外乎武林势力的较量一样。不过，任何有关"现代性"的道德话语都无法脱开当代世界的社会语境，因而，当代西方伦理学所讨论的课题，诸如，自由与平等、正义与秩序、规范与美德、权利与制度、个体与群体等，实际也是全球伦理的当代主题。从这个意义上说，由罗尔斯引发的当代西方伦理学讨论不仅不会随着 20 世纪的结束而结束，而且也不会只限于西方伦理学的语境，关于上述课题的讨论将会而且实际上已经开始进入 21 世纪全球伦理的公共论坛，成为新世纪人类社会的共同话题。有鉴于此，我想特别强调，在我们这个时代和社会里，阅读 20 世纪西方伦理学的文本已经不再只是在阅读"文化他者"，它实际上也是一种本土文明或文化的道德自我阅读，包括对我们自身道德文化传统的重新解读，以及更重要的是对我们现实生活情景与意义的道德解读！

三、道德谱系与知识镜像

毫无疑问，20 世纪西方伦理学的发展展现出一种异常复杂多变的知识状态，无论人们是用"破碎凌乱"还是用"丰富多彩"来描绘这一知识状态，实际上都无关紧要，对于我们来说，重要的是通过解读那些显露抑或遮蔽这种知识状态的典型文本，了解这一知识状态背后的道德实在、道德实在与伦理知识之间的互动关联，以及有可能和有必要了解的西方伦理学知识镜像之于当代中国伦理学知识生长的复杂意义。

尼采的说法是对的。任何道德都以谱系的方式存在和发展着，没有一种无谱系生成的一般道德。不同民族、不同群体、不同阶层，其所形成并信奉的道德伦理都从属于他们各自不同的生活方式、生活环境和生活目标（理想）。因此在道德实在论的意义上说，任何一种道德知识或者道德观念首先都必定是地方性的、本土的，甚或是部落式的。人们对道德观念或道德知识的接受习得方式也是谱系式的。儿童首先是从其父母身上和家庭生活中习得原初的道德知识，而不是从书本中获取其道德知识的。必须明白，道德知识乃是一种特殊的人文学知识，而所谓人文学知识（the knowledge of humanities）不是现代知识意义上的"科学技术知识"，或者用时下的技术语言来说"可编码化的知识"，而是一种最切近人类自身生活经验的学问或生活智慧。当然，今天的儿童也可以从诸如电视和网络上习得某些普遍标准化的道德知识，如一些商业广告或社会宣传所传达的道德信息。但无论如何，这些公共的道德信息都远不及父母的言传身教对儿童的影响来得直接和根本，后者的体认式知识传授方式恐怕是永远不可替代的。

这样说来，伦理学的知识生成和传播就面临着一个难以消解的矛盾：如果伦理学是一门真正的科学，其知识就必须是超道德谱系的，或者用康德式的术语来说，必须是可普遍化的，否则，就不能叫做知识，而只能叫做常识或经验。反过来，如果脱开具体的道德文化传统或道德谱系，伦理学的知识最多也只能是一种纯形式的知识，不具有任何实质性的内容，因而很难对人们的道德实践发生普遍的实质性价值影响。如果有人对那些食不果腹、衣不蔽体的非洲部落居民宣讲自由和平等的人权原则，他或者她除了漠然、疑惑和失望之外，肯定不会得到任何实质性的价值满足。

不过，这并不是反驳基于普遍理性或普遍道德推理之上的伦理知识论的充分理由，人们同样可以反驳说，如果普遍的伦理学知识绝无可能，人类又是如何达成相互间的道德理解和道德共识的？毕竟人类社会实际上在诸如正义、和平、良知和爱等一些基本的道德伦理价值理念上有着相当程度的分享和共识。麦金太尔曾经承认并且希望，各个道德谱系或道德文化传统在达成对本谱系或本传统及其它们自身的连贯性发展的具体确认之后，有可能而且应该通过它们相互间的解读、对话和"翻译"（不仅是文本的，而且还有道德观点或文化价值观念的），寻求某些道德共识。然则，麦金太尔似乎仍然拒绝了诸如康德和罗尔斯等人主张的普遍主义伦理学知识的实际可能。相比之下，我个人可能要比麦金太尔先生更乐观一些，但也不及罗尔斯先生那般大胆，主张比如说他晚年在《万民法》（1999）一书中所倡导的那种或可称之为万民自由主义的价值立场。我相信，道德知识首先是一种寄居于各特殊道德谱系之中的地方性或本土化知识，不同的地方性道德知识之间的确存在着某些不可通约或公度的知识元素。然而我也相信，某种基于相互沟通和相互理解的道德共识并非是完全不可能的，关键取决于各地方性道德知识是否有相互了解、相互学习的愿望，是否能够保持一种相互宽容、相互增进或共生共荣的文化姿态。况且，道德知识的普遍化实际上也是每一种地方性道德知识的生长愿望，在一个开放和竞争的时代，没有哪一个道德文化传统或哪一种地方性道德知识会轻易放弃这种普遍生长的愿望，问题是，每一种地方性道德知识或道德文化传统都必须明白，这一愿望的实现首先是以"文化平等"（参见 Brain Barry, *Culture and Equality*，2003）和相互学习、相互理解为基本前提和条件的。就此而论，一种平等的文化心态和学习理解的学术姿态，也应当是我们阅读 20 世纪西方伦理学的经典文本的基本态度。

　　最后我想特别说明一下，作为一名普通的伦理学知识传授者，我自身的知识局限同时也决定了这部四卷本的《20 世纪西方伦理学经典》的知识局限性。这不是参与本书编译工作的其他学人的过错，而是作为本书主编的我难以短期改善的问题。然而无论如何，我不想因为自身的局限而限制甚至挫伤本书读者的知识了解愿望，克服这种局限的唯一办法只能是，请那些想了解 20 世纪西方伦理学知识本相的读者，在翻阅本书之后，进一步研读这一时期各西方伦理学家更详细的著述文本，获取更完整更详尽的 20 世纪西方伦理学的知识图像。就此而言，本书所能起到的最大作用只不过是提供一种知识索引或知识草图而已。

万俊人

2003 年 12 月中旬成稿于广州中山大学紫荆园

12 月下旬定稿于北京西北郊蓝旗营小区悠斋

目　录

20世纪西方伦理学经典(Ⅲ)

[德]韦伯(Max Weber，1864—1920)

《新教伦理与资本主义精神》(1920)(节选)

《新教伦理与资本主义精神》*
（1920）（节选）

一、世俗禁欲主义的宗教基础

在历史上一直有四种主要的禁欲主义新教形式（就这里所用的新教一词的意义而言）：1. 加尔文宗，指其在西欧、主要是 17 世纪的西欧有较大影响的区域所采取的那种形式；2. 虔信派；3. 循道派；4. 从浸礼运动中分裂出来的一些宗派。这些宗教运动相互之间的界限并不十分清晰，甚至它们与那些宗教改革后的非禁欲主义的教会之间的区别也并非绝对鲜明。就循道派而言，此派 18 世纪中期从英国国教内部发展而来，其奠基人最初并无意创建一个新的教派，而只是试图在旧教会中唤醒禁欲主义精神。只是在其发展的进程中，尤其是在其向北美大陆延伸的过程中，循道派才最终与英国国教分裂。

虔信派在英国，尤其在荷兰，首先是从加尔文教运动中分裂出来的，初期它与正统尚存不甚紧密的联系，而后经过不易察觉的蜕变，逐渐脱离了正统，直至 17 世纪末，在斯彭内尔②（Spener）的领导下，虔信派终于融入路德派。尽管教义方面的调整不够理想，虔

＊ 原文中的注释部分全部删略——编者注。

② 斯彭内尔（1635—1705），德国基督教新教神学家，虔信派倡导人之一。

信派毕竟始终是路德教会的一支。只有由亲岑道夫①（Zinzendorf）主持的宗教集团像循道派一样，被迫组合成一个特殊的派系，这个集团处于摩拉维亚弟兄会中，曾不断受到胡斯派②（Hussite）和加尔文宗的影响。加尔文宗与浸礼派在发展初期曾一度尖锐对立，但到17世纪后半期，两派联系甚为密切。甚至在17世纪初英国和荷兰的独立派各派系中，这个转变也并不突兀，正如虔信派所示，向路德派的过渡也是一个逐渐的过程；加尔文宗与英国国教会③的关系同样是如此，尽管无论从外部特征，还是就其最必然的拥护者的精神而言，英国国教与天主教的关系更为密切。不管是附和禁欲运动的大众还是其最坚定的倡导者，都曾从根本上反对过英国国教的信仰基础，这一运动被称作清教④，即取这个词十分模糊的最广泛的外延；但即便这二者之间的差异也只是在斗争的进程中逐步明朗化的。即使我们这里对政府的组织等问题不感兴趣，并基本不予考虑，事实并不因此而发生改变。教义方面的不同，包括最重要的不同，如预定论和称义论⑤上的不同，都是极复杂地交错结合在一起的；在17世纪，这些差异，虽然不无例外，却是经常地阻碍教会维持其内部统一的。首要的是，我们感兴趣的各种道德行为在大相迥异的各派信徒中展现出相同的形式，这些派系或从上述四种源流中分支而来，或源于其中几种的组合。我们将看到，大相径庭的教义基础也可以与相近的伦理准则相联系；况且用以拯救灵魂的重要写作手段，即

---

①　亲岑道夫（1700—1760），基督教胡斯派后继者组织摩拉维亚弟兄会的重整者。

②　胡斯派，15世纪捷克宗教改革家胡斯的追随者的统称，后形成波希米亚弟兄会。

③　英国国教会，即"英格兰圣公会"。圣公会在英国被定为国教，故称英国国教会。

④　清教，基督教新教中的一派。16世纪中叶起源于英国。英国国教会内以加尔文学说为旗帜的改革派。要求"清除"国教内保留的天主教旧制和繁琐仪文，提倡"勤俭清洁"的生活，因而得名。清教后又分化出一些新宗派（如长老会、公理会等）。

⑤　"预定论"：新教加尔文宗的主要神学学说，认为基督受死以行救赎，不是为全体世人，而只是为上帝所特选的将被救赎者。谁被上帝选召，谁被弃绝，与个人行为本身无关，全由上帝预先规定。"称义论"：基督教神学救赎论术语，指关于如何得救的教义。得救者被上帝称为义人，马丁·路德提出的"因信称义"被认为是基督教神学"称义论"之基本解释，其本义为，因为信仰者的信仰而使其得救。故"称义论"主要强调的是以信仰而求得救赎。

主要是各派的诡辩概要法，随着时间的推进也相互影响；因此这些派系虽然在实际行为上存在着巨大差异，我们仍然发现它们之间有着大量的相似之处。

我们似乎最好是完全不考虑教义基础与伦理理论，而着重探讨那些能够确知的伦理行为，但这是不可能的。毫无疑问，禁欲道德的各种不同的教义基础在激烈抗争后消失了，然而与这些教义的原始联系在后代非教条的伦理中遗留下重要的痕迹。况且，只有基于对最初思想体系的了解，我们才能认识这种道德与来世观念的联系，而来世观念曾绝对统治过那个时代最圣洁的人的灵魂。没有这种笼罩一切的力量，那一时期也不可能有足以严重影响现实生活的道德觉醒。

自然，我们所关注的并不是当时理论或官方在伦理概要里传授的是什么东西，无论这通过教会戒律、牧师职务和布道产生过多么实际的重要作用。毋宁说我们只对与此大不相同的另一些问题感兴趣，即由宗教信仰和宗教活动所产生的心理约束力的影响，这些影响转而指导日常行为并制约个人行动。而这些约束力在很大程度上则是从它们背后的各种宗教思想的特点中衍生出来的。那时的人们热中于抽象的教义，甚至这种热忱本身也只有当我们了解了这些教义与实际宗教利益的关联时才能理解。因此，对教义做点考察是必不可少的，尽管这对于不搞神学的读者来讲似乎索然无味，而对于神学家来讲，却又过于草率而未免失于肤浅。当然，我们只能以各种理想类型的人为的单纯性样式来着手呈现这些宗教观念，这些理想类型是充分完善的，但又是在历史中难得见到的。因为，正如人们不可能在历史实在中截然划分各种界线一样，我们也只能企望通过对其最首尾一贯的逻辑形式的研究，来理解这些观念的独特的重要性。

A. 加尔文宗①

在 16、17 世纪最发达的国家中，如尼德兰、英国和法国，正是加尔文教这一信仰引起了这两个世纪中重大的政治斗争和文化斗争。

---

① 加尔文宗(Calvinism)，也称"长老宗""归正宗""加尔文派"，基督教新教主要派别之一。以加尔文的宗教思想为依据的各派教会的统称。产生于 16 世纪宗教改革时期。宣称《圣经》是信仰的惟一源泉，主张上帝预定论。

因而我们首先要考察加尔文教。在当时（甚至笼统地讲在我们这个时代也是这样），人们认为预定论是加尔文教最显著的特点。当然，究竟预定论是归正教的核心信条还是仅仅是其附加条款，这一问题一直存在争议。判断历史现象的重要性可以以价值为尺度，也可以以信仰为尺度，也就是说，判断既可以基于其中最令人感兴趣的一点，也可以依靠其长期以来最有价值的一点。另一方面，判断也可以指涉这种历史现象作为一个因果性要素对其他历史过往的影响，这时我们关心的是对历史归因（historical imputation）的判断。如果我们现在从后一种角度出发——而且我们这里必须这么做——去探讨预定论这种教义由于其文化历史的结果而应当赋予它的重要意义的话，那么这种教义确实必须得到非常高的评价。奥登巴内维尔德（Oldenbarneveld）领导的运动就是被这种教义摧毁的。也正是由于君权与清教徒在这一教义上的分歧，使得英国国教的分裂终于在詹姆士一世时期变得不可挽回。这一教义还被看作是加尔文教中真正含有政治危险的因素而屡遭权势的打击。而在 17 世纪，重大的宗教会议（那些众多的小型会议不算，主要是多德雷希特宗教会议与威斯特敏斯特宗教会议）都曾将抬高这一教义、使其具有教会法规的权威性作为会议的核心任务。这一教义还成为教会的无数斗士们英勇力量的源泉，而且在 18、19 两个世纪中，它导致了教会的分立，并且成为新的觉醒的号角。因此我们不能忽视这教义，而且因为今天并非所有受过教育的人都了解它，所以我们最好借 1647 年"威斯特敏斯特信纲"中所用的权威性说法来了解其内容，在这点上，独立派、浸礼派的教义只是简单地复述这个"信纲"。

"第九章（论自由意志）第三条，人，由于他堕入罪恶状态，所以完全丧失了达到任何崇高的善的意志能力以及与此相伴随的灵魂得救。因此，一个自然人，完全与善背道而驰而且在罪孽中死去，便无法依靠自己的力量改变自己，或为这种善做任何准备。"

"第三章（论上帝永恒天命）第三条，按照上帝的旨意，为了体现上帝的荣耀，一部分人与天使被预先赐予永恒的生命，另一部分则预先注定了永恒的死亡。"

"第五条，人类中被赐予永恒生命的，上帝在创世之前就已根据他亘古不变的意旨、他的秘示和良好愿望而选中了耶稣，并给予他永恒的荣耀，这完全是出于上帝慷慨的恩宠与慈悲，并没有预见人或耶稣的信仰、善行及坚韧，也没有预见任何其他条件或理由使上帝给予恩宠或慈悲，一切归功于上帝伟大的恩宠。"

"第七条，上帝对其余的人感到满意，按照上帝意旨的秘示，依据他的意志，上帝施予或拒绝仁慈，完全随其所愿。使他统治自己的造物的荣耀得以展现，注定他们因为自己的罪孽感到羞辱并遭到天谴，一切归于上帝伟大的正义。"

"第十章(论有效的神召)第一条，所有上帝赐予永恒生命的人，也只有那些人，上帝都会在他预定神召的时候，以圣言或圣灵进行有效召唤(将他们从浮生罪恶与死亡的状态中选召出来)……剔去他们的铁石之心，赐予他们肉体的心，更新他们的意志，并以上帝的无上威力，使他们坚定地从善。"

"第五章(论天命)第六条，至于那些不信教的恶徒，前世的罪恶使他们不辨善恶，而且铁石心肠，上帝，作为正直的裁判，不仅拒绝给予他们以恩赐——这恩赐本可以照亮他们的眼睛、软化他们的心肠，而且上帝有时甚至收回他们原有的天赋，致使他们暴露在有可能导致罪恶的腐化之前。此外，上帝还放纵他们的欲望，用尘世的诱惑和撒旦的魔力引诱他们，于是这些人心肠愈硬，甚至上帝用来软化他人的方法也只会使他们心肠变得更硬。"

"哪怕因此会把我放逐地狱，但这样一个上帝我无法敬重。"这是弥尔顿对这一教义的著名看法。但我们这里所关心的并不是具体评价，而是这一教义的历史意义。我们只能简略地描述一下这一教义的渊源以及它是怎样成为加尔文神学体系的组成部分的。

这里存在着两种可能性。宗教意义上的恩宠与这样一种确定感觉相结合，这种感觉认为此恩宠是一外在力量的产物而绝非取决于个人价值。继奥古斯丁①之后，在基督教中频频出现的那些极为活跃而热忱的伟大膜拜者身上都可以见到这种结合：由确信而产生的极度轻松的感觉使罪恶感所造成的巨大压力得以排解，这种有力的情感无疑以极强的力量冲击着信徒，使他们根本无法相信恩宠这种

① 即圣奥古斯丁(354—430)，早期基督教会的领袖。

无法抗拒的礼物竟会与他们个人的合作有任何联系，或者与他们通过自己的信仰和意志所达到的境界或德性有任何联系。在路德处于宗教创作最旺盛的时期，也就是在他能够写作《基督徒的自由》时，他毫不怀疑地认为上帝的秘示是他得以受到宗教恩赐的惟一的、也是终极的源泉。即使后来，路德也不曾在形式上放弃这一信仰。但这种思想对他来说不仅没有占据主导地位，并且随着他作为他的教派的领袖被不断地推入实际政治斗争中去，反而逐渐退居次要地位。梅兰希顿①（Melanchthon）曾有意避免接受《奥格斯堡信纲》中阴沉而危险的教谕。对路德教派的开创者们来说，必须信仰上帝的恩赐是可以取消的（可失性），也是可以通过悔悟后的谦卑和绝对信赖上帝的旨喻及圣事而重新赢得的。

　　而在加尔文那里，这一过程恰恰相反。上述教义对他的学说所产生的意义是逐渐增大的。这在他同与他对立的神学家们的争论中表现得很明显。但是，这一点直到他的《基督教原理》一书第三版才得到充分展开，在他死后，当多德雷赫特与威斯特敏斯特两个会议决定结束那些激烈的争端时，这一倾向终于上升到主导地位。对于加尔文来说，令人敬畏的教令并不是像路德认为的那样，从宗教经验中发展而来，而是出于他自己思想的逻辑需要。因而，随着这一宗教思想的逻辑一致性的不断增强，这一教令的重要性也因而得到不断发展。其全部意义在于上帝，而不在于人；上帝不是为了人类而存在的，相反，人类的存在完全是为了上帝。一切造物（当然包括加尔文所深信不疑的事实，即，只有一小部分人被选召而获得永恒的恩宠），只有一个生存意义，即服务于上帝的荣耀与最高权威。以尘世公正与否的标准来衡量上帝的最高旨意不仅是毫无意义的，而且是亵渎神灵的，因为只有上帝才是绝对自由的，即不受制于任何法律的。我们只有根据上帝自己的意愿，才能理解或仅仅知晓上帝的意旨，我们只能牢牢抓住永恒真理的这些碎片。其他任何一切，包括我们个人命运的意义，都隐于冥冥神秘之中，我们绝不可能洞悉这种神秘，甚至提出任何疑问都是一种僭越行为。

---

①　菲立浦·梅兰希顿(1497—1560)，德国学者、宗教改革者。

对于永远沉沦的人来说，抱怨自己的命运如同动物抱怨它们不曾生而为人一样徒劳无益，因为肉体的一切都被一条无法逾越的鸿沟与上帝远远隔开，只要上帝还没有为了他的崇高权威的荣耀而作出任何其他判决，那就只有赐给他们永恒的死亡。我们所知道的仅是：人类只有一部分能够得救，其余则被罚入地狱。如果假定人类的善行或罪恶在决定这一命运时会起作用，则无异于认为上帝的绝对自由的决定能够受人类的支配；而上帝的决定又是永恒的固定了的，因此，这是于理不通的自相矛盾。《新约》①中所描述的那个天界里的圣父，是那样富有人情味和同情心，他会为一个罪人的幡然悔悟而由衷地感到欣慰，恰如一个妇人为银币的失而复得而欣喜一样。但这个上帝已经不存在了。取而代之的是一个超验的存在，是人类理解力所无法企及的存在。他以他那不可思议的圣谕规定了每个人的命运，并且永恒地规定了宇宙间最琐碎的细节。既然圣谕不可改变，那么得到上帝恩宠的人就永远不会失去这一恩宠，而上帝拒绝赐予恩宠的人也就永远不可能获得这一恩宠。

这一教义因其极端的非人性，必然给笃信其辉煌的一贯性的一代人的生活带来一个重要后果，即每个个人所感到的空前的内心孤独。对宗教改革时期的人们来说，生活中至关重大的是他自己的永恒得救，他只有独自一人走下去，去面对那个永恒的早已为他决定了的命运，谁也无法帮助他。教士无法帮助他，因为上帝的选民只能用自己的心灵来理解上帝的旨谕；圣事无法帮助他，因为尽管上帝规定用圣事增添自己的荣耀，因而人们必须严格地执行，但圣事并非获得恩宠的手段，而只是信仰的主观的"外在支柱"，教会也无法帮助他，因为尽管人们相信"离群者乃不健康之人"，意即，回避真正教会的人永不可能是上帝的选民，然而取得外在性的教会成员的资格也仍然要接受末日的审判。他们应该属于教会并遵守教规，但不能以此得救，因为这是不可能的，而只是为了上帝的荣耀，他们也被迫遵守上帝的戒规；最后，甚至上帝也无法帮助他，因为耶稣也只是为了上帝的选民而死的。为了选民的利益，上帝从冥冥永

---

①　《新约》，指《圣经·新约》。基督教经典《圣经》由《旧约》和《新约》组成。

恒中安排了耶稣的殉教。总之，通过教会、圣事而获得拯救的任何可能性都被完全排除（而这种排除在路德派中并没有达到其最终的结论），这一点构成了与天主教的绝对决定性的区别。

宗教发展中的这种伟大历史过程——把魔力（magic）从世界中排除出去，在这里达到了它的逻辑结局；这个过程从古希伯来预言家们开始，而后与希腊人的科学思想相融合，把所有以魔法的手段来追求拯救的做法都当作迷信和罪恶加以摈弃。真正的清教徒甚至在坟墓前也拒绝举行宗教仪式，埋葬至亲好友时也免去挽歌及其他仪式，以便杜绝迷信、杜绝靠魔法的力量或行圣事的力量来赢得拯救这种想法。

对于上帝拒绝施予恩宠的人们来说，不仅不可能通过魔力获得恩宠，而且任何方法都是不可能的。上帝的绝对超验性及"一切和肉体有关的都是堕落"等严酷教义与个人内在的孤独感结合在一起，一方面解释了为什么清教徒对文化、宗教中一切诉诸感官和情感的成分都采取彻底否定的态度，因为这些东西无助于得救，而只能平添些感伤的幻想和偶像崇拜式的迷信。这一孤独感因而成为对所有形式的感官文化的根本的敌对情绪的基础。而在另一方面，这种孤独感成为有幻灭感及悲观倾向的个人主义的一个重要根源。而这种个人主义即使在今天也可以从有清教历史的民族的民族性格或习俗中发现，这与后来启蒙运动看待世人的眼光形成鲜明的对比。即使在预定论作为信条的权威已经减弱的时候，我们仍然能够十分清晰地在我们所关注的时期中找到预定论对行为及生活观念的基本形式的影响痕迹。事实上，我们所感兴趣的只是对上帝的极端的完全信赖。例如教会就反复地告诫人们切莫相信朋友间出自友谊的帮助，在英国清教文献中尤其如此。甚至和善的巴克斯特①（Baxter）也奉劝人们要对最亲密的朋友存有深深的怀疑，而贝雷（Baily）则直截了当地告诫人们切勿相信任何人，切勿对任何人让步。惟有上帝才可以信赖。与路德主义形成鲜明对比的是，这种生活态度同时与秘密忏悔从加尔文主义盛行地区的悄然消失有密切关系。加尔文对秘密忏悔有所

---

① 理查·巴克斯特（1615—1691），英国清教徒学者、作家。

怀疑，只是担心其中有可能产生对圣事的误解。这一事件具有重大意义。首先这是加尔文教所产生的特定影响的迹象，同时，这还是加尔文教徒伦理态度发展过程中的心理促进因素。他们失去了能够阶段性地释放情绪性罪孽感的手段。

关于由此给日常生活中伦理行为带来的后果，我们将要在下面讲到。仅就某一个人的一般宗教环境来看，后果是十分明显的。尽管为了得到拯救必须加入真正的教会，加尔文教徒与他的上帝的联系仍是在深深的精神孤独中进行的。只需读一下班扬①所著的《天路历程》，我们就可以了解在这一特定气氛中所产生的具体后果。这本书在清教文学中不失为流传最广的书籍。其中有这样一段对基督徒的态度的描写，当基督徒意识到他是生活在毁灭之城时，当他受神召要他开始天路历程时，妻子儿女试图依附于他，基督徒用手指堵住耳朵，高叫着："生命啊，永恒的生命"，踉跄着走向原野。无论怎样的文采也无法与班扬这个补锅匠单纯的情感媲美。在监禁他的斗室中，他赢得了广大信徒的爱戴，因为他表达了一个虔诚的清教徒的情感，他惟一的念头就是如何使自己得救。这一情感在基督徒与他的同道人在途中广泛的交谈中得以充分的表现，那情形使人想起凯勒(Gottfried Keller)的《正直的卡马切尔》(*Gerechte Kammacher*)一书。只有在他自己确信他已得救后，他才会想到，假若全家都和他在一起，倒是也不错。同样的对死亡与彼岸的恐惧，我们曾在多林格(Döllinger)笔下的里郭利的阿尔封索(Alfonso of Liguori)身上清晰地感到。这种恐惧与当年马基雅弗利②在历数那些佛罗伦萨市民的名声时曾表现出的那种高傲的现世精神相去甚远，那些人在与教皇及开除教籍的威胁作斗争时提出："对故土的爱高于对自己灵魂不得救的恐惧。"基督徒的恐惧与瓦格纳(Richard Wagner)③借塞格蒙德的口所表达的感情当然更是南辕北辙，塞格蒙德在他最后的决

---

①　约翰·班扬(1628—1688)，英国传教士、作家，"基督徒"是他的寓言体小说《天路历程》中的主人公。

②　马基雅弗利(1469—1527)，意大利著名政治家、著述家。

③　理查·瓦格纳(1813—1883)，德国作曲家。下文塞格蒙德、沃坦、沃尔霍尔均是瓦格纳著名歌剧《尼伯龙根的指环》中的人物。

战前这样说："代我向沃坦问候，代我向沃尔霍尔问候——但你不要对我讲沃尔霍尔那易碎的幸福。"但这种恐惧在班扬与里郭利身上却产生了完全不同的结果：这种恐惧使里郭利面临各种难以想象的自我羞辱，而同样的恐惧却促使班扬与生活展开了一场不倦的、有系统的抗争。这一差异是如何产生的呢？

初看上去，加尔文主义在社会组织方面的无可置疑的优越性竟能够与这样一种斩断个人和尘世的千丝万缕的联系的倾向有关系，这似乎是不可思议的。但无论看起来多么奇怪，事实上，这种关系源于基督教胞爱在加尔文式信仰所导致的个人内心孤独重压下所采取的特殊形式。首先教义就是如此。整个尘世的存在只是为了上帝的荣耀而服务。被选召的基督徒在尘世中惟一的任务就是尽最大可能地服从上帝的圣诫，从而增加上帝的荣耀。与此宗旨相吻合，上帝要求基督徒取得社会成就，因为上帝的意旨是要根据他的圣诫来组织社会生活。因而尘世中基督徒的社会活动完全是为"增加上帝的荣耀"。为社会的尘世生活而服务的职业中的劳动，也含有这一特性。即使在路德身上，我们也可以发现他以胞爱来证明职业中具体化的劳动的合法性。但在他看来，这仅仅是一个未确定的、纯理性的设想，然而到了加尔文宗那里，则成为他们伦理系统中的一个鲜明特点。胞爱只能为了上帝的荣耀而存在，而不是为肉体服务，那么这种友爱首先只能表现在完成自然所给予人们的日常工作中；渐渐地，完成这些工作开始具有了一种客观的、非人格化的特性：只是为我们社会的理性化组织的利益服务。因为根据《圣经》的启示及人的天然直觉，我们所处的这个极有意义的组织结构以及整个宇宙的安排无疑是上帝为了人类的便利而创造的，这样，就使得为非人格化的社会利益服务的劳动显得也是为了增添上帝的荣耀，从而这种劳动也就成为上帝的意愿了。彻底摒除曾经折磨过其他一些人的神正论问题(the theodicy problem)以及所有那些关于世界与人生的意义的问题，对清教徒来说是不言而喻的，对犹太人是这样，甚至在一定意义上说对所有非神秘主义类型的基督教会也是这样，尽管他们各自的理由可能完全不同。

加尔文主义在这种力量布局上又增添了同一方向上的另一趋势。

个人与伦理之间的冲突（即克尔凯郭尔①所说的那种冲突）对加尔文教来说不复存在，尽管该教要求个人对一切宗教事务完全负责。这里我们暂且不去分析产生这一事实的原因，以及这一事实对加尔文主义政治和经济方面的理性主义所具有的重大意义。加尔文教伦理学的功利主义特点正是起源于此，而加尔文教关于职业的思想中的特点也同出一源。但目前我们必须回过头来具体地考察预定论。

对我们来说，具有决定意义的问题是：在一个人们把来世生活看得不仅比现世生活更重要而且更确定的历史时期中，这一教义是怎样产生的呢？我是不是上帝的选民？这个问题或早或晚会出现在每一个信徒面前，从而使一切其他兴趣都黯然失色。另一个问题是：我如何确知自己处于恩宠状态？对加尔文自己来说，这个问题是不存在的。他感到他自己是上帝遴选的代理人，并确信他的灵魂一定得救。因此，对于每个个人如何确知自己是否是选民这一问题，在他的心底只有一个答案：只要我们知道上帝已经选定了，那么，我们就应该感到满足了。下一步就只能依靠那种出自真正的信仰的、对上帝的无言信赖了。加尔文原则上反对这样一个假设，即可以从人们的举止行为上推论出他们是选民还是被罚入地狱的人。这是一种不正当的企图探求上帝的秘密的行为。上帝的选民在现世生活中与被罚入地狱的人毫无外在差别，选民所有的主观感受，如"神圣化了的滑稽精神"，被罚入地狱的人也是有可能体验到的。但是只有惟一的例外，就是：被罚入地狱的人缺乏那种使人期待的"决定性"，那种对上帝的笃信不疑。上帝的选民因此是、并且永远是上帝的不可见的教会。

很自然，对于加尔文的追随者们来说，最早如贝扎（Beza），采取这种态度是不大可能的，更重要的是对广大的一般民众来说是不可能的。对于他们，"惟一的确定性"，即受到恩宠状态的可确知性，占据着绝对的重要地位。因此，无论在哪里，只要预定论受到推崇，是否存在一个绝对的标准来衡量谁是上帝的选民的问题，就无法回避。这一问题不仅在虔信派的发展中始终具有重要意义（此派首先在归正会的基础上出现），事实上，从某种意义来说，这一问题有时竟

---

① 索伦·克尔凯郭尔（Sören Kierkegaard，1813—1855），丹麦哲学家、神学家，存在主义哲学流派的创始人之一。

成为虔信派的核心问题。但当我们考虑到归正会教义与圣餐仪式所产生的巨大的社会和政治的重要性时，我们便可以看到，在整个17世纪，在虔信派之外确知个人恩宠状态的可能性起过多么大的作用。例如，一个人是否被准许参加圣餐，完全取决于此，而圣餐则是决定一个人的社会地位的首要宗教仪式。

加尔文仅对因恩宠而产生的期待性信仰这一证据表示信赖，这是不可能使人满足的，至少当个人的恩宠状态这个问题出现的时候是这样，即使正统的教义从来没有正式放弃这一标准，首先是牧师的实际工作无法以此为标准而得到满足，因为这项工作正是直接面临和处理由这一教义导致的痛苦。牧师们在各个方面都遇到了这一困难。只要预定论不被重新解释，或地位下降，或从根本上被抛弃，就必然存在两种主要的并且是相互联系的牧师劝诫。一方面，把自己看作选民，把所有的疑虑统统视为魔鬼的诱惑，并与之进行斗争，这被认为是一种绝对的责任。因为缺乏自信是信仰不坚定的结果，因而也就是不完整的恩宠的结果。而圣徒关于紧紧把握自己的圣职的劝诫便被解释为一种获得个人选民地位的确定性，以及在生活的日常奋斗中获得称义的责任。因此取代谦卑的罪人的是那些充满自信的圣徒，前者是路德向之许诺只要他们在悔悟的信仰中把自己的一切委托给上帝就能得到恩宠的人，而后者则可以在资本主义的英雄时期那些严酷的清教商人身上发现，而且一直到现在也还偶可见到。另一方面，为了获得这种自信，紧张的世俗活动被当作最合适的途径。只有世俗活动能驱散宗教里的疑虑，给人带来恩宠的确定性。

归正会的宗教情绪中一些基本的特点可以用来解释为什么应该认为世俗的活动同样能达到这种境界，也就是说，为什么可以把世俗活动看成是最合适于抵消宗教性焦虑感的途径。归正会在因信称义这一教义上与路德宗有所不同，正是在这不同之中其特性最为显而易见。对这种种的差异，施奈根伯格在他出色的讲演中有精微的、客观的而且是避免了价值判断的分析，因此以下一些简短的结论大多都直接取自他的讨论。

路德教信仰力求达到的最高宗教经验就是与神的"神秘的合一（uniomystica）"，其在17世纪的发展尤其如此。这种说法对归正宗的信仰来说是生疏的；如其名称所示，这是一种真正吸收神性的感觉，一种神性确实进入了信仰者的灵魂的感觉。这在性质上与德国神秘教徒主张以冥思所达到的目的相近，其特征就是消极地寻求达到在上帝那里得到安宁。

哲学的历史也表明，主要是以神秘直觉为特征的宗教信仰在经验事实方面也能与明确的现实感和谐共处；甚至因为它弃绝了辩证学说，宗教信仰还能直接证明这种现实感。而且，神秘主义甚至可以间接地提高理性化行为所带来的兴趣。但是，在神秘主义与世界的关系上，缺乏的是对外在活动的肯定性评价。此外，路德宗将"神秘的合一"与因负罪而产生的深重的卑贱感结合起来，而这种感觉对信仰坚定的路德教徒保持那种"日常生活中的赎罪能力"是很关键的，因此便可维持为求得恕罪所必不可少的恭谦和单纯。另一方面，典型的归正会宗教从一开始就弃绝了路德宗那种纯内向的情感性虔诚，也弃绝了那种寂静派①式的躲避一切属于巴斯噶的东西的做法。神性真正深入人的灵魂是不可能的，因为和肉体相比上帝具有绝对的超验性："有限不能包含无限"。只有在上帝通过选民们而工作并且他们也意识到这一点时，选民们才有可能与他们的上帝成为一体，他们才能感觉到这一点。也就是说，他们的行动来自因为上帝的恩宠而产生的信仰，而这种信仰反过来又以其行动的性质而自我肯定。可以用来为所有实际宗教活动分类的最重要的拯救条件方面的深刻差异，在这里出现了。宗教信仰者既可以因为他觉得自己是圣灵的容器也可以因为觉得自己是神的意愿的工具而确信自己已处于恩宠状态。在前一种情况下，他的宗教生活倾向于神秘主义和感情主义，而在后一种情形里则倾向于禁欲行为。路德接近于第一种类型，而加尔文宗则无疑地属于后一种类型。加尔文教徒当然也想"只通过信仰"来得救。但既然加尔文用怀疑的眼光看待所有纯粹的感觉和情感，而不管这些东西显得多么崇高，那么信仰也就必须以其客观效果来加以证实，以便为这"惟一的确实性"提供一个坚实的基础。它必须是"有效的信仰"，救赎的感召必须是有效的神召（沙瓦宣言中所用的词句）。

---

①　寂静派，一种主张寂静主义的天主教神修学派，认为人要修德成圣，在于绝对寂静，逃避外在事务，与上帝合一。

如果我们进一步问，加尔文教徒凭借什么样的成果认为自己有能力辨认真正的信仰呢？答案是：凭借一种有助于增添上帝的荣耀的基督徒行为。什么行为能起到这个作用则只有在上帝自己的意志中才会有答案；他的意志或者直接通过《圣经》来启示，或者间接地在他所创造的有意义的世界秩序（自然）中体现出来。特别是通过将自己灵魂的状况与选民的灵魂状况相比较，比如按照《圣经》的说法就是和大主教相比，便可知道自己的恩宠状态。只有上帝的选民才真正拥有这种有效的信仰，只有他才能通过他的重生和由此而来的全部生活的神圣化来增添上帝的荣耀，靠的是实实在在的而非表面化的善行。正是通过他的意识，他的行为才是以他自身内一种为上帝的荣耀而工作的力量为基础的，起码就其行为的最根本的特征和持恒的理想（"须遵循的提议"）来说是这样。他也意识到，达到这种宗教所力求获得的最高的善，即被拯救的确定性，不仅仅是上帝的意愿，而且应该说是由上帝促成的。《新约·哥林多书》第 2 卷 8 章 5 节证明了这一切是可以达到的。因此，无论善行作为一种获得救赎的手段是怎样地无用，因为即使是选民也仍然是血肉之躯，他们做的一切绝对达不到神的标准，但善行是必不可少的，是成为选民的标志。善行不是用来购买救赎，而是用来消除罚入地狱的恐惧的技术性手段。在这个意义上，善行有时被看成对救赎是直接必须的，或者说那"惟一的所有物"便取决于善行。

实际上这就意味着上帝帮助那些自助的人。因此有时人们指出加尔文教徒自己创造了自己的救赎，或者更准确地说，创造了对得救的坚定不移的信念。但这个信念不可能像在天主教中那样存在于个人所为善行的逐渐积累过程，而是存在于全面系统的自我控制之中，这种自我控制时刻面临着冷酷的选择：成为选民还是沦入地狱。这样我们便遇上了我们这次研究中很重要的一个问题。

我们都知道这种思想在归正会及各宗派中有越来越明确的阐述。然而路德宗却曾一再指责这种思想回到了以行事获得拯救这一教义。不管被指责者反对将他们的信条与天主教教义混为一谈的抗议是多么可以理解，但是如果这个指责指的是归正会给普通基督徒的日常生活带来的实际后果的话，那么，这个指责肯定是有道理的。因为比加尔文宗信徒对道德行动的宗教性评价更为强烈的形式也许从来

没有过。但是，对于这种善行救赎说的实际意义最为重要的是什么
则必须从对其特殊性质的认识中去寻找，因为这些特性形成了他们
的伦理行为的独特之处，并且使其与中世纪普通基督徒的日常生活
区别开来。不同之处可以这样来概括：标准的中世纪天主教信徒过
着极其单纯的伦理生活。首先他尽职地完成他那些传统的责任。但
在此极小限度之外，他的善行并不一定形成一个有联系的生活体系，
起码是没有理性化的体系，而只是一系列单独的行为。他可以利用
善行来满足偶然需要，如为某些特殊罪孽赎罪，改善他获得拯救的
机会，或者在他生命快要结束的时刻，以此作为一笔保险金。当然，
天主教的伦理是关于意图的伦理。但是单独一项行为的具体意图便
决定了这项行为的价值。于是某一项好的或坏的行为便会记在行为
者的账下，决定着他现世的和永恒的命运。教会很现实地认识到人
并不是一个可以绝对清晰地界定的统一体，不能用非此即彼的方法
来判断，人的道德生活通常屈服于相互冲突的动机，因此他的行动
也是矛盾的。当然，教会的理想就是要求生活在原则上有一次变化。
但教会最重要的权力和教育的手段之一，赦罪的圣事，削弱的正是
这一要求(对一般基督徒来说)，而圣事的这种作用又是与极端天主
教的最深的根源相联系的。

　　使世界理性化，摒除作为达到拯救的手法的魔力，这一点天主
教徒从来没有像清教徒(在清教徒之前还有犹太人)那样来得彻底。
对天主教徒来说，教会的赦罪仪式是对他自身的不完善的一种补偿。
教士是玩弄变体这种奇迹的魔术师，他手里握有通向永生的钥匙。
人在悲伤和忏悔之时就可以向他求助。他带来赎罪的机会、恩宠的
希望和恕罪的诺言，这样他使人们从那可怕的紧张状态中解脱出来，
而受严酷的命运支配的加尔文教徒注定要经受这种紧张的、不容任
何缓和的状态。对他来说这样又友好又富于人性的慰藉是不存在的。
他不能指望靠后来增加了的善的意愿来为几小时的软弱或轻松赎罪，
而天主教徒甚至路德教徒却能这样。加尔文教的上帝要求他的信徒
的不是个别的善行，而是一辈子的善行，并且还要结成一个完整的
体系。这里没有天主教那种富于人性的循环：罪恶——忏悔——赎
罪——解救——新的罪恶。也没有任何美德可以使整个一生得到平衡，
而这种平衡曾经可以通过暂时性惩罚或在教会里得到的恩宠来调节。

　　这样，普通人的道德行为便不复是无计划的、非系统的，而是从属于全部行为的有一致性的秩序。循道宗这个名称与参与 18 世纪最后一次大的清教思想复兴的人联系在一起是绝非偶然的，正如具有同样意义的谨严派这个词适用于他们 17 世纪的精神先驱一样。因为只有彻底改变体现在每一时刻、每一行动中的全部生活的意义，才能确保恩宠的效果；把人从"自然状态"转变为"恩宠状态"。

　　圣徒的生活完全是为了一个超验的结局，即获得拯救。也正是因为这个原因他在现世的生活是彻底理性化的，完全受增添上帝的荣耀这个目的的支配。"一切都为上帝的荣耀"这句格言从来没有这样严格地奉行过。只有一种靠永恒的思想所指引的生活，才能达到对自然状态的克服。笛卡儿的"我思故我在"被同时代的清教徒接了过来，从伦理角度重新加以解释。正是这种理性化使得归正会的信仰有其独特的禁欲倾向，也是其与天主教的关系及冲突的基础。因为很自然，天主教并非不知道同样的事情。

　　无疑，基督教禁欲主义包含着很多不同方面，既表现在外表上也表现在其内在含义上。但是早在中世纪，甚至在古代的某些形式中，禁欲主义在其西方的最高形式里便有一种明确的理性特征。西方修行生活的巨大历史意义（与东方修行生活相对而言），正是以这种理性特征为基础的，虽然不一定所有的情形都是这样，但总的形态是如此。在圣本尼狄克①的教规里，特别在克吕尼的僧侣和西妥教徒身上，以及最集中地在耶稣会士身上，修行生活已从无计划的来世性和荒谬的自我折磨中解放了出来。修行生活发展为一套合乎理性的行为的有系统的方法，目的是克服"自然状态"，使人摆脱非理性的冲动的影响，摆脱对外界和自然的依赖。修行生活试图使人服从一个至高无上的、带有某种目的的意愿，使他的行动得到经常的自我控制，并且让他认真考虑自己行为的伦理后果。于是修行生活从客观上说把僧侣训练成为上帝的天国而服务的工人，由此推进一步，从主观上看，也确保了他的灵魂得救。这种积极的自我控制构成了圣依纳爵②"修行"的目的，以及其他一切合乎理性的修道士

---

　　①　圣本尼狄克（480—550），天主教本笃会创始人。

　　②　圣依纳爵（约 35—107），早期基督教教父。

美德的目的，也是清教最重要的实际理解。在与清教徒那种冷峻的
矜持相互辉映的深沉的轻蔑中，在关于其殉道者所受的磨难，以及
那些尊贵的上等教士和官吏毫无节制的咆哮的记载里，都可以看到
那种对平静的自我控制的推崇，正是这种自我控制今天仍然是最典
型的英美绅士的特征。用我们的话来说就是：清教徒就像所有理性
类型的禁欲主义一样，力求使人能够坚持并按照他的经常性动机行
事，特别是按照清教教给他的动机行事，而不依赖感情冲动。就清
教这个词的形式上的心理学含义而言，它是试图使人具有一种人格。
与很多流行的观点相反，这种禁欲主义的目的是使人可能过一种机
敏、明智的生活：最迫切的任务是摧毁自发的冲动性享乐，最重要
的方法是使教徒的行为有秩序。所有这些要点在天主教修道生活的
规则和加尔文宗的行为原则中都同样受到特别强调。二者的巨大扩
展性力量正是建立在这种对整个人的有条不紊的控制上的，特别是
以此为基础确保了同路德宗相对的加尔文宗的能力，使它能够作为
宗教斗士来保卫新教运动。

　　另一方面，加尔文教禁欲主义与中世纪禁欲主义的不同之处也
是显而易见的。这表现在"福音商议"的消失，以及随之而来的从禁
欲向世俗活动的转变。这并不是说天主教曾把那种有条理的生活局
限在修道院的密室里。无论在理论上还是在实践中都不是这种情况。
恰恰相反，而且早已有人指出，尽管天主教在伦理方面有更多的节
制，一种从伦理角度看缺乏系统的生活并不能满足它所树立的最高
理想，哪怕是为众信徒所树立的生活理想。比如说，圣法兰西斯①
的第三条诫令就是一次很有影响的尝试，它力图使禁欲主义渗入到
日常生活中去，而且，我们也清楚，这绝非惟一的一次尝试。事实
上，正如《跟随基督》这一类型的著作以其影响强烈的方式所表明的
那样，这些著作所宣扬的生活方式让人觉得要高于日常伦理道德。
日常道德只不过是最低限度而已，而且不能用清教所要求的标准来
衡量。此外，对教会的某些习俗的实利性利用，最突出的莫过于赎
罪符，不可避免地抵消了有系统的世俗禁欲主义的趋势。正是因为

---

　　①　圣法兰西斯(1181—1226)，天主教法兰西斯派(又称"方济各会")创始人。

这个原因，这种利用在宗教改革时期被认为不只是什么无关紧要的误用，而是教会最根本的罪恶之一。

但是重要之处却是如此一个事实：能够出色地过这种宗教意义上理性生活的人只是，而且只会是，僧侣。因此一个人越是深深地陷入禁欲主义，就越是远离日常生活，因为他最神圣的职责就是超越世俗的伦理。路德从任何意义上来说都没有遵循什么发展的规律，而是按照他自己的个人经验来行动的，这种经验的实际结果虽然在一开始有点不太确定，但后来的政治形势推进了他的个人经验。他曾摈弃过以上那种趋势，而加尔文宗直接从他那里继承了这一态度。塞巴斯蒂安·弗兰克一语道中了这种类型的宗教的中心特征；现在每一个基督徒必须终生成为僧侣。他就是在这个事实中看到了宗教改革的意义。但是，一堵大堤挡住了禁欲主义摆脱日常的世俗生活的潮流，于是那些虔诚的超尘脱俗的人只好被迫在世俗的事务中追寻自己的禁欲理想，而他们以前是能成为最出色的僧侣的。

但加尔文宗在其发展过程中为这一倾向添加了某种肯定性的东西，亦即增加了这样一种观念：必须在世俗活动中证明一个人的信仰。由此便给更为广大的具有宗教倾向的人带来一种明确的实行禁欲主义的诱引。通过将其伦理建立在预定论的基础上，加尔文宗得以用今生今世就已预定为上帝的圣徒的精神贵族来代替僧侣们那种出世、超世的精神贵族。这种贵族有其"不可毁的特征"，比起中世纪僧侣与周围世界的分离来，他们同人类中被永远罚入地狱的那一部分人之间的鸿沟更加不可逾越，而且因为其不显形刺目，这道鸿沟变得更加可怕了。这是一道极其粗暴地侵入一切社会关系的鸿沟。选民和圣徒那种已获得神的恩宠的意识与其对待邻居的罪孽的态度是并存的。这不是一种基于对自身弱点的了解，富于同情心的理解，而是充满了仇恨和轻蔑，把邻居看成是上帝的敌人，打上了永远被惩罚的标志。这种感情居然能激烈到如此程度，以致常常因此形成了各种宗派。比如说17世纪的独立派①运动就是这种情况。真正的加尔文教教义主张上帝的荣耀要

---

① 独立派，英国清教徒中的一派。产生于16世纪下半叶。主张各教堂独立自主，只成立联合会性质的组织而不设行政性的各级总机构。反对设立国教，更不赞成教会从属于国家政权。

求教会应该使那些受到惩罚的人也受制于教规，而在当时，这个教义为另一种信念所压倒：如果一个不能获得重生的灵魂竟然被允许进入上帝的殿堂，而且参加各种圣事，或者甚至作为牧师掌管圣事，那将是对上帝的侮辱。于是，作为这种确保教会纯洁的教义的结果，在教会里出现了多纳图派思想，正如加尔文教里出现了浸礼宗一样。教徒们要求确保教会的纯洁，要求建立一个由业已证明是处于恩宠状态的人组成的团体，但众多宗派的形成往往并没有充分表现出这个要求的必然后果来。教规的修改只是下列努力的结果：尽量把能够重生和不能重生的基督徒区分开来，尽量把那些对圣事有准备和没有准备的人区分开来，要保证教会和其他一些特权掌握在前者的手里，而且只任命那些不容怀疑的人为牧师。

这种禁欲主义很自然地在《圣经》中找到了总是可以用来检查自己的标准，而且显然正是它所需要的那种标准。值得重视的是，加尔文宗中那些著名的掌握《圣经》的人所信守的是《旧约》①里的道德格言，因为《旧约》和《新约》中的格言一样，是真正通过神谕得来的，因此应该受到同样的尊敬。很自然，这些格言显然不应该只适用于希伯来人当时的历史环境，也不应该由后来的基督明确地否定掉。对信徒来说，这个诫令是理想的却又是永远无法完全达到的标准。而另一方面路德曾经是很珍视摆脱对诫令的屈从的，认为这是信徒神圣的权利。在清教徒阅读得最多的章节、箴言集和诗篇中，表现出希伯来人那种既畏惧上帝而又完全冷静的智慧，而在清教徒对生活的全部态度中都可以看到这种智慧的影响。特别是清教对宗教的神秘方面（事实上也就是宗教的全部情感因素）的理性压抑，都已由桑福德正确地归结为《旧约》的影响。但《旧约》中固有的这种理性主义本质上属于小资产阶级的和传统主义的类型，不仅和预言家先知们无边的怜悯之情，还和另外一些因素混杂在一起了，这些因素甚至早在中世纪就曾促进过一种独特的情感型宗教的发展。归根到底是加尔文教那独特的、从根本上说是禁欲的性质选择并同化了《旧约》宗教中最适合于加尔文教的成分。

---

①　《旧约》，指《圣经·旧约》。

加尔文教新教中的禁欲主义和天主教牧师生活的理性化形式都有对伦理行为的系统化，这种系统化在虔敬的清教徒对自己的恩宠状态不间断的注视中表现得是很粗浅的。当然，极狂热的归正诸教派和近代天主教某些部分（特别是在法国），首先是由于耶稣会士的影响，都有"宗教记账簿"，里面登记和罗列着种种罪恶、诱惑和争取恩宠的进展。但在天主教那里，记账簿的目的就是使忏悔完整全面，或者说是给"灵魂的向导"提供一个基础，以便为基督徒（大多数是女性）提供权威性指教。而归正会的基督徒却是在记账簿的帮助下体察到自己的意向。所有的道德家和神学家都提到过这种记账簿，而本杰明·富兰克林那本记录他在不同美德方面的进步的簿子，尽管表格化了而且像统计数字，却是一个经典性的例子。另一方面，过去中世纪（甚至是古代）就有的上帝的记账簿的说法被班扬推到了一个极其不雅的极端，他把罪人与上帝的关系比成顾客和店主的关系。一旦负了债，尽管可以通过各种善行来偿还累积的利息，却是永远还不清本金的。

在观察自己的行为的同时，后来的清教徒也观察上帝的行为，并且在生活的每一细节上都看到了上帝的指印。而且与加尔文严格的教义相反，他总能知道为什么上帝采取了这样或那样的行动。使生活神圣化的过程就这样几乎具有了开办商业企业的性质。对整个生活全面进行基督教化是伦理行为这种有条理性行为的结果，而与路德教明显不同的加尔文教迫使人们采取的正是这种伦理行为。必须牢牢记住这种理智性对实际生活的决定性影响，才能正确理解加尔文教的影响。我们可以看到加尔文教正是利用这个因素才产生了这样的影响。但其他各种信仰也必然有相同的影响，因为它们的伦理动机在关键的一点上，即确保恩宠的教义这一点上是一样的。

至此我们只讨论了加尔文宗，而且一直假定预定论是清教道德的教义基础（所谓清教道德指的是有条理地理性化了的伦理行为）。之所以能这样做是因为这个信条的影响范围事实上已经远远地超出了长老派这样一个在所有方面都恪守加尔文教原则的宗教集团。不仅在 1658 年的独立派《沙瓦宣言》中，而且在 1689 年汉塞德·克诺里（Hanserd Knolly）的浸礼宗《信纲》里也含有这一信条，甚至在卫斯理宗中也有其影响。尽管约翰·卫斯理作为这场运动的出色的组织天才相信恩宠的普遍性，但第一代卫斯理派中伟大的鼓动家之一和卫斯理宗里始终如一的思想家怀特菲尔德①对此教义坚信不疑。曾一度颇有影响的，以汉丁顿夫人为核心的那一派也有同样的情形。正是这种保持了高度一致性的教义，在决定命运的 17 世纪里，坚定了那些富于战斗精神的神圣生命的捍卫者的信仰，使他们确信自己是上帝手中的武器，是他的天意的执行者。此外，它还避免了过早地堕落为一种在尘世行善的纯粹功利主义学说，那样一种教义是绝不可能激发人们为未经理性化的理想目标作出如此巨大的牺牲的。

对绝对有依据的规范的信仰，绝对的预定论和上帝的彻底超验性——将这三者结合起来就其本身意义来讲是伟大的天才的产物。同时这种结合在原则上要比那种较为温和的教义更加属于近代，因为后者对使上帝从属于道德规范的情绪做了较大的让步。最重要的是我们将不断看到确保恩宠状态这个思想对我们讨论的问题具有极其根本的意义。既然这是理性伦理学的心理基础，而作为这种心理基础所产生的实际意义又可以完全在预定说里加以研究，那么最好就从这里开始，从这个教义最富于一致性的形式开始。在以下将要讨论的各宗派中，这个思想形成了一个不断重复出现的框架，可以用来联系信仰和行为。在新教运动内，这个思想不可避免地影响了最初那些信徒的行为中禁欲主义的倾向，其结果原则上与路德主义那种相对来说无助的、绝望的道德观形成了鲜明的对照。路德式"可失的恩宠"尽管显然是可以通过幡然悔悟重新获得的，但其自身却并没有核准禁欲主义新教的一项重要结果——对我们来说是最重要的结果——那就是系统地、合乎理性地安排整个道德生活。因此路德教信仰几乎没有触及一时冲动行为和天真幼稚感情的自发性活力。阴郁的加尔文教的教义所有的经常性自我控制和对自己的生活进行精心规范的动机在这里并不存在。像路德这样的宗教天才便可以毫无困难地生活在这样一种开朗和自由的环境里，而且只要他有足够的热情，便不会有重新掉回"自然状态"的危险。这种单纯、敏感，而又特别情感化的虔诚形式在很多最典型的路德宗教徒身上只是一种装饰，就像他们自由而又自发的道德一样，而在真正的清教那里

① 乔治·怀特菲尔德(1714—1770)，基督教新教卫斯理宗布道家。

却很少有同样的情形。但在诸如胡克（Hooker）、奇林华斯（Chilling-sworth）等人的较温和的英国国教那里却有更多的例子。而对普通的路德教徒来说，甚至包括那些有才干的路德教徒，最确定的一点就是，只要有一次忏悔或诫训能打动他，他就会暂时地升到了"自然状态"之上。

对同时代人来说令人吃惊的是归正会和路德教的道德标准之间存在着巨大的差异，路德教主要人物常常因为酗酒和庸俗而名声扫地。此外，路德宗教士阶层的不可救药，其只强调信仰，而且反对有禁欲倾向的浸礼派运动，也是众所周知的。典型的德国品格常被称作好性子或自然随和，和英美环境下对自发性自然状态的彻底破坏所带来的后果形成鲜明的对照，甚至表现在人们面部表情的不同上。德国人习惯于将英美人的特点不恭地判断为狭隘、拘泥和精神抑制。但是行为间的这种十分显著的差异明显地起源于路德宗中禁欲主义对生活的渗透程度不如加尔文宗中那么强烈。每一位自发流露感情的自然之子对所有禁欲主义的东西的反感都表现在那些情绪中了。而事实是由于其关于恩宠的教义，路德宗缺乏从心理角度对有系统行为的核准，以此来促进对生活有条理地理性化。

有了这种核准便决定了宗教的禁欲特征，无疑这种核准也可以来自各种不同的宗教动机，这我们马上就会看到。加尔文的预定说只不过是好几种可能性之一。但我们已经信服就其自身来说预定说不仅具有十分突出的一致性，而且其心理效果也是极为有力的。相形之下，非加尔文宗的禁欲运动，完全从以宗教为动机的禁欲主义角度来看，则削弱了加尔文教内在的一致性和威力。

但在实际的历史发展中，大多数情形是加尔文教的禁欲主义，或是受到其他禁欲主义运动模仿，或是成为灵感的源泉，或是作为各个不同的原则在发展中以资比较的材料。尽管教义基础也许会不同，但只要有相类似的禁欲特征，一般都是教会组织带来的结果。关于这一点我们将在另一场合讲到。

二、禁欲主义与资本主义精神

为了理解禁欲主义新教的基本宗教观念与它为日常经济活动所设立的准则之间的联系，有必要格外认真地对那些很明显根源于教会实践活动的著述作一番考察。因为，在一个来世生活意味着一切，每一基督徒的社会地位取决于教会是否容纳他的时代，教会人员通过他们的教职、教规和布道发挥着我们现代人完全无法言喻的作用（只要浏览一下劝世文，良心问题汇编等便可明了这一点）。在这样的时代，经由上述渠道展现出来的宗教力量对于民族性格的形成有着决定性的影响。

就本章所要达到的目的而言（当然，这种做法并不适合于所有的目的），我们不妨把禁欲主义新教看作为统一的整体。而由于发端于加尔文教的英国清教徒为职业观提供了最融贯系统的宗教依据，我们将仿效前面的方法从中挑选出一位代表人物作为讨论的中心。R.巴克斯特使许多清教伦理学家相形见绌，这既是由于他极其注重实践的现实主义态度，同时也因为他的著述所享有的普遍声誉，它们不断地再版并被译成了多种外国文字。他隶属长老会派，且是威斯特敏斯特会议①的辩护人。但恰如他那个时代最优秀的人物一样，他后来逐渐摆脱了正统加尔文教的教条。在内心深处，他反对克伦威尔的僭位，正如他反对任何类型的革命一样。他不赞同异端教派，对圣徒们那种疯狂的宗教激情也不感兴趣，但对于不涉及原则问题的标新立异、别出机杼却抱相当开明的态度，对自己的反对者也能做到客观公允。他为自己开辟的耕耘领域是：通过教会的作用来实在地振拔人之道德生活。为了实现这一目标，他先后供职于国会时期、克伦威尔时期以及王政复辟时期的各届政府，最后在圣巴多买罗节前从王政复辟政府告老引退。他乃是有史以来最杰出的牧师之一，他所著的《基督教指南》（*Christian Directory*）是清教伦理学最完美的概述；而且他还根据自己从教职活动中取得的实践经验而不断地修正它，完善它。为了比较起见，我们将利用斯本纳的《神学思想录》作为德国虔信派的代表，贝克莱的《辩护辞》作为贵格派的代表，还将参考禁欲主义伦理学的其他一些代表性著述。不过，由于篇幅所限，我们将尽可能地把这种比较局限在一定的范围内。

---

① 威斯特敏斯特会议：指 1643 年至 1648 年英国长期国会在威斯特敏斯特举行的会议，参加会议的主要是议员及清教派教士，会议根据加尔文教制定了《威斯特敏斯特信纲》等。

在阅读巴克斯特的《圣徒永恒的安息》（*Saint's Everlasting Rest*）或者《基督教指南》或其他人类似的著述时，人们一眼便会吃惊地发现，它们在讨论财富与财富的获得时所最强调的乃是《新约》中的伊便尼派①的成分。按照这种看法，财富本是极大的危险，它的诱惑永无休止，与上帝之国的无上重要性相比，对财富的追逐毫无意义，而且，它在道德上也是颇成问题的。这种禁欲主义似乎比加尔文的禁欲主张更激烈地反对追逐世俗财产。加尔文认为，聚敛财富并不会阻碍教会发挥作用，相反地，它将大大提高教会的威望，而这是十分可取的。由此，他允许教职人员为牟取利润而动用其资产。而在清教徒的著作里，对追逐金钱财富的谴责非难却是俯拾即是，无穷其多，我们可以拿它们与中世纪后期的伦理文献作一番比较，后者在这一问题上的态度要开明得多。

而且，他们是以极其严肃认真的态度来表达其对追逐财富的种种疑虑的；为了能理解这些疑虑不安中所包含的真正的伦理意义与底蕴，我们必对其加以深入地探讨。他们执持反对态度的真实道德依据是：占有财富将导致懈怠，享受财富会造成游手好闲与屈从于肉体享乐的诱惑，最重要的是，它将使人放弃对正义人生的追求。事实上，反对占有财富的全部理由就是它可能招致放纵懈怠。因为，圣徒的永恒安息是在彼岸世界，而在尘世生活里，人为了确保他蒙承神恩的殊遇，他必得"完成主所指派于他的工作，直至白昼隐退"。按照主之意志的明确昭示，惟有劳作而非悠闲享乐方可增益上帝的荣耀。

这样，虚掷时光便成了万恶之首，而且在原则上乃是最不可饶恕的罪孽。人生短促，要确保自己的选择，这短暂的人生无限宝贵。社交活动，无聊闲谈，耽于享乐，甚至超过了对健康来说是必不可少之时辰（至多为六至八小时）的睡眠，凡此种种皆位于应遭受道德谴责之列。清教伦理当然不会如富兰克林那样申言时间即金钱，但这条箴言在某种精神意义上确是真理。时光无价，因之虚掷一寸光阴即是丧失一寸为上帝之荣耀而效劳的宝贵时光。如此，则无为的

---

① 伊便尼派，又称"穷人派"，早期基督教派别之一。

玄思默想当是毫无价值，而如果它是以牺牲人的日常劳作为代价而换来的，那么它必须遭到严厉的谴责。其原因是：上帝更乐于人各事其业以积极践履他之意志，何况礼拜日已为人进行沉思提供了充裕的时间。在巴克斯特看来，那些在规定的时辰竟然挤不出时间与上帝交流的人多半是疏于其职业的懒鬼闲汉。

所以，巴克斯特反复不断，且经常是充满激情地宣讲：人须恒常不懈地践行艰苦的体力或智力劳动，这成了他最主要的工作。此种做法乃是基于两种不同的动机。一方面，劳动是历来所推崇的禁欲途径，因为它在西方教会中一直发挥着这种作用，这正是西方教会不同于东正教以及全世界几乎所有的修行戒律之处。对于清教徒归结到不洁生活名下的一切诱惑来说，劳动是一种特别有效的抵御手段，它的功效决非无足轻重的。清教徒弃绝性欲的禁欲主义与修道院的禁欲生活只是在程度上而非原则上有所区别；而且由于它的婚姻观念，其所造成的实际影响远远超过了后者。因为，即使在婚姻生活里，性交也不过是遵照"孳生繁育吧"的训令而充当为上帝增益荣耀的手段，上帝正是为此目的才恩准它的。除了粗茶淡饭和冷水浴外，用来抵御一切性诱惑的药方与用来抵制宗教怀疑论和道德上的寡廉鲜耻的药方一样，那就是"尽忠职守"。不过，最重要的乃是更进一步把劳动本身作为人生的目的，这是上帝的圣训。圣保罗的"不劳者不得食"无条件地适用于每一个人，厌恶劳动本属堕落的表征。

和中世纪观念的分歧在这里十分明显地表现出来。托马斯·阿奎那也曾解释过圣保罗的这句名言。但对他来说，劳动仅是维持个人与社会之存在的必要的自然条件。一旦这一目的业已达到，则该名言便不再具有任何意义。而且，它只是对整个人类而非对个人有效，因此不适用于那些无须靠劳动为生的人。在这种情况下，作为上帝王国的精神活动方式之一的冥想沉思便在严格意义上拥有了超越这一戒令的地位。不仅如此，那个时代盛行的神学还主张：修道生活的最高成就乃是用祈祷和圣歌来充实圣库（Thesaurus ecclesice）。

巴克斯特不再承认在履行劳动义务上容许存在诸如此类的例外情况，他断然宣称财富不能使任何人规避这一绝对命令。富人也不可不劳而食，因为，即使他们无须靠劳动挣得生活必需品，他们必须同穷人一样服从上帝的圣训。上帝的神意已毫无例外地替每个人安排了一个职业，人必须各事其业，辛勤劳作。职业不是像路德教宣称的那样是人必得领承并尽量利用的命运安排，它是上帝向人颁发的命令，要他为神圣荣耀而劳动。这种表面看来不甚重要的差别却带来了影响深远的心理后果；用神意对经济结构予以解释始于经院哲学，而这种解释在后来的发展却与此种差别有着密切联系。

托马斯·阿奎那把社会的劳动分工、职业分工解释成神安排万有的直接结果，当然，不少人也提出过类似的看法，不过援引他的观点最为方便。然而，他以为每个人在宇宙中的具体位置为自然法则所决定，因之是随机的（用经院哲学的术语则是"偶然的"）。我们已经看到，路德主张在历史发展过程中形成的阶级差别与职业分工为神意所直接设定，恪守上帝为他安排的位置，循规而不逾此矩，这就是人的宗教责任。确实，我们更多的是从他的学说中推出这一结论的，因为路德教与世界的关系从一开始就暧昧不明，而且一直如此。在路德的思想观念中根本找不到关于改造世界的伦理原则；实际上，他的思想从未从保罗那种与世无涉的态度中完全挣脱出来。所以，人应该随遇而安，逆来顺受，宗教责任只能源于这样的人生态度。

清教徒也承认私人经济活动中存在神意安排，但它所侧重的有所不同。与清教徒喜欢从实用角度解释事物的倾向相一致，它主张要从劳动分工的成效来洞悉上帝作如此安排的目的。巴克斯特在谈及这一问题上所用的溢美之辞令人时时回想起亚当·斯密对劳动分工的人所共知的神化。专业化为技术发展开辟了道路，因此它必然会带来生产在数量上与质量上的增长改善，而这一切最终将促进公共利益，也就是促进大多数人的利益。到目前为止，我们所讨论的清教徒的动机是纯粹功利性的，它与当时的世俗文献所表述的流行见解有密切联系。

不过，巴克斯特在刚展开论述时就作出了如下说明，这才真正表明了清教徒的特点："除非从事某种正经行业，否则人的一切业绩只可是无足轻重，不成体统，他会把过多的时间花费在懒散闲逛而非工作上"；他最后得出这样的结论："他（指有专门技艺的劳动者）

会井然有序地进行工作，反之其他人却陷入长期的迷乱状态中，他们的事业既无适宜的时间也无恰当的处所。……因之，正规的职业乃是每个人最宝贵的财富。"普通劳动者时常不得不接受临时工作，这种情况在所难免，尽管如此，它依然是一种不足取的临时状态。无职业者缺乏有条不紊、明达事理的性格，而我们已经看到，这种性格正是世俗禁欲主义所严格要求的。

贵格派伦理观也强调从事某种职业的人生就是禁欲道德的实践，它表明人因虔诚而承领恩宠，虔诚的表征便是他从事职业一丝不苟，颇有条理。上帝所要求的并非是劳作本身，而是人各事其业的理性辛劳。清教徒职业观所强调的重点总是放在世俗禁欲主义的这种明达事理的性格上，这与路德教要求人盲从上帝设定的不可更改的命运迥然有别。

由此，清教徒对于人能否同时操持多种职业这一问题给予了肯定的回答，条件是这必须有利于公共利益或个人利益，不致造成对他人的损害和人疏于其职守。它甚至也不反对改换职业，如果人是经过深思熟虑后作出这种决定，且其所抱的目的是从事更令上帝欢欣的职业，即根据普遍原则更有用处的职业。

确实，一种职业是否有用，也就是能否博得上帝的青睐，主要的衡量尺度是道德标准，换句话说，必须根据它为社会所提供的财富的多寡来衡量。不过，另一条而且是最重要的标准乃是私人获利的程度。在清教徒的心目中，一切生活现象皆是由上帝设定的，而如果他赐予某个选民获利的机缘，那么他必定抱有某种目的，所以虔信的基督徒理应服膺上帝的召唤，要尽可能地利用这天赐良机。要是上帝为你指明了一条路，因循它你可以合法地谋取更多的利益(而不会损害你自己的灵魂或者他人)，而你却拒绝它并选择不那么容易获利的途径，那么你会背离从事职业的目的之一，也就是拒绝成为上帝的仆人，拒绝接受他的馈赠并遵照他的训令为他而使用它们。他的圣训是：你须为上帝而辛劳致富，但不可为肉体、罪孽而如此。

仅当财富诱使人无所事事，沉溺于罪恶的人生享乐之时，它在道德上方是邪恶的；仅当人为了日后的穷奢极欲，高枕无忧的生活而追逐财富时，它才是不正当的。但是，倘若财富意味着人履行其职业责任，则它不仅在道德上是正当的，而且是应该的、必须的。关于有位仆人因拒绝发展上帝赐予他的才能而被革出教门的寓言直接挑明了这一点。清教徒时常争辩说，期待自己一贫如洗不啻是希望自己病入膏肓；它名为弘扬善行，实为贬损上帝的荣耀。特别不可容忍的是有能力工作却靠乞讨为生的行径，这不仅犯下了懒惰罪，而且亵渎了使徒们所言的博爱义务。

强调固定职业的禁欲意义为近代的专业化劳动分工提供了道德依据；同样，以神意来解释追逐利润也为实业家们的行为提供了正当理由。对禁欲主义来说，贵族的穷奢极欲与新贵的大肆挥霍同样令人厌恶。在另一方面，它对中产阶级类型的节制有度、自我奋斗却给予了极高的道德评价。对于遵循上帝的旨意而成就斐然的好人，它习用的赞誉之辞是："天主赐福其工程。"《旧约》中的上帝因其子民在尘世对他的拳拳服膺而恩赐他们，他的全部威权也必然对清教徒施予着同样的影响，因为他们听从巴克斯特的劝告，拿自己蒙承的恩宠与《圣经》里的英雄们所领受的殊荣相类比，且把《圣经》的话语都解释成神圣法典的条规。

当然，《旧约》中的语句并非是完全明白无误的。我们已经看到，路德在翻译 J. 西拉的书中的一段话时首次使用了世俗意义的"职业"这一概念。尽管这部书蒙受了希腊化文化的影响，但从它所表现的基调方面考虑，它和其他的《旧约》外典①一样都有明显的传统主义倾向。一个非常典型的事实是：迄今为止信奉路德教的德国农夫一直偏好这部书，正如德国虔信派的许多支派因特别推崇它而表明它们深受路德教的影响一样。

清教徒不承认伪教，斥之为缺乏神性，这与他们截然划分神性之物与世俗之物的倾向吻合一致。而在正经里，《约伯记》较之其他经书影响更甚。一方面，它包含了关于上帝绝对至上、有超乎一切理解之上的权威的完整观念（这与加尔文教对上帝权威的理解一脉相承）；另一方面，它从这种观念中推出了这样的结论：上帝必然会赐福于他在今生尘世中的产业（仅见于《约伯记》），其中也包括物质财

---

① 亦称"圣经外传"，指公元前 2 世纪至公元二三世纪间一切以《圣经》形式写成但终未被正式承认为正典的著述的总称。

富意义上的产业。加尔文以为这一点并不重要，但它对清教徒却具有超乎寻常的意义。在《诗篇》及《箴言》的几首相当优美的诗篇中表露出来的东方寂静主义则被一笔勾销，正如巴克斯特本人一笔勾销了《哥多林前书》的传统主义色彩一样，尽管后者包含着关于职业观的重要思想。

然而清教徒最注重的是《旧约》里对行为之规范化、律法化的赞美，它把这誉为一切能博得上帝欢心的行为之共同标记。清教徒提出了这样一种理论：摩西法典中的确包含有仅仅适合于犹太民族的礼规或纯粹历史性的戒条，所谓摩西律法在基督手中丧失了效力是仅就此而言的；在另一方面，它作为成文的自然法规始终是有效的，因此必须予以保留。这一理论使他们有可能从中删除那些与现代生活格格不入的内容。不过，由于《旧约》道德里与此相关的种种特点，它得以有力地促进了束身自好、严肃庄重的律法精神，而这正是这种形式的新教世俗禁欲主义的本质特征。

因此，当作家们（当时的以及后来的一些作家）把清教徒，特别是英格兰清教刻画为英国的希伯来主义时，他们的做法是有道理的，如果我们能对此加以正确理解的话。但我们千万不可把希伯来主义说成是《圣经》成书时代的巴勒斯坦犹太教，它应该是指经历了若干世纪的规范化、律法化以及犹太法典化教育的长期影响后形成的犹太教。早期犹太教的普遍倾向是追求平易简朴的人生，这与清教徒的本质特征相去甚远。不过，一定不能忽略的是，它距中世纪与近代犹太教的经济道德观同样遥远，后者的特殊性格决定了它们在资本主义精神气质的发展进程中占有重要地位。犹太人站在政治上大胆进取、敢于投机冒险的资本主义一方，一句话，他们的精神气质乃是贱民资本主义(pariah-capitalism)类型的。而清教徒的精神气质却是合乎理性地组织资本与劳动。它从犹太伦理中汲取的仅仅是适合这一目标的内容。

如何分析《旧约》的戒律渗透入社会生活后对民族性格的影响，这是一个引人入胜然而迄今为止尚未取得令人满意的成果的课题，甚至在这方面对犹太教的研究也是如此。限于本书的篇幅，我不可能对此加以论述。除了前面已指出的两者之间的关系外，犹太教那种以上帝的特选子民自居的信念也普遍复兴于清教徒中，它在他们的基本精神倾向中占有特别重要的地位。就连秉性谦恭的巴克斯特也因为他有幸恰好出身于英格兰因此能进入真正的教会而对上帝感恩不已。我因上帝的恩宠而尽善尽美，这种感恩戴德之情深深渗入清教中产阶级的人生态度中，它对资本主义英雄时代那种严肃刻板、坚韧耐劳、严于律己的典型人格之形成起了相当的作用。

清教徒的职业观以及它对禁欲主义行为的赞扬必然会直接影响到资本主义生活方式的发展，现在，让我们试图弄清楚有关这一点的几个问题。我们已经看到，清教禁欲主义竭尽全力所反对的只有一样东西——无节制地享受人生及它能提供的一切。这种态度或许最典型地体现在围绕《体育手册》而展开的斗争中。詹姆斯一世与查理一世把该书纳入法律，以此作为专门对付清教徒的手段；查理一世还下令让各教堂宣讲它。国王竟然通过立法来规定人们在礼拜日做完礼拜后有权从事通俗娱乐活动，这引起了清教徒们的强烈反对，对此我们当然不可仅仅用该法令破坏了主日的安宁来解释；其原因还在于，它会造成人们有意地背弃圣徒的起居有制的生活。从国王方面讲，他所以要对任何敢于抨击这些娱乐活动之合法性的人予以严厉惩处，完全居于这一动机——消除清教徒反专制主义的禁欲倾向，因为它对于王国实在是太危险了。封建势力与君主势力保护寻欢作乐者，压制新兴的中产阶级道德和反专制统治的禁欲主义宗教社团，这种情况与当今资本主义社会保护乐意工作者而压制无产阶级的阶级道德与反集权主义的工会完全是一回事。

为了反抗压迫，清教徒制定了他们关键性的原则，即禁欲品行原则。在其他情况下，甚至对贵格派来说，清教徒对体育的责难绝不是事关原则的问题。如果体育活动服从于理性目的，即有必要通过它来恢复体力，那么它是可以接受的。但如果它成了无节度的冲动之勃发，它的作用就大可置疑了；倘若它竟成了纯粹的享乐手段，或者充当满足虚荣心、发泄粗野本能或非理性的赌博本能的工具，则它必须遭到严厉的谴责。任何无节制的人生享乐，无论它表现为贵族的体育活动还是平民百姓在舞场或酒店里的纵情狂欢，都会驱使人舍弃职守，背离宗教，因此理应成为理性禁欲主义的仇敌。

由于上述原因，清教徒总是执持疑虑重重的态度，对文化中任何不具备直接宗教价值的方面都怀有敌意。然而这并不意味着清教徒的观念里隐含着对文化的道貌岸然、气量狭窄的蔑视。事实恰好相反，至少对科学是这样，惟一的例外是它对经院哲学的痛恨。而且，清教运动中的杰出人物都深受文艺复兴时期文化的熏陶。长老会牧师的布道文旁征博引，名句箴言比比皆是。激进派对此颇不以为然，但就连他们在神学辩论中也以熟谙经典为荣。大概没有哪个国家在立国初期像新英格兰那样拥有数量如此之多的大学毕业生。清教徒之反对者的挖苦嘲讽(例如巴特勒的《赫狄布那斯》①)也主要是针对他们的迂腐气和堪称典范的诡辩技巧。这一切部分渊源于他们在宗教上对知识的高度评价，而这种评价又来自他们对天主教宣扬的"绝对信仰"的敌视态度。

　　但是，当我们参阅非科学文献，特别是艺术②时，情况就完全两样了。在这里，禁欲主义犹如酷寒降临"快活的老英格兰"。首当其冲的不单纯是世俗的寻欢作乐。清教徒对一切沾染有迷信味道的事物，对魔法获救或圣礼获救之残余痛恨已极，而这种仇恨也波及圣诞庆典、五朔节花柱游戏③以及所有自然的宗教艺术。一种伟大而且经常是有伤风化的现实主义艺术得以在荷兰存身，这恰好表明了在加尔文教神权体制的短暂统治转化成温和的国家教会后，在它的禁欲主义影响力随之明显衰落后，这个国家的集权主义道德教条无力再抗拒宫廷与摄政者(领取固定俸禄者构成的社会阶层)的影响，无力再阻止资产阶级暴发户对人生的尽情享受。

　　清教徒厌恶戏剧，并且由于一切性感的东西和裸体都被严格地排除在他们所能容忍的范围之外，所以关于文学或艺术的激进观点也不可能存在。闲谈、奢侈品、自负的炫耀，所有这些观念都是无客观目的的非理性态度的表现，因而也就不符合禁欲主义的要求，尤其是它们并非为了上帝的荣耀，而是为人服务的。然而这些观念随时都在起作用，随时都在帮助人们作出有节制的注重实用的决定，以反对任何艺术的倾向。这在个人修饰方面，比如穿着上，尤其如

---

　　①　巴特勒的著名讽刺诗。赫狄布那斯是诗中的主人公。

　　②　艺术，包括诗歌、绘画、音乐、建筑等。

　　③　根据英国风俗，每年5月1日要举行五朔节庆祝活动以迎接春天的到来，人们围绕花柱舞蹈游戏。

此。那种强大的要求生活统一性的倾向在否定肉体崇拜的观念中找到了其理想的基础，而这种倾向直至今天仍然极大地增强着资本主义对生产标准化的兴趣。

当然我们也不应该忘记，清教包容着一个矛盾的世界，它的首脑人物显然比保皇党人更加本能地意识到艺术的永恒的伟大性。并且即使是伦勃朗这样一位出类拔萃的天才，无论他的举止在清教徒眼中是多么不合上帝的旨意，他所处的宗教环境仍然在很大程度上影响了他的作品的特点。但是这一点并不能改变整个图景。清教传统的发展可以并且在一定程度上确实有效地导致了人格的精神化，仅此而论它对文学的确有着显而易见的益处。然而这种益处绝大部分只是在后代人身上才显露出来。

显然我们不能在此讨论清教在所有这些方面的影响，但是我们应该注意到这样一个事实：对文化产品的享受的容忍（尽管这些文化产品纯粹是为着审美的或体育的享受），必然总是与一种特有的限制相冲突，即这些享受不得付出任何代价。人只是受托管理着上帝恩赐给他的财产，他必须像寓言中的仆人那样，对托付给他的每一个便士都有所交代。因此，仅仅为了个人自己的享受而不是为了上帝的荣耀而花费这笔财产的任何一部分至少也是非常危险的。即使是在当今又有哪位明眼人没有遇到过这种观念的代表呢？人们使自己服从于自己的财产，就像一个顺从的管家，或者说就像一部获利的机器。这种对财产的责任感给人们的生活带来了令人心寒的重负。如果这种禁欲主义的生活态度经得起考验，那么财产越多，为了上帝的荣耀保住这笔财产并竭尽全力增加之的这种责任感就越是沉重。这种生活方式的根源，如同资本主义精神的许多方面一样，也可以追溯到中世纪。但是这种生活方式是在禁欲的新教伦理中找到了其坚实的基础的。它对资本主义发展的重要性已是显而易见的了。

综上所述，这种世俗的新教禁欲主义与自发的财产享受强烈地对抗着；它束缚着消费，尤其是奢侈品的消费。而另一方面它又有着把获取财产从传统伦理的禁锢中解脱出来的心理效果。它不仅使获利冲动合法化，而且（在我们所讨论的意义上）将其看作上帝的直接意愿。正是在这个意义上，它打破了获利冲动的束缚。这场拒斥肉体诱惑，反对依赖身外之物的运动，正如教友派（或公谊会、贵格会）辩护士巴克莱所明言的（更不消提及那些清教徒了），并不是一场反对合理的获取财富的斗争，而是一场反对非理性的使用财产的斗争。

但是这种非理性的财产使用却体现在各种外在的奢侈品上，无论这些奢侈品在封建脑瓜看来显得多么自然，都被清教徒的信条谴责为肉体崇拜。而另一方面他们又赞同对财产的理性的和功利主义的使用，认为这是上帝的意旨，是为了满足个人和公众的需要。他们并不希望把禁欲主义强加给有钱人，只不过要求他们出于需要和实际的目的使用自己的财产。舒适的观念极富特点地限定了伦理所许可的开支范围。自然，符合这种观念的生活方式的发展最早也最清楚地见于那些最坚决地代表整个这种生活态度的人身上，也就绝非偶然了。他们把中产阶级家庭中那种纯净而坚实的舒适奉为理想，反对封建主义那种没有稳固的经济基础的华而不实，那种喜好污秽的优雅，那种拒斥适度的简朴态度。

在私有财产的生产方面，禁欲主义谴责欺诈和冲动性贪婪。被斥之为贪婪、拜金主义等的是为个人目的而追求财富的行为。因为财富本身就是一种诱惑。但是这里禁欲主义是那种"总是在追求善却又总是在创造恶的力量"，这里邪恶是指对财产的占有和财产的占有诱惑力。因为，禁欲主义，为了与《旧约》保持一致，为了与善行的伦理评价相近似，严厉地斥责把追求财富作为自身目的的行为；但是，如果财富是从事一项职业而获得的劳动果实，那么财富的获得便又是上帝祝福的标志了。更为重要的是：在一项世俗的职业中要殚精竭虑，持之不懈，有条不紊地劳动，这样一种宗教观念作为禁欲主义的最高手段，同时也作为重生与真诚信念的最可靠、最显著的证明，对于我们在此业已称为资本主义精神的那种生活态度的扩张肯定发挥过巨大无比的杠杆作用。

当消费的限制与这种获利活动的自由结合在一起的时候，这样一种不可避免的实际效果也就显而易见了：禁欲主义的节俭必然要导致资本的积累。强加在财富消费上的种种限制使资本用于生产性投资成为可能，从而也就自然而然地增加了财富。不幸的是，这种影响究竟有多大是不能以精确的统计数字来加以证明的。但是，在英格兰，这种联系如此显著，从而未能逃过历史学家杜尔（Doyle）的那双极有洞察力的眼睛。同样，在荷兰，这个实际上只是由严格的加尔文主义占统治地位达七年之久的国度里，在更严肃的宗教圈子里，更简朴的生活方式与巨大财富的结合，导致了资本的过度积累。

进一步讲，中产阶级的财产被贵族所吞没的倾向（这一倾向无处不在，无时不有，且在今日德国颇为强大），必然受到来自清教主义对封建生活方式的反感的阻止，这一点是很明显的。17世纪英国重商主义者曾把荷兰资本优于英国资本的现象归结为，在荷兰新获得的资本并非一概地用于土地投资。同时，由于这不仅仅是个购买土地的问题，所以荷兰资本也不曾设法使自己转变为封建生活习惯的一部分，以至于失去进行资本主义投资的可能性。把农业视为极为重要的一部分活动的并不是（例如在巴克斯特看来）土地贵族，而只是自耕农和牧民，在18世纪也不是地主，而是合理的耕种者。这种对农业的高度评价与清教徒的虔诚尤其相符。地主阶级，"快活的老英格兰"的代表，与有着极为不同的社会影响的清教徒集团之间的冲突贯穿自17世纪以来的整个英国社会。一方是尚未受到损害的天真未凿的生活享乐，一方是恪守律条的矜持的自我节制和传统的伦理行为，这两种态度甚至在今天也是构成英国民族特点的不可分割的组成因素。同样，在北美殖民地，投机家企图利用契约奴仆的劳动建立种植园以过上封建贵族的生活的愿望与清教徒们明确的中产阶级世界观形成鲜明的对照，贯穿了北美殖民地的早期历史。

在清教所影响的范围内，在任何情况下清教的世界观都有利于一种理性的资产阶级经济生活的发展（这点当然比仅仅鼓励资本积累重要得多）。它在这种生活的发展中是最重要的，而且首先是惟一始终一致的影响。它哺育了近代经济人。

可以肯定，清教的这些理想在过于强大的财富诱惑力下会发生动摇。这点清教徒们自己也非常清楚。我们发现，作为一条规律，最忠实的清教信徒属于正在从较低的社会地位上升着的阶级，即小资产阶级和自耕农，而在受恩宠的占有者中，甚至在贵格会教徒中，却经常可以发现有抛弃旧理想的倾向。这种世俗禁欲主义的前身，中世纪的隐修禁欲主义，再三遭遇的也正是同一种命运。在后一种情况下，当理性的经济活动通过严格的行为规定和消费限制取得其全面效果时，积聚的财富要么像宗教改革以前那样直接为贵族服务，要么供面临崩溃危险的隐修使用，而教会的改革也就势在必行了。

事实上，修道院制度的全部历史，在某种意义上，就是与财富的世俗化影响不断斗争的历史。在一种广泛的意义上讲，世俗的清教禁欲主义也是如此。发生在 18 世纪末英国工业扩张以前的卫斯理宗的复兴可以与这样一种教会改革作个很好的比较。因而我们在此可以引用约翰·卫斯理自己的一段话，也许可以概括以上所谈到的一切，因为这段话表明这些禁欲主义运动的领导人物在当时就非常明白那种我们所指的似乎自相矛盾的关系，不过对于这种关系我们在此已经做了圆满的解释。他写道：

> 我感到忧虑的是无论何处，只要财富增长了，那里的宗教本质也就以同样的比例减少了。因而我看不出就事物的本质而论任何真正的宗教复兴如何能够长久下去。因此宗教必然产生勤俭，而勤俭又必然带来财富。但是随着财富的增长，傲慢、愤怒和对现世的一切热爱也会随之而增强。那么在这种状况下，循道宗（即卫斯理宗），尽管它是一种心灵的宗教，尽管它在眼下像月桂树那样繁茂，又怎么可能会继续存在下去呢？循道宗的信徒在各个地方都朝着勤奋节俭的方向发展；而他们的财富也随之日益增长。因此他们的傲慢、愤怒，肉体的欲望，眼睛的欲望和对生活的渴望也成比例地增强。因此尽管还保留了宗教的形式，但它的精神正在如飞似的逝去。难道没有办法阻止这种纯宗教的不断衰败吗？我们不应阻止人们勤俭，我们必须敦促所有的基督徒都尽其所能获得他们所能获得的一切，节省下他们所能节省的一切，事实上也就是敦促他们发家致富。

随之而来的是这样的忠告：那些尽最大可能去获取、去节俭的人，也应该是能够奉献一切的人，这样才能获得更多的恩宠，在天国备下一笔资财。卫斯理在这里所详尽表述的，很明显，恰恰是我们一直想试图指出的。

正如卫斯理所说，那些伟大的宗教运动对于经济发展的意义首先在于其禁欲主义的教育影响，而它们的充分的经济效果，一般地讲，只有当纯粹的宗教热情过去之后，才会显现出来。这时，寻求上帝的天国的狂热开始逐渐转变为冷静的经济德性；宗教的根慢慢枯死，让位于世俗的功利主义。这时，如同道登（Dowden）①所言，像在《鲁滨孙漂流记》中一样，这个在一定立场上仍在从事传教活动的、与世隔绝的经济人取代了班扬笔下那个匆匆忙忙穿过名利场、在精神上寻求上帝的天国的孤独的朝圣者。

如同道登所指出的，后来当"尽最大可能地利用现世和来世"的原则终于取得主导地位时，所谓行善的良知只不过成了享受舒适的资产阶级生活的手段之一，如同德国那个关于软枕头的谚语所说的一样。然而，17世纪伟大的宗教时代遗留给它讲求实利的后人的，却首先是一种善得惊人的，甚至可以说善得虚伪的良知，以此来获取金钱，只要获取金钱还是合法的行为。这里，"你们很难使上帝满意"的教义已荡然无存，连点痕迹都没有了。

一种特殊的资产阶级的经济伦理形成了。资产阶级商人意识到自己充分受到上帝的恩宠，实实在在受到上帝的祝福。他们觉得，只要他们注意外表上正确得体，只要他们的道德行为没有污点，只要财产的使用不致遭到非议，他们就尽可以随心所欲地听从自己金钱利益的支配，同时还感到自己这么做是在尽一种责任。此外宗教禁欲主义的力量还给他们提供了有节制的、态度认真、工作异常勤勉的劳动者，他们对待自己的工作如同对待上帝赐予的毕生目标一般。

最后，禁欲主义还给资产阶级一种令其安慰的信念：现世财富分配的不均本是神意天命；天意在这些不均中，如同在每个具体的恩宠中一样，自有它所要达到的不为人知的秘密目的。加尔文自己曾作出一段常被引用的论述：人们，即从事体力劳动和技术劳动的大众，只是在穷困的时候才顺从上帝。在尼德兰（古尔特的彼埃尔和其他人），这种说法已被世俗化为：大众只有在需要的迫使下才去劳动。这种对资本主义经济的主要观念作出的系统阐述，后来融入了低工资—高生产率的流行理论中。在我们一再观察到的发展线索中，随着宗教的根的死去，功利主义的解释悄悄地渗入了。

---

① 爱德华·道登（1843—1913），爱尔兰文学批评家。

中世纪的伦理观念不仅容忍乞讨的存在，而且事实上在托钵僧团中还以乞讨为荣。甚至世俗的乞丐，由于他们给有钱人提供了行善施舍的机会，有时也被当作一笔财产来对待。甚至斯图亚特王朝时期的英国国教的社会伦理也与这种态度非常接近。直到清教的禁欲主义参与严格的"英国济贫法"(English Poor Relief Legislation)的确立，才从根本上改变了这种状况。之所以能这样，是因为事实上新教教派的严谨的清教团体在他们内部从不知乞讨为何物。

另一方面，从工人这一方面看，虔信派的亲岑道夫分支颇推崇这样一种忠实的工人：他们不追求获利，按使徒的模式生活，因而被赋予一种领袖气质，而这种气质又是信徒式的。类似的思想最初在浸礼会中以更激烈的形式占据着上风。

很自然，几乎各个教派的禁欲主义文献都充满这样的观念：为了信仰而劳动，就生活中没有其他谋生机会的人而言，尽管所得报酬甚低，也是最能博得上帝欢心的。在这方面新教的禁欲主义并没有加进任何新东西。但是它不仅最有力地深化了这一思想，而且创造出了惟一对它的效果有决定性影响的力量，即一种心理上的认可：认为这种劳动是一种天职，是最善的，归根到底常常是获得恩宠确实性的惟一手段。另一方面它使对这种自愿劳动的利用合法化，即把雇主的商业活动也解释成一种天职。只能通过完成神示的天职去寻求上帝之国，并且教会自然又把严格的禁欲主义教规特别强加于一无所有的阶层，这一切，很明显，必定对资本主义意义上的"劳动生产力"产生极其有力的影响。把劳动视为一种天职成为现代工人的特征，如同相应的对获利的态度成为商人的特征一样。才华横溢的威廉·佩蒂爵士正是因为那么早就察觉到了这一情形，才能把17世纪荷兰的经济强盛归因于这样的事实：这个国家的那些持异端者(加尔文教徒和浸礼会徒)"多半都是些善于思考、头脑清醒的人，他们相信劳动和勤勉是他们对上帝应尽的责任"。

加尔文教反对以财政垄断形式出现的有机的社会组织；在斯图亚特王朝统辖的英国国教中，即洛德(Laud)概念中的教会和国家以基督教社会伦理为基础与垄断者的联盟，有机的社会组织正是采取了这种财政垄断的形式。加尔文宗的领导者普遍都激烈反对这种政治上享有特权的，商业性的，借贷性的，殖民主义的资本主义。与这种资本主义相对，他们提出通过人自身的能力和主动性去合乎理性地、合法地获利，强调这种个人主义的动机。正当政治上享有特权的垄断工业的英国全部迅速消失时，他们的这种态度在工业发展中起到巨大的决定性作用；而当时的工业正是在不顾，甚至是反对政府权力的情况下发展起来的。清教徒们（普林［Prynne］，帕克［Parker］）拒绝与那些大资本主义鼓吹者、规划者发生任何联系，视他们为一个道德上可疑的阶层；另一方面，他们又为自己优越的中产阶级道德感到骄傲，这也构成了那些圈子里的人对他们施加迫害的真正原因。笛福曾经建议用联合抵制银行贷款和撤回储蓄的办法来回击对持异端观念者的迫害。这两种资本主义态度的不同在很大程度上是与宗教上的差异并行的。直到 18 世纪，反对者们还一再嘲笑不从国教者（Nonconformists）是小店主精神的化身，指责他们毁掉了老英国的种种理想。这里也可见清教的经济道德与犹太人的不同；当时的人（普林）就已清楚地知道，前者，而非后者，才是资产阶级的资本主义的伦理。

在构成近代资本主义精神乃至整个近代文化精神的诸基本要素之中，以职业概念为基础的理性行为这一要素，正是从基督教禁欲主义中产生出来的——这就是本文力图论证的观点。只需重读一下在本文开头引述的富兰克林的那段话，就不难看出，在本文开头被称为资本主义精神的那种态度，其根本要素与我们这里所表明的清教世俗禁欲主义的内涵并无二致，只不过它已没有宗教的基础，因为在富兰克林时期，宗教基础已经腐朽死亡了。认为近代劳动具有一种禁欲主义的性质当然不是什么新观点。局限于专业化的工作，弃绝它所牵涉的浮士德式的人类共性，是现代社会中任何有价值的工作得以进行的条件，因而其得与失在今日必然是互为条件的。中产阶级生活的这种根本上是禁欲主义的特征——如果说它确实试图成为一种生活方式，而并不仅仅是缺乏某种东西的话——正是歌德在他处于智慧顶峰时写下的《威廉·麦斯特的漫游时代》和浮士德生命的结局中所要教给人们的。对他来说实现同时意味着一种绝弃，一种与追求完整的和美的人性的时代的分离；在我们的文化发展进程中，与雅典古典文化的兴盛时期同样，已不再有可能重现那个时代了，就像古雅典文化的兴盛不会再现一样。

　　清教徒想在一项职业中工作；而我们的工作则是出于被迫。因为当禁欲主义从修道院的斗室里被带入日常生活，并开始统治世俗道德时，它在形成庞大的近代经济秩序的宇宙的过程中就会发挥应有的作用。而这种经济秩序现在却深受机器生产的技术和经济条件的制约。今天这些条件正以不可抗拒的力量决定着降生于这一机制之中的每一个人的生活，而且不仅仅是那些直接参与经济获利的人的生活。也许这种决定性作用会一直持续到人类烧光最后一吨煤的时刻。巴克斯特认为，对圣徒来说，身外之物只应是"披在他们肩上的一件随时可甩掉的轻飘飘的斗篷"。然而命运却注定这斗篷将变成一只铁的牢笼。

　　自从禁欲主义着手重新塑造尘世并树立起它在尘世的理想，物质产品对人类的生存就开始获得了一种前所未有的控制力量，这力量不断增长，且不屈不挠。今天，宗教禁欲主义的精神虽已逃出这铁笼(有谁知道这是不是最终的结局?)，但是，大获全胜的资本主义，依赖于机器的基础，已不再需要这种精神的支持了。启蒙主义——宗教禁欲主义那大笑着的继承者——脸上的玫瑰色红晕似乎也在无可挽回地褪去。天职责任的观念，在我们的生活中也像死去的宗教信仰一样，只是幽灵般地徘徊着。当竭尽天职已不再与精神的和文化的最高价值发生直接联系的时候，或者，从另一方面说，当天职观念已转化为经济冲动，从而也就无法再感受到了的时候，一般地讲，个人也就根本不会再试图找什么理由为之辩护了。在其获得最高发展的地方——美国，财富的追求已被剥除了其原有的宗教和伦理含义，而趋于和纯粹世俗的情欲相关联，事实上这正是使其常常具有体育竞争之特征的原因所在。

　　没人知道将来会是谁在这铁笼里生活；没人知道在这惊人的大发展的终点会不会又有全新的先知出现；没人知道会不会有一个老观念和旧理想的伟大再生；如果不会，那么会不会在某种骤发的妄自尊大情绪的掩饰下产生一种机械的麻木僵化呢，也没人知道。因为完全可以，而且是不无道理地，这样来评说这个文化的发展的最后阶段："专家没有灵魂，纵欲者没有心肝；这个废物幻想着它自己已达到了前所未有的文明程度。"

　　但是这就把我们引入了价值判断和信仰判断的领域，而这篇纯粹讨论历史的文章无须承担这一重任。下一步任务或许应当是说明禁欲主义的理性主义（在前文中只是稍稍触及一点）对于实际社会伦理观点内容所产生的意义，从而对社会组织类型以及上至国家下至群众集会等社会群体的作用意义。然后再分析禁欲主义的理性主义与人道主义的理性主义、生活理想和文化影响的关系；进而分析它与哲学的和科学的经验主义、技术的发展以及精神理想之间的关系。再往下将在禁欲主义宗教的各个领域追溯它从中世纪开始有禁欲主义以来直到它融入纯功利主义之中的历史发展过程。惟其至此，才能正确地估计新教的禁欲主义（在它与塑成近代文化的其他诸因素的关系之中），具有怎样的文化意蕴。

这里我们仅仅尝试性地探究了新教的禁欲主义对其他因素产生过影响这一事实和方向；尽管这是非常重要的一点，但我们也应当而且有必要去探究新教的禁欲主义在其发展中及其特征上又怎样反过来受到整个社会条件，特别是经济条件的影响。一般而言，现代人，即使是带着最好的愿望，也不能切实看到宗教思想所具有的文化意义及其对于民族特征形成的重要性。但是，以对文化和历史所作的片面的唯灵论因果解释来替代同样片面的唯物论解释，当然也不是我的宗旨。每一种解释都有着同等的可能性，但是如果不是做做准备而已，而是作为一次调查探讨所得出的结论，那么，每一种解释都不会揭示历史的真理。

选自［德］马克斯·韦伯：《新教伦理与资本主义精神》，北京，生活·读书·新知三联书店，1987。于晓、陈维纲等译。

［美］鲍恩（Borden Parker Bowne，1847—1910）

《人格主义》（1908）（节选）

《人格主义》（1908）（节选）

一、人格的世界

要使大众思想成为较好的哲学洞见，一个主要困难是大众思想受制于各种感觉对象。可见可握的事物显见为真，而且总有一种倾向认为，只有可见可握的事物才是真实的。在这种精神状况下，任何理想主义学说都极难声张，因为它的荒谬似乎显而易见。而指出人类生活中有相当大一部分即使在目前仍处于不可见和无法把握的状态，或许可以减轻一些人对理想主义学说的成见。这样，受感觉束缚的心灵也许更容易接纳不可见的非空间性存在的普遍思想。

首先，我们自身是不可见的。物质有机体仅仅是表达和显现内在生活的工具，而活生生的自我则是永远无法被人们看见的。对每个个人来说，他自己的自我都是在直接经验中被认识的，而所有他人则是通过他们的行为而被认识的。他们不是以其形式或外形而是以其行为而被揭示的，而且他们也只有以其行为并且通过其行为才能为人认识。这样看来，他们同上帝自身一样是无形的、不可见的，不仅指超出视野之外，而且也指不以任何形式存在于可见视阈之中。精神是何种形状的？抑或，灵魂的长度和宽度是多少？若无批判性反省，这些提问便暴露出这些概念的荒谬性。

的确，只有在不可见的世界里，我们才能把握日常生活中那些最常见事情的要义。如果我们观察街道上来来往往的人群，只把他们置于机械规律中来考虑，只去注意那些我们能够看见的或者照相机能够拍摄下来的东西，那么我们将会得到最为奇异的观察结果。同样，用解剖学的术语把机体接触描述成接吻亲呢，无论如何都无法激起人们尝试亲吻的兴趣，我们中的绝大多数人对此也无法理解。无论何时，一旦我们把我们的物质状态和运动从它们所包含的人格意义或人格生活中抽象出来，那么所有这些状态或运动就会显得非常荒谬。还有什么会比脱离宗教含义而将祷告仅仅描述成物理学上的声音和姿态更为荒谬的呢？抑或，有什么会比抛开关于亟待解决的问题的知识，抛开对正尝试解决问题的看不见的人格（persons）的认识，而用实体和工具性术语来描述一种科学实验更为可笑的呢？然而，这些例子里的奇异行为对于我们而言并不存在，因为我们很少会仅仅为了解感觉所能给予的东西，而将我们从我们的人格知识中抽象出来。我们把这些物理的形式看作是正在去往某处或者正在做某事的个人。整个感觉背后所存在的思想乃是感觉的要义所在，对于我们完全熟悉的问题也是如此。因此，意义来自不可见的世界，它将那些好奇的人体运动转化成了人格的术语，并赋予它们一种人的意义。的确，甚至是我们对身体自身的评价在很大程度上也要依赖身体与隐藏的精神生活的关系。一具作为空间对象的人类形体，一旦离开了我们将其作为人格生活之工作和表现的经验，就不再显得美丽，不再具有吸引力了。当我们用解剖学的术语来描述形体时，形体内部就不会存在任何我们想寻求的东西。形体美丽和价值的奥秘深藏在不可见的领域之中。

这同样适用于文学。文学既不存在于空间、时间之内，也不存在于书本、图书馆之中。它只存在于不可见的、非空间的理念和意识的世界。试图在一本书籍或者一个图书馆里寻找文学的人犯了不可救药的错误，绝对发现不了什么。因为能够在书籍或图书馆里找到的，只是一些可以用眼睛看到的白纸黑字，以及以各种形式组合在一起的白纸黑字的堆积。但这不是文学。文学只存在于人的心灵之中，而且仅仅作为一种人类心灵的表达而存在着。将文学抽离人类心灵是不可能的，也是毫无意义的。历史亦复如此。人类历史从未，而且永远也不会存在于空间之中。如果某位火星来客来访地球，想看看人类在空间中进行的全部活动，那么他永远也无法找到人类历史真义的蛛丝马迹，反倒会让其视线囿于物质和运动的组合与分解上。他可以描述出地球上的万物气象，却无法领悟所有这些描述中所隐含的赋予人类活动全部意义的内在暗示。正如人们想象中的一只鸟可能会落在电报机上，而且它充分注意到电报机发出的嘀嗒声，但是它却不会对信息的意义或存在有任何概念；抑或，就像一只狗可以从一本书上看到人用眼睛能够看到的所有东西，但它却对这些东西的含义一无所知；或者，像一个野人可能会盯着一份印刷的歌剧乐谱，却永远无法觉察到它的音乐意蕴一样，一条无法逾越的鸿沟将完全切断这位假想中的天外来客对人类历史的真实所在和含义的认识。生活的伟大戏剧，连同它的喜爱和厌恶、爱与恨、雄心与奋斗以及它的各种思想、灵感和欲望，都与空间完全无关。它永远不会以任何方式存在于空间之中。所以，人类历史在不可见的世界里有它自己的底蕴。

政府的情况与之相似。政府不在国会大楼或议会大厅中。正如整个社会是一种人格意志的联系一样，政府也是一种人格意志与其意识影响、理念和目的之背景的联系。正是在这种隐藏的国度中，我们生活着，我们或爱或恨，或顺从或反抗，或和平生活，或斗争不已。战争也从未存在于空间之中，真正的战争发生在我们看不见的地方。战争是各种理念、志向和精神倾向的冲突。所有曾经发生在空间中的战争，都只不过是无法描述的内在斗争的一种象征和表现而已。而这正说明了何为真实的人的生活。一切爱与恨，希望与抱负，欲望与志向，简言之，人类生活的全部内容，都是不可见的，空间中所存在的仅仅是我们所无法描绘的生活之表现和定位的方式。对于隐藏在其背后的更深层的生活而言，空间存在只具有象征意义。所有这些隐秘的生活，我们的火星来客都无法觉察，也就是说，他将与人类及其历史的理解擦肩而过。

因此我们明白，人类生活很大程度上处在不可见的领域，而如上所述，这种"不可见"不仅仅是超出视阈意义上的，而且也类似于某种以任何方式都无法描绘的事物。这一领域可以用空间现象作为一种表现方式，但就其本身而言，严格地说，它是无法描绘的。倘若我们非要了解这伟大的实在(reality)世界之所在，就必须说，它不在空间之中，而是在意识之中。人类生活不属于空间世界，而属于与空间时间殊为不同的意识世界。这就是人格生活和人类历史的伟大戏剧之所在。在任何空间的概念上，这都将是事实。但当我们把空间看作是主观的时候，那么不言而喻的事实是，此时的意识世界将会成为整个世界之所在——不仅仅是历史与人格关系世界之所在，而且同样是空间表象世界和物理科学世界之所在。然而应该注意的是，这一观点从未否认人类世界的实在性，它只是对这一实在性进行了重新定位。这一观点中的世界完全保持其从前之所是，而现在与从前一样真实。我们已然发现，我们无法依据空间和时间这些现象性术语，而是要依据世界自身，依据生命与感情、爱与恨、渴望或沮丧、希望与绝望等这些不可公度的元素来思考这个世界。同样，这种普遍观点也不会使空间世界成为虚幻。我们的意思只是说，人类生活的世界自身并不是某种自足的自在之物，相反，它是用以表现基本人格生活的一种方式。人格生活才是最深刻的、惟一的实体性事实。

我们对这个观点愈加深究，我们的生活就会愈显神秘，愈让人充满想象。我们看到，我们现在实际上是生活在看不见的世界之中。对于这种隐秘的生活而言，空间只具有象征的功能。我们在空间系统中留下自己的印迹，并且通过空间系统来表达我们的思想和目的，但思想和目的的行为者却从未出现。就人而言，空间世界中许多决定的依据都来自人类思想和目的这一看不见的世界，而空间世界不断地呈现出我们人类的越来越多的影像和标记。在与人类的关系中，空间世界在很大程度上表现为一种潜能，等待人类自身去实现。无数个秋收期待成长，无数的花朵期待绽放，然而只有当人类参与其中，这一切才能实现。地球上的植物和动物正在不断地从我们人类的意志和目的中获得它们的特性，甚至连气候都没有独立于人类之外的好坏意义。对于我们人类来说，空间世界自身并不是充分的、完成了的世界，它永远展现为我们想要它成为的样子。当我们承认我们自身的不可见性，并且承认仅仅作为一种我们隐秘的思想和生活之表现方式的空间所具有的象征特性时，我们便会发现，我们很容易接受下面这样一种观点，即：在作为整体的时空世界的背后，存在着一种重要的看不见的力量，时空世界正是使用这种力量来表现和沟通它的意图。

在这种情况下，除非表象具有异乎寻常的欺骗性，否则我们就可以坦率地说，人类并不是一个自足的机械系统中微不足道的附属品，而是宇宙进程中（至少是陆地区域内）的一个十分重要的因素。他是不可见世界的居民，他将他的思想和生活投射在我们称之为自然的广大时空的屏幕上。但是，由于受到感觉的束缚，自然主义没有觉察到这一切，它在空间映像的图画世界这一人类事实上从未存在的世界里探索人类。由于这一原初性的错误，人类在这个系统中变得越来越渺小，起初是一种现象，随之成为一种"附带现象"，最后则趋向于完全消失。同时，物质和运动按照时间表进行组合和分解，$\frac{1}{2}mv^2$ 保持着一个恒量。整个思想史不再包含那种更为奇异的理性转换。

以至上人格为前导的人格世界是我们在批判反省后逐渐得出的一个概念。我们称之为自然的空间对象的世界本身并不是实体性的存在，甚至不是一个具有智性的自我控制系统，而只是人格存在物进行相互沟通时的流动表现和流动方式。它自始至终都是依赖性的、工具性的和现象性的。但是，在这些有限精神与"绝对精神"的关系中，仍然存在着一个问题。（以往）对这个问题的抽象处理已经导致了许多有害的错误。

形而上学表明，如果我们无法把"一"确定为基本的实在，并且由其产生并协调"多"的话，我们就无法解释"多"的存在和共同体（community）。在我们寻找"多"与"一"之间的联系时，我们的想象力设法通过某种定量概念来解决问题，以为就像部分被包含在整体之中一样，"多"从"一"中产生，或者说"多"被包含在"一"之中。这种大量存在的建议受到了以下见解的批驳，该见解认为，这些定量的理念不符合"一"的真正统一性。按照形而上学的观点，我们不能将基本的实在拟想成为一种被延伸的质料，而是要将其理解成为一种不适用可分性观念的动因。当我们更进一步回顾并必须将这种动因看作是自觉的理智时，任何定量概念的不可靠性就变得不言而喻了。"多"的概念从"一"中产生，或者是"一"裂变或自我散发，抑或，是作为"一"的组成部分（即"内在拥有的部分"），"多"的概念同时也被看成是一种未加批判的以空间幻想的绘画形式来表现一个不可绘画之理性问题的想象尝试。如果我们继续反思一下，就会得出这样的结论，即不可绘画的"多"必须被理解为在不可绘画的意义上依赖于不可绘画的"一"。

由于近代许多有才能的思想家使我们服膺了一种破坏性的有害的泛神论，这一结论已然具有先定可怕的后果。他们在一种不可能的多元论中寻求庇护。一些思想家已经在这一歧途上走得非常远，以至认为，"多"一直是作为救赎有限人格的惟一方式而存在的。但这无疑相当于将孩子与洗澡水一起泼掉了。这些思想家所反对的危险的确存在，而且我们也可以从印度的吠檀多哲学中清楚地看到这些危险的有害特征。但是，这些危险在一种导致绝望的多元论中并没有得到缓解。我们要想寻找出路，就必须仔细核查我们所使用的术语，并且绝对坚持经验的超验的经验主义形式。

强调有限精神的依赖性，或者在一种抽象和绝对的意义上来谈论这种依赖性，都很容易陷入多元论。我们永远无法通过字典，而只能通过仔细地关注语词想要表达的事实，才能够对这里出现的语词进行恰当的定义。我们必须通过对这一观点的关注来提防多元论。现在，当我们对我们的生活进行批判性的思考时，我们将会发现两个事实。首先，我们有属于我们自己的、不可剥夺的思想、感情和意志；我们还有一种自我控制的尺度，或称之为自我定向的力量。所以在经验中，我们发现有一个"自我"和相对的"独立"。这一事实构成了我们的人格。第二个事实是，我们不能在任何绝对的意义上将自己看作是自足的和独立的。而且一个更深刻的事实，如果不承认上述两个事实，我们就无法解释我们的生活，否认二者会使我们陷入矛盾和无意义之中。我们的独立性仅仅意味着我们经历过缺乏自我控制的经验，而我们的依赖性则仅仅意味着我们经历过缺乏自足的经验。就像我们无法断定自由与一致如何才能在同一存在（者）身上达到统一一样，我们也无法断定经验的这两个方面如何才能在同一存在（者）身上结合起来。然而尽管如此，我们仍然可以看到，它们是如此这般地结合在一起的。只有当我们抽象地看待这些理念时，我们才发现它们是矛盾的；而它们在现实中可能呈现的样子，我们却只能在经验中方能了解。我们无法确定是否存在能够脱离经验来选择一种或另一种生活方式的现实可能性。所以，有限精神在非自足意义上的依赖性，不能证明它的虚无性或非实在性。如上所述，这种依赖性必须通过事实而不是通过字典来解释。这就可能意味着，我们只有在活生生的经验中才能发现它的含义。

另一方面，泛神论的观点也有其无法克服的困难。我们在前面已经看到，除非我们保持着既有有限精神又有无限精神的自由，否则知识的问题就无法解决。一切都依赖于上帝，这是一种必然的思想确认，但认为所有的事物、思想和行为都具有神圣性则首先是不明智的，继而是自我毁灭性的。那种认为上帝应该了解且应该完全理解和欣赏我们的思想和感情的想法是十分明智的；但认为我们的思想和感情在任何其他的意义上就是上帝的思想和感情的想法，则犯了心理学上自相矛盾的错误。然而，如果我们坚持这样认为，那么理性只是在自取灭亡。因为按照这种逻辑进行推理，上帝在我们的思想和感情中思考着、感觉着，因此是上帝在我们的罪过中犯了错，在我们的愚蠢行为中表现得愚蠢，是上帝在我们各种思想的不一致性中使其自身自相矛盾。因此错误、愚蠢和罪恶这一切都是神圣的，理性和意识则不再拥有权威。

除了这些困难之外，神圣的统一性本身也消失了。想我们之所想的上帝与具有绝对、完美思想的上帝是什么关系？他在有限经验中变得有限、迷惑、盲目了吗？他同时还拥有在无限生活中的完美洞察力吗？他在有限中失去自我以至于不知道他是什么、他是谁了吗？或许他使自己在有限中筋疲力尽，所以有限便成为全部存在吗？但是如果他始终都拥有对于自身作为“一”和无限的完美知识的话，那么这种有限的幻象从根本上来说又是如何出现在完美的统一性和完美的灵光之中的呢？只要大写的无限性(the Infinite)被设想为在玩双面游戏，那么这些问题就无法得到回答。我们有一系列无法解释的幻象，还有一个在最奇异的形而上学的泥沼中同自己玩捉迷藏的无限。这种无限只是一种思辨的精神错乱的阴影。只要我们还想寻找有限与无限的一致性，那么这种困难就永远无法避免。如果我们想要避免全部思想和生活的毁灭，就必须考虑有限与无限之间的相互他异(mutual otherness)。

在我们接下来考察道德与宗教的关系时，同样也需要注意这种相互他异。泛神论不是一种宗教，而是一种前后不一致的哲学思辨。宗教强调有限和无限之间的相互他异，以此找到爱与服从之间的联系。爱与宗教都寻求统一，但是不是兼并或融合的统一，而是相互理解、相互同情的统一。如果人格的他异性被消除，那么这种统一也将消失。如果我们"混淆了这些人格"，那么任何追随上帝或者与上帝保持同一的可以理解的或者可欲的渴望也都将消失。在这一点上，神秘主义的语言是极为夸张的宗教诉求的表达，我们永远无法从字面上理解这些语言。

依赖性本身的形而上学关系不具有任何宗教品质。所有类似的有限物都具有依赖性，并且与精神上之同情和友谊完全一致，正如它同样包含着善与恶一样。然而，尽管这种依赖关系并不包含一种宗教关系，但它仍然是一种前宗教的状态。在一个自足存在物的世界里不会产生宗教。因此，宗教关系就是某种被添加到更普遍的依赖关系上的事物。

总而言之，与多年前相比，现在的宗教问题已经在智性世界中取得了更为牢固的地位。长久以来，感觉论哲学一直认为，宗教是后来才得到充分发展的，我们可以借由宗教在心理上的前因，将宗教理解为一种进化的产物。因此，宗教在很大程度上被看作是人类天性的一种外在的赘生物，对于人类生活没有任何真实的意义。许多人以为，如果宗教最终能够被解祛魔力，那将是人类的一次决定性的收获，对于人类的知识宝库来说更是如此。上述观点完全忽视了经验主义理论和进化论学说在本质上的暧昧。人们理所当然地认为，在心理发展中，最原初的东西才是绝对真实的，或者说它是所有后来的发展物由之产生的基物质。相应地，尽管宗教的早期用语就像所有人类事物的早期用语一样相当粗糙，它们却仍然被假定为是宗教的真正起源和本质意义之所在。现在，这种观点已经不复存在。我们已经开始认识到，这种历史研究至多只能给出当时发展的顺序，却没有办法断定在其所展现出的发展背后，是否存在某种内在的规律。我们同样开始认识到，除非假设存在着内在法则，否则发展是不可能的；而且如果我们想要把握一个处于发展中的事物的真正本质，就不能着眼于其未经雕琢的萌芽阶段，而只能研究其呈现出的完美成品。如果我们想知道什么是智性，我们必须从它所创造的奇迹(mighty works,《圣经》用语)中，而不是从其最初的、盲目的探索中来考察。同样，如果我们想要了解什么是宗教，我们就必须在其伟大的历史表现中，而不是在初民的模糊想象中来考察它。

在所有这些陈述中，我们已经公认宗教是一个伟大的人类事实。宗教不代表牧师或政治家的意图，也不是生活中无关紧要的附庸品，它深深扎根于人性自身。宗教并不是只对彼岸生活具有重要性，因为我们可以清楚地看到，宗教对于此岸生活、对于善良或邪恶具有深刻的重要性。的确存在着品质低下并且思想卑污的宗教。也确实存在着致力于在生产上削弱人民、在政治上麻痹人民的宗教。在许多情况下，那种产生邪恶和妨碍的力量已经出现在人们的宗教观念中，因而使工业进步、社会发展或政治改善面临停滞，直到这些宗教控制局面被打破。另一方面，宗教也可以成为个人和民族在进步、启蒙和灵感上的伟大源泉。对于那些熟悉过去 25 年思想进程的人们来说，这一观点的转变随处可见。而我在圣路易斯举办的世界博览会上也充分认识了这一点。我在那里出席了一个"艺术与科学国际会议"，会议的成员是来自全世界文明国家的学者。让我印象异常深刻的是，人们无时无刻不在谈论宗教，或者说无时无刻不在提出与宗教有直接关系或间接关系的问题，而且所有对宗教的提问都是友好的。人们理所当然地将宗教看作是一个伟大的人类事实，是人类本性发展的顶峰，它同所有其他人类事实一样具有正当性。因此，人们以同情理解的方式并本着开放的精神对其进行研究。这是真正的进步。

同样让人感到高兴的是，基督教对于非基督教宗教的态度在近年来也发生了巨大的改变。基督徒自身对于福音书中的真理和天福，以及对上帝福音的理解一直都是非常迟缓的。在很长一段时间里，基督徒们认为，上帝只对那些已获得基督教的启示的人们才是善的，而其他所有人则无条件地迷失了。但是我们现在终于知道，并不是基督教的启示使上帝慈善，上帝是被宣称和显示为善的；他永远是善的；他永远是全能的父，他永远怀着仁慈的意慧关心着他的孩子，不论他们是否识得他。那些不分青红皂白去声讨整个非基督教世界的、让人难以忍受的侮辱行为，已经不再发生在理智的基督徒身上。始终照料着所有过去世代的上帝是我们仁慈的上帝，我们主已经这样显示他的恩典；千秋人类，万代生命，均在我主心中，无论此世，还是彼岸。

与此相似，基督教对于广大的非基督教体系的观念也发生了改变。这些体系一度也被基督教认为是邪恶的，而且只能是邪恶的，对于这些体系的信徒而言，一切都没有价值。相应地，一些嘲笑和贬低这些宗教、强调这些宗教的缺点和失败以及用基督教的理想形式来反对这些宗教的行为一度非常盛行。但是进一步的研究已经指出，所有这一切是多么的不公正。现在我们已经逐渐相信，广大的非基督教体系也在上帝拯救人类的计划中有着它们自己的位置。我们发现，我们可以把孔子、孟子和佛陀以及许多其他人看作是对于最高存在的真正先知，他们已经在他们为之辛劳的人们中间作出了重要贡献。他们的确没有使任何事物完美，但是他们为之铺路，并且献身于人类的组织和发展。任何基督徒都不应该感到惊讶，更不应该感到被冒犯，因为我们已经被告知："每个人都分有上帝的精神"，"灵光照亮了来到这世界上的每一个人"，"上帝对任何人都一视同仁，但是每个民族中敬畏上帝、服务正义的人都会为上帝所接受"。带着世界永在上帝心中的信念和觉悟，当我们看到神圣的指引和启示的足迹出现在上帝之地以外的其他地方时，我们不会感到惊讶，而是感到高兴。当我们阅读东方的宗教书籍时，我们欣喜地发现上帝精神存在的迹象。诚然，这并不是意味着这些体系是完美的或是终极的，相反，有批评指出，这些神迹距离完美还非常遥远，它们永远无法使人性发挥到最佳状态。但是这的确意味着上帝一直没有在种族的宗教历史中缺席过，上帝在任何地方都留下自己存在的证据。太阳并不忌妒群星，但群星却消失在太阳闪耀的光辉中；同样，基督教也并不忌妒任何比较暗淡的灵光，而是把它们所有的光芒都聚焦于自身，以至于即令它们消失，也是消融在基督教耀眼的光辉之中。如果有人想要通过指出其他宗教的越轨行为来反驳上述观点，那么他应该注意，（有明显的评论表明）基督教本身也曾不止一次、不止在一个地方误入歧途，偶尔也会滑向巫术或妖术中地地道道的迷信境地。

如果有人想要强调，非基督教宗教没有达到其理想的失败是必然的，那么他可以对西亚和东南非洲基督教教堂的历史，或者对那些不顾(except)土耳其军队的制止，在圣地的教堂附近聚集对抗的宗教暴乱进行有益的反思。

因此，宗教也是一种人类经验的事实。由于它属于实在，所以它必须获得经验的认可和阐释。宗教这一人类经验的事实突出地导向了一种人格的存在概念。如上所述，泛神论是一种哲学而不是一种宗教。而一旦泛神论被理解为一种哲学，那么人格就需要通过某种多神论的形式，证明其自身的正当性。现在，我们必须思考宗教要遵循何种方向才能正常发展。

宗教能够以几近于"无"为其开端，但只有在适当的条件下它才能得到正常的展现。宗教并不是简单不变的事物，而是我们全部本性的一种功能，它会随着我们的发展而发生变化。理智、理性、良知和类似的意志(共同)促成了我们的宗教概念。因此，在我们的心理或道德发展还很不成熟的时候，宗教本能只能依赖于木棒、石头或者某种低等的丑陋动物。但是随着人类生活的逐渐展开、理智的日益清晰以及良知在我们宗教思想中取得支配地位，出现了某些任何宗教都必须达到的状态，即宗教需要获得充分发展的人性的认同。首先，人们在宗教崇拜中的对象必须是某种符合(人们)理智的事物。正如上文所述，当人们的理智入眠之时，几乎任何事物都可能成为宗教(崇拜)的对象。但是当人们的理智保持清醒和警惕，并且思想已经发挥其功能的时候，人们就不可能再去崇拜任何低于上帝的存在。理念中的宗教以完美为目标，而且除了完美别无所求。在缺乏洞察力的情况下，我们可能会满足于有缺陷的观念。但是一旦我们的视野开阔了，我们就会抛弃陈旧的概念，或者将其扩充以适应更新的洞见。这一事实使我们摆脱了所有的低级迷信，而这些低级迷信只能活跃在愚昧的黑暗之中。心灵一旦受到伟大的科学真理和世界研究、历史哲学研究的伟大启示的滋养，就不可能再停留在任何多神论和偶像崇拜的形式之中。这样的心灵可能会使利己或其他的理由成为宗教活动的原因，但是任何宗教崇拜永远也不会低于神庙式的膜拜。即使有人认为诸如此类的影像只是一些象征而已，也会获得相同的答案。任何发达的心灵都不会在动物崇拜的形式和偶像崇拜的仪式或活动中找到最高存在的任何有价值的象征。在这样的庙宇膜拜中，理智或者保持缄默，或者出言嘲笑，无论这庙宇是基督教的还是非基督教教的。理智在宗教中拥有一些不可剥夺的权利；如果这些权利没有受到尊重，那么宗教迟早一定会匍匐在卑鄙的、令人麻痹的迷信脚下。基督教的历史已经提供了众多例证。

同样，宗教的发展方向必须是：它不仅要确认一种至上的理性，而且也要确认一种至上的正当性。事实上，人类在把伦理理想与宗教理想统一起来的过程中，一直都是令人痛苦的迟缓。而历史地看，一直都存在着大量或者是非伦理，或者是非道德的宗教，宗教和伦理这两种因素始终没有达到有生命的统一。在种族宗教中，在非基督教的普遍宗教中，甚至在基督教中，我们都可以发现这种情况。许多人名义上是基督徒，而且真诚地相信自己是真正的基督徒，但他们似乎很少想到宗教对他们良知的要求，也很少想到他们的宗教应该植根于正当性，并且产生公正的结果。宗教仪式的机械设计和言辞形式的反复背诵，似乎是他们所理解的宗教的全部内容。他们与其他崇拜者的不同，不是表现在所崇拜的精神本质中，而是表现在崇拜形式的偶发形式中。但是，人们能够对单词和短语产生与对木头形象或石头形象一样真实的偶像崇拜。"上帝是一种精神，崇拜他的人们必须在精神和真理中尊崇他。""阿门，他已经向你昭示了什么是善；除了要行为公正、爱仁慈和谦卑地与上帝同行之外，主还向你要求了什么？"这些伟大的词句注定会对所有迷信和所有非道德的、机械的宗教产生冲击。显然，没有哪个宗教能够宣称自己是完美的，在完美的宗教中，宗教因素与伦理因素既是混合在一起的，也是可以分解的。无法统一这两种因素是宗教历史上那些丑恶的、破坏性的越轨行为之所以产生的主要根源。这种越轨行为已经使宗教的历史污迹斑斑，而且使许多宗教成为人性的敌人。所有的这些越轨行为都将在人类充分发展的理智和良知的谴责目光中灰飞烟灭。

崇拜的对象不仅必须具有至上的理性和至上的正当性，还要具有至上的善。这是一些消极的正当性概念到积极的伦理爱的概念的延续。正是在这一点上，宗教思想最频繁地暴露出了它的不足。如果想要上帝对我们具有任何宗教价值，成为真正的和受尊敬的崇拜对象，那么他就必须是至善的。这一要求并不总能被人们所理解，因此，我们在宗教发展中寻求一种自觉的努力，对上帝以及与其有关的世界进行真正合乎伦理的思考。遥远过去的那些宗教在很大程度上将神看作是冷漠无情和自私的。伊壁鸠鲁的诸神对于人类的不幸，或者听而不闻，或者漠不关心。哲学中的神在很大程度上也是如此，他是一种绝对的形而上的存在，不具有能动的道德品质；或者，即使在总体上具有道德品质，这种道德也是以一种抽象的、不真实的方式存在的。同样，神学中长期以来也没有把上帝与任何真正的、能动的善紧密联系起来，譬如说，伦理爱的思想所包含的善。这样的上帝也更多是在形而上学的意义上被理解的，他的神圣性主要体现在为人类制定法规，并且对人们违反法规的行为进行惩罚。人们主要是根据中世纪专制君主的样式来理解上帝的，任何涉及上帝对其创造物的义务的概念几乎都被看作是一种亵渎。直到现在，我们才开始更明确、更深刻地思考什么是伦理学中爱之所求。伴随着这种思考，非道德的、自私的、冷漠的诸神已经在我们的思想中消失，而神学中的上帝形象也被大大地改善了。我们看到，爱的法则不但适用于弱者，也适用于强者，强者应该承担弱者的负担，而不是只让自己感到满意。所有人中最伟大者应该成为所有人的仆人和负担的主要承担者。这一见解已经使我们的传统神学发生了很大的变化，而且这种变化还远没有结束。我们不再满足于神仅仅是一个自私自利、自得其乐的绝对存在，也不再满足于神只是一个乐善好施、在不损害自身利益的情况下给予人们馈赠的存在。这种存在已经堕落到我们民族道德英雄的水平之下，甚至已经堕落到那些过着虔诚奉献生活的平凡男女的水平之下。我们无法崇拜任何堕落到人类爱与善的理想之下的存在。

　　接下来的补充说明也是同一思想的延伸。我认为，终极的宗教必定是有人类思想价值的宗教，它派遣人类去完成一项事业，这项事业将为人类的意志提供适当的目的和最高的灵感。我们完全可以在没有任何宗教的情况下生活，但一旦人的思想苏醒，我们就会发现，一种支配我们生活的宗教必须是使人类达到最高尚境界的宗教。如果我们不相信上帝，我们就无法相信人；而如果我们不相信人，我们也就无法相信上帝。如果宗教对于我们不意味着最高尚的生活和幸福，那么上帝的善本身也将消失。而如果我们的生活止于可见的世界，如果我们像苦力脚上的破旧草鞋一样被抛弃，那么宗教自身就会崩溃，宇宙就是一个失败者，上帝也是一个失败者。指出这一点并非出于对我们自身的一种利己的关心。它更是一种对上帝及其劳作进行有价值思考的愿望，而只要我们还没有对人类及其在上帝安排中的命运进行有价值的思考，我们就不可能实现这一愿望。

非基督教宗教在此处再次暴露出了它们的大量缺陷：它们没能以一种令人信服的方式，对人类的命运进行前后一致的思考。他们在灵肉俱灭和不被欲求的存在的沉闷轮回之间摇摆不定，既无法产生敬畏，也无法产生吸引。而基督教则在此处再一次显示出它的重大意义和高尚胆识。虽然从外表来看，我们只是具有人类外形的动物，与其他动物没有太大的区分，而且也同样要服从动物界的普遍法则——生与死，饥饿与疼痛，劳作与疲倦。但是我们的基督教信仰使我们相信，这只是外在的表象，而不是内在的精神事实。我们现在是上帝的孩子，上帝还没有昭示何为我们应该所是，但是我们知道，当上帝显现时，我们将像他一样，因为我们将会看到他正如他所是。因此，我们的生活被转换了。我们不仅仅是动物世界中最高级的存在，也是而且在更本质的意义上是上帝的孩子，我们按照他的形象被创造出来，我们将永远与他一起前行。正如古老的教义问答手册所记载的，我们被创造出来荣耀上帝，永远为他所喜爱。当我们在无尽的时间中继续前行时，我们与上帝的相似性始终在增加，我们与永恒的同感和缘分在不断地加深，直到我们"为上帝的全部完美所充满"。这是真正的人的进化。人类正在被创造着，他还没有被完成。

> 各人类种族兴衰沉浮，无边的阴影依旧笼罩着上帝；惟先知的慧眼方能从这阴暗处慢慢捕捉到一抹荣耀。

毫无疑问，山谷中漆黑一片，但是在山冈上、在山谷上方的天空中，有一束光芒闪烁瞬息。

这是一些伟大的梦想。思辨既无法证成这些梦想，也无法质疑这些梦想。这些梦想植根于我们种族的精神本性和历史生活。如果有批评否认知识，那么它也就同样推翻了对宗教信仰的怀疑。如果生活及其发展需要指向信仰的方式，那么这种批评就会把全部的空间留给信仰。这是一个巨大的贡献。这不是一个机械而僵死的世界，而是一个生活与人格、道德与宗教的世界。这个世界允许人们欣赏五彩斑斓的美景，拥有绚丽多姿的梦想；允许人们塑造各种各样的理想，并且在理想的感召下生活；允许人们遵照"高尚本能"进行超越知识的探险，那些"高尚本能"一直是而且也将继续是我们整个精神时代的"灵泉之光"。

这里首先要涉及孔德的关于人类思想发展三阶段的学说。孔德认为，人类思想的发展经历了三个阶段：神学阶段、形而上学阶段和实证阶段。他认为，前两个阶段必定消失，只有后一个阶段应该保留。在对抽象的形而上学阶段的态度上，孔德是正确的，但是，我们应该对其他两个阶段都加以保留。在科学问题上，我们是实证主义者，而在因果关系方面，我们是神学家。这个观点保存并满足了人类在这一领域的全部基本利益，而且腾空了被人们批判为毫无根据且在经验中常常证明自己人性之大敌的非人格的哲学思辨。

现在，我想考察人格主义在处理具体问题时的实际意义和应用。对于可能会出现的重复，我深表歉意。抽象方法以及由其产生的抽象观念已经深深扎根于大众的思维之中，简单的劝告已无法达到从根本上将其肃清的目的。

我们反复指出过，在所有的生活和思想中，经验是第一位的，是最基本的。所有理论化的学说都必须从经验基础出发，而且必须返回经验进行检验。基于这种理解，我们会发现，比较健全、深入的科学绝不会被我们的现象主义学说(phenomenonalistic teaching)所扰乱。我们知道，有着各种各样的行为方式，或者说，经验事实中有着各种各样的存在和发生方式。而科学具有研究这些方式的功能，它可以发现、描述并记录这些方式，从而为生活提供指导。

事实上，这一研究可以在任何形而上学体系的基础上继续进行，因为，即使是能够卓有成效地理解生活的形而上学，也无法以任何方式真正完成并限定这一研究。正如我们在本书第一章所指出的，即使我们成为虚无主义者或不可知论者，也无法改变事物实际上是按照经验法则进行结合的方式，而只会导致使生活的实际操作变得不可讨论。这种情况可能带来的结果只能是我们无法通过思辨来解释生活。但是，有其自身实际期待的生活本身以及这些期待在经验中的检验，都仍将保留下来，而实际上我们也不会变得比从前更糟。

惟一不被我们的普遍观点所接受的，是作为一种教条系统的科学。不过，这一教条系统并不是科学，而仅仅是一种没有根基的哲学。

在论述经验论和先验论的过程中，我们曾谈到，这两种学说都将一个重要的问题悬置不谈，那就是，我们是否可以在实践中依靠生活法则。除教条体系之外，没有其他任何一个哲学体系对这个问题给予过回答。而教条体系也只是把独断思想所形成的千篇一律，误以为是存在的基本规律。因此，我们的观点是把科学置于与它在任何其他思想体系中所处的同样恶劣的情况之中。生活的实际可靠性只有通过经验方能习得，也只有在经验中才能检验。那么，当我们的关于自然法则的主张远离并且永远不再具有任何实践意义的时候，它们就必然会变得含糊而不可靠。我们必须将这一洞见看作是哲学思辨的一个明显进步。正如康德教导我们明白的那样，那些论及无限性和永恒性的教条体系永远无法具有任何正当的基础，它们只会是对实际的生活利益进行理论突击的持续不断的来源。因此，需要澄清这一思想。同时，所有富有成果的实践科学仍然没有被涉及。我们可以满怀信心地继续寻求各种事物和事件之间的统一性，运用这一知识来控制生活。但是我们必须始终牢记：现象的时空世界植根于一个神秘的力量世界，因此，我们必须避免把时空世界擢升为任何绝对的、自足的世界。

知识的正当理由问题一直没有得到完全清晰的理解。经验主义学派与先验主义学派围绕着知识有效性赖以存在的假设展开了持续的争论。但是这一争论仅仅在一定程度上为真。这些学派在两个问题上存在分歧：一是知识的形式，二是知识的有效性，而这两个问题在某种程度上又是各自独立的。经验主义者尝试通过感觉的联想来解释知识的主观形式，但在这一点上，他们彻底失败了。理性主义者正确地指出，即使我们以这种方式把经验看作是精神事实，它也与知识的有效性没有任何关系，我们也不能用感觉联想的方式来解释经验的形式。如果不是假设了一种非常活跃的"想象的精神倾向"，换言之，如果不承认理性的本性，那么就连休谟自己也无法对这种经验形式作出解释。就这样，感觉论被排除了，它无法解释知识的形式，更不要说解释知识的有效性了。那么，在这两个学派之中，我们似乎必须要站在理性主义者的一边。然而很不幸的是，对于我们追求思辨的一致性来说，在知识的有效性问题上，这两个流派并没有很大的分歧。因为人们已经用先验论学说把知识限定在表象上。康德和休谟在知识论上有很大的分歧，但是他们在形而上学领域达成一致的密切程度要远远高于人们的普遍认识。休谟认为，理性是人的一种很弱的能力，所以我们无法通过思辨的方式获取知识或科学。康德认为，理性一旦超越经验就会充斥着虚幻，所以一种关于物自体或者关于不同于表象的知识，永远无法为我们所掌握。但是休谟和康德都承认，我们事实上不可能在这样的结果面前止步，我们必须在生活的实际需要和利益中求助于信仰。因此在认识论上同是先验主义者的康德和休谟，在形而上学领域实际上也是相一致的。再者，康德曾痛斥贝克莱的主观唯心主义，但是康德与贝克莱在此处的区别与其说是认识论层面上的，还不如说是形而上学层面上的。因为康德自己的现象学说如果被始终如一地贯彻下去的话，便会与贝克莱的观点不会有太大的区别。正如我们所看到的，先验主义者通常只能勾勒出经验的一般形式，却不会为经验的具体内容和具体关系提供任何保证。但是如果没有这种保证，知识无疑会在理论上招致怀疑，因此或许可以说，最终获得胜利的是怀疑主义。

我的解答是，这只是形式上的胜利，没有任何实际意义。因为一种普遍的怀疑主义实际上等于无。它同样会怀疑每一件事物，因此会将我们所有的信仰都置于与从前相同的相互关系中。那种为特殊的怀疑找到依据的怀疑主义是惟一重要的怀疑主义；而那种借我们天性中较低劣的利益之名使我们对天性中较高尚的利益产生怀疑的怀疑主义是惟一危险的怀疑主义。但是事实上，怀疑一切也就等于什么都不怀疑。这种怀疑只是一种对生活普遍可靠性的质疑，而这种质疑也只有在生活中才能得到解决。在理论上，这种质疑总是前后矛盾；而在实践中，这种质疑只是一种用来抵制任何我们所不喜欢的事物的借口。因为从普遍怀疑主义中推导出的结论通常是不符合逻辑的、片面的。人们满怀热情地在休谟学说与宗教之间挑拨离间，却完全没有意识到休谟学说可以同样有效地被用来反对科学。这是思想史上的一种荒诞。两种情况下的真实结论是，我们既无法通过思辨证明宗教的合理性，也无法通过思辨证明科学的合理性。但是由于思辨自身受到质疑，所以我们就不必为它的失败感到担忧。

生活仍然保留着它的全部实际利益，我们可以相信并假设这种实际生活可能建议或要求的任何东西，而不必受思辨哲学的困扰。确实，思辨不能证明任何事物的正当合理性，正如它也几乎不能证明任何事物的不可靠性一样。逻辑和理性不再被作为生活的指导，而我们的本能继续发挥着作用，如果我们愿意，我们可以依据本能生活。正如本书第一章中所指出的，我们甚至可以在不改变任何现实信仰或期待的情况下，成为形而上学领域中的虚无主义者。因为无论我们的形而上学观点如何，生活都按其自身的本来面目而展示着，而且，因为生活如其所是地展开着，很可能是值得过的生活；因为无论我们的形而上学观点是什么，我们所有的人都能说，生活可以通过无限多样而可能的未来形式继续下去。怀疑论者之所以得出那种可怕的结论，是因为用理性追求理性的尝试已经不再为人们所相信。

在这个问题上，我们很大程度得益于逐渐生长的对于信仰之实践本性的洞见。一种肤浅的理智主义迷信一直幻想，信仰应该始终是形式逻辑过程的产物。而事实上，我们基本信念（beliefs）的主体部分不是对生活的逻辑演绎，而毋宁是对生活的系统陈述。我们的实践生活一直都是信仰的伟大源泉，同时也是对信仰的实践有效性，亦即信仰的真理性的持续检验。这些信仰与其说是一套理性化的原则，不如说是一些脱胎于生活并且用于表现生活的实践公理和习惯，在这些实践公理和习惯中，心灵的基本趣旨和倾向得到了表现和承认。通过这种方式，信仰的主要有机组织得以形成。它生长于生活本身。它通过行动而不是思辨发挥作用，并且具有任何其他伟大的自然产品所具有的意义。一旦我们将生活和信仰的秩序置于规律的观念之下，我们就会明白，它具有一种宇宙的意义。它并不是个人的偶发事件或者一时的兴致所致，而是扎根于事物的本性之中。因此，对于人性的伟大的天主教信仰成为实在本身的表达，人们必须承认，它们代表着所有的知识理论，除非人们能够对它提出某种肯定的反驳。这些信仰的目的论性质非常明显。在这里，信仰不是为了信仰自身，而是为了能够帮助我们做些什么。它们既是生活的表现，也是生活借以实现自身的手段。这一见解是严格而又充满活力的方法的伟大进步，这种方法试图在形式上推论出任何可以被信仰的东西。最终，生活和经验自身被确定为实际信仰的主要源泉，而我们也完全从对理智主义的迷信中恢复过来，能够再次相信生活的秩序和我们的道德精神直觉。

如前所述，科学必定总是分类性的和描述性的，它永远无法触及事物的真正原因和理由。我们业已指出，即使对于在许多人看来揭示了世界真实动因的动力学而言，上面的判断也同样有效。我们应该补充这一事实的隐意，即：个别科学家应该按照在经验中获得的事实原貌来研究各种类型的事实，而不要为了使其符合某些其他事实而对其进行歪曲。我们真正欲求的是与其真实性质相一致的事实行为，而不是为了达到某种无所不包的普遍概括而对事实进行的歪曲。许多科学分类对事物的相对性和唯名论性质的忽略，再加上其对整体性和系统完备性不加限制的追求，都在不断导致这样一种专制精神，即：把所有事物都卷入某种含糊不清却又自命不凡的普遍概括之中。这种概括性承诺使所有的事物都成为"一"，但是，除非对事物的所有本质特征都视而不见，否则这一承诺根本无法实现。

这种对经验的绝对坚持是一种难以实现的理想，不可能受到人们太多的支持。在精神领域中，我们对这一问题的进一步详细叙述是可以得到谅解的，这一点非常重要。在超越所有其他领域的精神领域中，一直存在着一种歪曲事实或者用某种其他事物来代替事实的倾向。事实上，比较而言，心理学一直都没有完成过真正符合逻辑和科学的研究。建立在批判性逻辑指导下的、真正的科学过程，其目标当然是力图发现在没有任何理论介入的情况下，什么是心理学事实，并且力图按照心理学自己的术语来确定它的规律。这至少会向我们给出一些心理事实，而且可能也会向我们给出一些从心理事实中得到的一致性。然则，令人遗憾的是，由于种种原因，心理学在很大程度上却遵循了另外一种方法。结果是关于心理事实的理论在很大程度上代替了心理事实本身，而从物质领域得出的各种隐喻也造成了很大的实际危害。显然，这一领域的语言必须是比喻或隐喻式的。除了使用物质符号之外，我们无法通过任何直接的方式对我们的内在状态作出陈述或描述，而这种物质符号永远无法精确地描绘心理事实。我们提出用物质符号作为心理事实的象征，是希望其他人可以理解我们的想法。但是，正如经常发生的情况那样，一旦人们把符号自身误认为就是事实，那么二者的混淆就因此产生。事实上，并不存在能够准确地描绘任何智性事实或过程的物质事实或类比。而将物质符号与精神事实相等同，会很容易使人们把对隐喻的解释误认为是一种事实的行为。因此，语言一直是心理学产生偏颇的主要根源。与此紧密联系的另一个错误根源是这样一个事实，即：我们倾向于以空间形式来思考事物，倾向于用身体来代替人格。这种倾向也起到了对我们隐瞒精神事实之真实本性的作用，而这种倾向一旦趋于成熟，常常会产生唯物主义的结论。脑心理学的神话可以作为一个明证。解决这种错误的有效办法就是坚持具体的经验。一旦了解了精神事实的真实本性，我们就不可能再把它们比作任何一种物质事实。

在处理精神生活的物质条件时必须遵守同样的规定。我们只能根据伴随着灵肉变化而发生的变异来描述心灵与肉体的关系。从一种归纳的观点来看，心灵与肉体之间的因果关系是互动的；也就是说，物质状态伴随有各种精神状态；反之，各种精神状态也伴随着物质状态。有一个研究领域专门研究这些相互伴随的变化，这一领域的知识可能会具有相当大的实际价值。但是，我们在此处也必须同样谨慎地使自己只限于经验信息的范围之内，而不要像从前的研究者常常做的那样，坠入理论上过度的浪漫主义。出于一种对能量守恒学说的误解，一些心理学家和与其有相似观点的物理学家做了一些非常幼稚的研究工作。他们认为，我们必须坚持认为，心灵永远不会影响肉体，或者肉体永远不会影响心灵。因为如果两者相互影响，将会违反能量守恒这个被看作是科学基石的伟大学说。如果我们坚定不移地接受这种观点，那么就意味着我们的思想与我们身体的控制之间没有任何关系，我们的物质状态不包含任何（产生）精神状态的动因。当然，这一科学学说并没有为任何像这样的浪漫主义呓语提供证明。该学说本身只是确认了在能量转化中存在着一种特定的数量平衡，而且这种平衡只有在特定的假设状态下才能实现。例如，它无法告诉我们，从某种与身体相互作用的精神原则中，人们不可能推知身体的方位；它把这种问题交由经验决定。虽然在这里我们也必须谨防将能量守恒学说提升到绝对原则的地位，但是我们有理由相信，这种平衡在无机界中依然存在。这将成为对物质领域完整性的不加批判的专制诉求的牺牲品。但是，我们的思想和目的是否会对我们的物质状态产生任何影响，只能由经验来决定，在为决定这一问题所进行的各种实验中，几乎所有人都拥有与最聪明的物理学家相同的智慧。如果我们需要的不只是良好的感觉尺度，那么目前医学界对那些可能引起或者治愈疾病的精神状态所做的强调，可以为我们提供充分的证据。如果不理会这些理论家们的异想天开，我们就能够像发现物质状态与精神状态的相互作用一样，可以寻找诸如此类的规律，还可以尽我们所能地利用这些规律而不受能量守恒理论的干扰。一般而言，我们必须对围绕这个问题所进行的所有思考保持几分不可知论的态度，因为这些思考超出了不少能够在实践中得到检验的原则的范围。这些原则包括伴随发展规律、习惯规律、健康规律、休息和恢复规律以及肉体对精神和精神对肉体相互影响的一般规律。我们知道，身体会感应心灵，而心灵亦会随着身体的变化而发生变化。这种规律不难研究，但我们在接受任何超越这些规律的抽象思考时都要采取最谨慎的态度。

哲学最初和最终的职责都不是去制造抽象的理论，而是去阐述并理解我们的这种人格生活。这种阐述和理解必须用哲学自己的术语来进行。仅仅告诉我们，说我们所过的生活是一个物质和运动的事件，是毫无意义的；同样，告诉我们，说我们可以用物质和运动来解释这种生活，也毫无意义。这只不过是把一种对经验的抽象看作是对经验的解释而已罢了。在认可我们称之为自然的法则时，我们的确必须保持谨慎。可是我们也必须小心，不要把法则上升为任何自足的存在或者自为的力量。对于我们而言，自然仅仅是由常在且常为理智和意志所建立并维持的一种统一法则。自然是永远现在的上帝之意愿和目的的功能。这种统一性绝不会压迫我们的自由，或者破坏我们的自由，它是我们拥有任何自由或理性生活的绝对前提预设。教条的自然主义有这样一种幻想，即认为，规律系统会把万事万物都禁闭在只有入侵和暴力才能更改的严格固定性之中。但是这种情况只有在由教条的想象产生的虚构系统中才可能是真的。在实际经验中，我们发现了一种法则，我们还发现那种在特定界限内的规律很容易受到我们意志和目的的影响。法则为我们掌控自然提供了基础。依靠它，我们可以继续完成许多规律系统自身永远无法实现的事情。人类发明创造的所有机器都可以将其价值归功于法则，但是这种法则永远也无法独自制造出任何一台机器。我们把一些轮子和制轴材料放置在瀑布的下端，地球引力的力量可以帮助我们做诸如操作织布机、磨碎面粉、照亮一座城市之类的工作，但是地球引力永远无法独自完成这些工作。法则是全部这些工作的预设，但是毕竟我们也发挥了重要的作用。

这是事实在经验中存在的方式，当我们对这种方式进行适时的考察时就会发现，我们称之为规律的统一性绝不会与我们称之为自由的自我定向矛盾。正如我们在讨论自由时所看到的那样，即使对于思想本身而言，正如自由无法摒弃统一性一样，思想也同样无法摒弃统一性。思想规律是理性的绝对统一。离开了自由精神的自我控制，思想规律就无法确保正确的思考。如果没有规律，就没有自我控制；而没有自我控制，就没有有效的理性。在作为整体的精神生活中，我们发现了同样的事实：存在着作为自我控制之基础的规律，也存在着借由这些规律实现自身的自由控制。如果在我们的精神状态中没有一个可以信赖的法则，那么所有的自我支配、教育、精神发展和相互交流都将会终止。

谈到结合，法则秩序仅仅规定了各种构成因素的结果或后果。如果我们让磁铁在特定情况下发生旋转，就会产生电流。如果我们让一根点燃的火柴接触到火药，就会发生爆炸。如果我们在特定的社会条件下通过某个特定的法律，就会产生特定的结果。这些结果既是始终一致的，又是有条件的。如果所有条件都具备，那么规律就会适用于这些条件而产生特定的结果。但是规律既不会规定这些条件如何产生，也不会规定这些条件是什么。从这个方面来说，它们与语法规则非常相似，后者也从不告诉我们应该说什么，而只是告诉我们要如何说。正如我们所体会到的那样，规律系统并不是一个自我封闭的系统，而是一个能够接受外部修正、却又不会对规律有任何违背的系统。因此，对于每一个信仰自由的人而言，存在着一些无法从先前的精神状态中推论出来的精神状态或行为。这些状态或行为的特殊性质使它们超出了科学所能解释的范围。而一旦它们产生，就会服从精神活动的基本规律。所以它们和我们感觉一样，无法从先前的心灵状态中推导，而只能从外部唤起。但是它们在被唤起之后，就会按照某些为心灵本质所固有的规律发生结合。因此，精神法则的完整性并不存在于精神状态自我封闭的连续性中，而是存在于精神规律的同一性中，那些精神规律决定着以任何方式产生的精神状态的联合和连续(succession)。同样的论述可以被用来表示宇宙法则。在宇宙中，也有许多东西无法用先前系统的状态作出解释。人类的思想和目的在物质世界中实现自身，而且产生了系统在没有任何外在干预的情况下永远无法独自达到的效果。但是这种干预并没有违背任何自然规律。人类的思想和目的所产生的效果立刻进入广大规律之网中，并且按照共同的图式与其他的效果相结合。因此，宇宙法则的完整性不是存在于自我封闭的运动中，而是存在于宇宙所包含的全部要素对于同一普遍规律的服从之中。只有在此种意义上，我们才能够谈及自然的连续性。这种连续性不存在于任何我们称之为自然的实体性事物中，而只存在于我们借以管理自然的规律并通过自然实现自身的目的这两者的同一性之中。

从严格的字面意义上来说，任何事物都无法用系统的先前状态进行解释。当我们有了秩序的体验以后，前因可能是任何引导我们期待某些结果的东西，而绝不会是那种使我们在具备了一些必要的暗示时就能够推断出结果的东西。即使是人们熟悉的生活法则，对于我们而言也是暧昧不明的。我们对力量发挥作用的方式一无所知。就像我们无法从歌剧的第一幕推论出歌剧第一幕之后的剧情一样，我们也同样无法从早期的短语推论出后来的成语。这完全取决于在看不见的力量世界中正在发生的事情。为了显示我们已经具有了真正的洞见，我们甚至必须借助于"事物的本性"这一空洞的观念，或者借助于正在引导这一力量的目的概念。只要我们还滞留在现象领域中，时间和空间上在先的事物就无法提供任何解释。现在我们假设有两个分别按照传统宗教思维方式和传统反宗教思维方式进行思考的人就下面的问题展开讨论：导致谷物歉收的寒冷多雨季节是否是神为了避免人类遗忘它的存在而对人类发出的警告？他们很可能会为"前因"的充分与否争论不休，而惟一真实的问题却可能是，在将事件与其周围的全部环境联系起来时，是否暗示着目的站在神秘力量的一方。

因此，我一直试图想要解释和阐明那种将自然说成是一种意愿和目的之功能的观点到底意味着什么。而且为了做到这一点，我认为，要去保护所有健全、审慎的非独断的科学兴趣，同时要为人类更高的道德利益和精神利益做准备。在这里，自然并不是因为它自身的缘故而存在的，也不是为了去保持 $\frac{1}{2}mv^2$ 的常量而存在的。如果我们处在一个人格的世界中，那么就必须在人格和道德领域中寻找自然的终极原因。对非人格主义的批评，使我们摆脱了自然主义关于必然性以及自我运动的物质世界的噩梦，恢复了对人的高级本能的信心。哲学家用一个无限亲近的上帝代替了那个无限遥远的上帝，我们在这个无限亲近的上帝心中生活、迁徙、繁衍。但是，在实际实现这一神圣存在的问题上，逻辑和思辨对我们几乎没有用处。要想获得任何真实的实体或可以自控的品格，我们就必须体验对于上帝的信仰。所有现实的具体信仰都是实例。如果我们在实践中忽视了这些信仰，那么我们很快就会抱着怀疑的态度，挑衅这些信仰，而它们也就会像灵光一样一闪而逝。或许，我们可以把信仰植入生命，围绕信仰来组织我们的生活，而这些信仰就会成为"认识永生不死的真理"。"得之春风，报之桃李，显示上帝赐予的力量，成为上帝忠诚的子民。"

选译自［美］B. P. 鲍恩：《人格主义》，伦敦，阿齐伯尔德·康斯特伯出版有限公司；波士顿－纽约，霍顿·米弗林公司，1908。王韬洋译，万俊人校。

[美]弗留耶林(Ralph Tyler Flewelling，1871—1960)

《西方文化的生存》(1945)(节选)

《西方文化的生存》（1945）（节选）

一、个人主义道德的兴起

赫拉克利特（Hearclitus）打破了把世界视为静止的这种陈旧观念，指出这个世界处在永恒的变易之中。在他这样做的时候也就把整个时空问题引入了社会，至少在爱利亚学派（Eleatics）所涉及的范围内是这样。而在过去人们对这个问题是加以漠视和否认的。通过伊壁鸠鲁（Epicurus）和后来罗马的卢克莱修（Lucretius）的原子论，他的学说给世人提供了一种广泛而又深远的形而上学观念。而现代科学从未能够与之划清界线。赫拉克利特主义的整个精神特性是摆脱静止而趋向运动，摆脱死亡而趋向生命，摆脱单一而趋向多元。赫拉克利特主义汲取了阿那克萨戈拉（Anaxagoras）的思想，他进一步强调心灵是隐藏在一切差异和运动之后的形而上学的事实，普罗泰戈拉又为之增添了"人是万物的尺度"的人文主义学说，从而为苏格拉底（Socrates）提出个人确定性学说开辟了哲学道路，不过，他说的确定性不是当下此时的，也不是普罗泰戈拉的感觉确定性，而是道德直觉的确定性。苏格拉底这一道德发现是到他那个时代为止的希腊文化史上最卓越、最重要的发现。

寻求道德上的自我实现是产生现代文明的最初冲动，这一事实并非与社会进步无关，也并非微不足道。要把这个行为古怪、西勒诺斯般的人物①说成是一位道德复兴者似乎不很恰当，他在自己同胞的眼中显得非常讨厌，而此时尚处希腊文明衰落之前的伯里克利（Pericles）时代的辉煌刚刚逝去的时候。但是，在古怪的行为、滑稽可笑的相貌、令无知者信服的敏锐辩诘之外，也还有自信心和毫不含糊的精神热情，直接朝着探寻道德真理的方向前进，毫不推诿。有些人在这个怪人身上只看到他那可笑的英雄气概，通宵达旦不离酒桌地狂饮，同伴们都醉倒后他却在黎明时分稳步回家，但这个人的道德眼光是清晰的，为了坚持原则他拒绝越狱逃跑，他为雅典人高悬的这个原则绝不是自我放纵和做一个酒囊饭袋。

由苏格拉底发现并向这个吹毛求疵的、堕落的世界宣布了的这个不灭的真理无非就是个人的道德责任。人能够知道什么是错的，也有能力做对的事情。我们不能假定在苏格拉底以前这个世界上从来没有过真理、荣誉和正义，但他确实发现了正义可以在理性之光的照耀下得到确认，正义有一个哲学基础，亦即宇宙秩序的确定性。雅典的僭主们可以在他们掌权的日子里神气十足，狡诈多变的雅典平民也可以愤怒地鼓噪，把雅典的拯救者和保惠师处死，但是可以看到，这个人是在向历史、时代、命运发出呼吁，一切不义者对此作出的反对都是徒劳的。宇宙是正义的，只有正义方能长存。隐藏在个人背后的这个宇宙秩序使他必然要取胜。

如果那位以兽皮为衣，以蝗虫和野蜜为食，在阿拉伯沙漠中穿行的社会叛逆者可以被称作耶稣的先驱②，那么可以在更广泛、更严格的意义上把苏格拉底称作耶稣的先驱，——他在耶稣到来之前已经预备了主的道。苏格拉底的正义观经过斯多葛学派的整合为罗马世界的真理观开辟了道路，这种观念认为：如果一个人摔倒了，那么他有可能摔成碎片；但若真理在他面前倒下，那么它会把他压成粉末。

如果说西方文化有什么东西值得赞扬，能够经久不衰而不被时代湮没，那么不是政治或法律方面的成就，甚至也不是科学，而是

---

①　指苏格拉底。西勒诺斯（Silenus）是希腊神话中的人物，是酒神狄奥尼修斯（Dionysus）的抚养者和伙伴。他身体粗壮、矮小、秃顶、扁鼻，长有一对马耳，还长着尾巴。

②　指施洗者约翰，参见《马太福音》，3：1～4。

这种对真理永恒性和建立在自由基础上的正义的认识，这就是苏格拉底给西方人提供的主要哲学信息。由于情感的原因，这种认识与宗教诉求纠缠在一起，但它确实在西方世界开启了创造性想象之源，使我们能够在法律、民主、教育、艺术、科学各方面取得最高成就。

相关材料告诉我们，正义并非由苏格拉底首先提出，正义的观念亦非西欧人特有的东西。苏格拉底正义观的主要特点在于它是一件个人的事情。个人不能在法人团体中丧失自我。他的国家要去打仗，而他自己却受到一种个人的罪感的驱使，无法解除。这一事实使他要不断地批评自己国家那些不义的、也经常是不虔诚的制度，——这种自我批判的能力也几乎成了西方文化的特征。

(一)历史概况

要想解析决定西方道德发展方向的所有复杂因素是不可能的。但是西方人的道德感，就像西方生活的其他方面一样，已经被定性为个人主义(individualism)。道德在任何一个社会中的产生都依赖于处在社会关系中的个人的某种孤立感。可以称之为利己主义(egotism)，也可以称之为个人的愿望。这种最初的道德责任感的产生标志着道德人的诞生，就好比作为"非我"之对立面的"我"的经验意识的产生标志着个人的开始。这种最初的道德意识是对某些既认的社会关系的回应。由于这个原因，无处不在的个人道德信念是首要的和基本的。凡是在个人浸润于群体之中的地方，个人的成长方向就会被确定在某个方向上。西方道德中的个人主义是一个强调的重点，而非由于种族关系而具有的特质。它的特点是罪感，是一种深刻的对自己的行为负责任的感觉，这种感觉有时候与追求完善的理想发生冲突，亦即追求像上帝那样的完善，而有时候则与自己的同胞发生冲突。

在犹太人中，共同体的幸福在先知以西结(Ezekiel)时期遇到威胁，开始具有较多的个人层面，以至于变成仅仅是个人的责任和幸福。原先把自己等同于部族的人被迫面对这样的问题，他们自己与所处的社会是什么关系，他们对这个社会负有什么样的责任，他们爱这个社会，但这个社会为什么杀害和驱逐他们。宗教不再是一种全体行为，而开始采取一种比较个人主义的形式。人们不可能感觉不到，进入被虏流亡时期①以后，为各种具体的、个人的罪过的救赎而举行的祭仪和献祭有了大幅度的增长。

这一切的最初推动者很可能是埃及，因为我们看到，在这个地方有着世界上最早的灵魂不朽说，人的来世是严格地由今生的道德行为决定的。埃及对犹大国（Judea）产生重大影响是完全可能的，就好像通过奥菲教秘仪（Orphic mysteries）的传播，它无疑也对希腊文化产生了重大影响。而造就最后普遍结果的要素中还要提到佐罗亚斯特（Zoroaster）的宗教和后来的穆罕默德（Mohammed）。所有这些体系汇聚到亚历山大里亚（Alexandria）及其周边地区这个大熔炉中来，形成了一股朝着个人责任方向发展的趋势，直到最后显现出清晰的、制度化的形式。

（二）苏格拉底的原则

个人主义道德在希腊找到了它最伟大的倡导者苏格拉底。在他那里，与奥菲斯教（Orphism）的极端神秘主义相分离，个人道德的原则依据科学和哲学的基础清晰地提了出来。要根据那些零星的材料评价苏格拉底的特点是困难的。使他得以提出他那独一无二的哲学原则的因素有哪些？有对真理冷静而又执著的探索。有普罗泰戈拉有关人在万物中的意义的学说为背景，这种学说把人作为衡量一切事物的尺度。有智者彻底结合普罗泰戈拉和爱利亚学派那些最坏的特点，最后形成一种全然的道德相对主义。有希腊政治生活中的动乱和伤痛。在那毫无缓解迹象的道德黑暗中，苏格拉底这位历史上最令人惊愕的人物之一出场了。这个人在执行军务露营时，通过一种神秘的行为，完成了他的宗教信念的转换，而他在官方的狱卒前来执行死刑时仍旧从容不迫地整理衣衫，搓揉他那麻木了的臀部。

苏格拉底为个人如何获得道德上的善的知识而苦苦思索，他得到了灵感和启示，认识到道德自我意识的永恒有效性这一事实。任何人只要反省一下自己的灵魂，就能在那里发现对各种恶行的谴责。这是"照亮世上每一个人的真正的光明"。苏格拉底称之为他的"dae-

---

① 公元前597年和公元前588年，巴比伦王尼布甲尼撒两次率军攻陷耶路撒冷，犹大国灭亡，犹太人成为亡国遗民。此后，犹太人进入"被虏流亡时期"。

monium"①，有了它不能保证每件事情都做得对，但至少能告诫他提防道德上的恶。西方文明的两大宗教导师会以同一个原则作为他们道德学说的起点意义重大：苏格拉底以否定性的方式说，一种内在的精神会告诫他远离邪恶；而耶稣则以肯定性的方式说，真理的圣灵要引导你们进入一切的真理。[1]这就表明，西方文化中的任何优秀的、独特的方面都应当归因于它们的影响，而不能归因于其他。

所以，这就是苏格拉底的原则，以此为基础，苏格拉底建立起他的整个哲学。这个原则之所以有力量，实际上也是因为它有哲学的背景。在苏格拉底看来，宇宙神是最普遍的神。灵异是一种确定真理的方法，但并非仅限于此。它的约束力产生于存在的形而上学因素。存在的世界在他眼中是一个合乎道德的世界，人生来就是一种道德的存在物。苏格拉底探索这一原则的热情无疑使他忽视了人类经验的某些更加黑暗的阶段。从消极的方面来说，它会导致一种过分的"自由放任和不干涉主义"的态度。在他的心目中，甚至连死亡也是新鲜的、充满希望的，他认为只需要有一位理智的助产婆就能够使任何人的心灵和灵魂从那些错误的道德观念中解放出来。在辩证的方法以后佐以一些熟练的问题，承认自己无知，然后瞧啊！清晰地启示了的道德真理会从情欲和自私的迷雾中突显出来。如果所有人都能得到赐福，能有苏格拉底般的理智上的诚实，那么这就够了。事实上，苏格拉底自己似乎也从来没有在情欲和自私的迷雾中迷失道路。崇高的信仰能使一个人对他人产生吸引力，使他能够把其他人也领向更高的信仰，通过与神灵的交往改变人生。

(三)斯多葛学派的贡献

不知道斯多葛学派的历史地位就不可能理解斯多葛主义(Stoicism)。它是为了对抗一种文明的行将崩溃而产生的辩护。它是希腊文化从一个旧世界跨越到一个新世界的桥梁。它后来又被基督教思想吸纳，构成了向黑暗时代过渡的桥梁，并在文艺复兴中起了作用。斯多葛学派追求的"不动心"(ataraxia)，或精神上的安宁，与伊壁鸠鲁主义(Epicureanism)、犬儒主义(Cynicism)、怀疑主义(Ske-

---

①　意为神灵，哲学史通译为"灵异"。

peicism）的追求是共同的，但是它诞生于一个政治动乱、精神困扰、宗教失误、道德混乱的时代。从最近在美国重新上演的一出希腊戏剧《吕西斯特拉忒》（*Lysistrata*）中我们可以得到当时希腊社会道德衰败的模糊印象，除了希望这种古代的腐败对当代的腐败能有所触动，或者希望带来票房价值，上演这样的戏剧还能有什么理由呢。然而我们必须明白，它对我们的道德或古典崇拜都于事无补。这是一个道德堕落、奉行道德相对主义的世界，人们正在说，不可能知道什么是对的、善的、真实的，此外就是那些抵制正义的政治党派的叫嚣；这是一个狂妄地宣称已经脱离了无知和传统习俗约束的世界；这是一个宣布了诸神死亡、停止对放纵肉欲和骄傲的生活给以更高约束的世界；这是一个民主残余尚存，但已经由于专制而腐败透顶、行将灭亡的世界，而斯多葛主义就诞生在这样的世界里。但是，除了精神安宁之外，它还试图在一个人们的生活与自由一直处在政客和僭主的任意摆布之下而产生恐惧的时代里寻求一种慰藉。真正的人应当如何超越强加于他的环境？他如何能够挖到那块被卡莱尔（Carlyle）称作"冷漠的核心"的深藏不露的石头？斯多葛主义本质上是一个改革运动，是道德堕落和政治专制的国家生活时代兴起的清教主义（Puritanism）运动的精神先驱——因为清教主义的兴起是一种真正意义上的斯多葛主义的复活，再加上某些基督教的特点。

伊壁鸠鲁主义者在生理满足中寻求安宁。在后来发展成为放纵欲望之后，伊壁鸠鲁主义成了一个坏名词，这一点没错。但伊壁鸠鲁在生活简朴和对自然的依赖方面比斯多葛学派有过之而无不及，这也没错。我相信，二者间的区别必须到它们在形而上学方面的对立中去寻找。因为伊壁鸠鲁在这方面的背景只是物质，而斯多葛主义的背景是精神。[2]伊壁鸠鲁主义后来的发展并不能用来反对伊壁鸠鲁，而只能用来反对唯物主义的原则，它的历史发展一直在贬低人在这个世界上的地位。伊壁鸠鲁寻求的不动心，想以这种方式来抗拒宇宙是毫无意义的。既然物质至上，那么物质的胜利就是不可避免的。既然如此，那么为什么还要在生活中自寻烦恼呢？把欲望带到时间和机遇的范围内来吧，因为我们早就已经是死人，云彩很快就会笼罩山谷，好人和坏人都一样。

犬儒主义者的安宁对这个世界的习俗、荣耀、奖赏、艰辛有一个漠然视之的尺度。它在有些方面与斯多葛主义是共同的，但它真正的不动心在于轻视生活的改善。怀疑主义的实践性较弱，而理论性较强，认为不动心只能通过判断的完全悬置来获得。信念被认为是干扰我们肉体的火花，只有完全加以消除方能取得幸福。与所有这些生活方式对立的是斯多葛主义，它不仅相信理性的至高无上，而且相信个人具有取胜的能力。

斯多葛学派的创始人是芝诺。他是塞浦路斯的腓尼基人，出生在基提昂(Citium)，也许是犹太人。在这个体系中不仅有苏格拉底式的对个人道德判断能力的自信，还有宇宙秩序的统一原则和统一感，而这正是犹太先知特有的馈赠。只有借助这些假设，我们才能解释斯多葛主义体系中的某些成分。像伊壁鸠鲁主义、犬儒主义，怀疑主义一样，斯多葛主义甚至也可以在苏格拉底那里找到一个起点。但是在我们看来，斯多葛学派在敬畏神明方面甚至超过苏格拉底。这种敬畏感使得原先比较单纯的希腊思想变得更加高尚。所以斯多葛主义可能首先应当被置于一个犹太人的敬畏神明的背景下加以理解，然后再置于苏格拉底的个人主义的背景下加以理解，最后，由于一个人或一个运动引来的敌人和赢得的朋友经常一样多，因此可以通过斯多葛主义与伊壁鸠鲁唯物主义的对立来加以理解。人们一定得明白这些理解方式所包含的困难，因为体系、态度、哲学从来不会表现为一个非此即彼的案例。我们经常依据一般原则和历史潮流来下判断，就像依据某个具体学说来下判断一样，因为有许多哲学不是凭着它的信念而是凭着它产生的后果才逐渐为人所知的。

斯多葛学派哲学家的道德体系受到他们的形而上学的制约，因为他们的智慧使他们明白，除非把道德体系理解为一种宇宙秩序的表达，否则没有一种实用主义或行动哲学能够在理论上自圆其说。他们正确地认识到，知识论、伦理体系、美的形式和标准，都不能与整体分离。这种对整体性的诉求在一个追求具体利益和片面思想的时代会招来更多的责难，而依附于某个"体系"在那时或多或少是一个坏名声。但是斯多葛学派说得对，对任何形式的知识作出的最后考验不在于它的亮点，也不在于它的中庸，而在于它的一致性。

斯多葛学派的任务在于，揭示出道德体系的基础在于人的本性和宇宙的本性。如果说他们在这方面没有取得完全成功，那么可以说他们把一场纯粹是哲学的运动朝着宗教方向做了推进，他们建立了一种文化，而我们就在这种文化体制的保护下生活。他们知道，除非这个世界本身及其自然过程本质上也是合乎道德的，否则作为义务的道德不可能保持。自然必须关心善而痛恨恶。如果说人的理性是开放的，那么这一定是因为自然界也有理性。对这个世界进行理解的依据在于这个世界是有理性的，而人的理智只是它的产物而已。这种形而上学的、认识论的论证从来没有从逻辑上被人排除或驳倒过。

西塞罗（Cicero）在《论神性》（*De Natura Deorum*）中引用芝诺的话说："没有任何缺乏意识和理性的事物能够产生出生来拥有意识和理性的事物，因为宇宙本身并不缺乏意识和理性。"[3]

就像伊壁鸠鲁主义者依据赫拉克利特永恒变化的观点来阐述他们的自然观，斯多葛学派也将这个观点作为基础来阐述他们的物理学，但是存在着这样一个差别：这个世界不是偶然性的产物，而是理性、目的和理智的产物。这个学派的始基是火，或者火一般的气，但它也含有逻各斯（Logos）的意思。心灵或生命在他们看来是和以太一样的东西，但它仍然是有意识、理智和目的的。这个世界，整个宇宙秩序，被理智所充满。这个创造性的理智就是神。这样一来，他们就把自己的知识论建立在三位一体的原则之上：人的理智、世界的理智、二者从中产生并得到解释的那个神圣的创造性的理智，或者就称为理性。

所以，这就是斯多葛道德的基础：生活在与自然的和谐一致之中就是生活在与理性的和谐一致之中。人不能仅靠伊壁鸠鲁所说的面饼过活。凡是试图把自然视为与人分离的，或视之为人的最高道德和精神需要，都是一种曲解，都不能完整地把握自然的全部意义。这一论证反对了当时流行的自然主义，有利于一种比较高级的、更加有力的自然主义的产生。如果我们开始解释这个世界，那么必须解释这个世界中最重要的成分，即人本身的心灵和精神。就如但丁（Dante）所说，上帝的意志是我们的和平。爱比克泰德（Epictetus）则教导说，在我们与自然的默契中有我们真正的自由。[4]

要用短短的一段话总结斯多葛主义对文明的贡献，就像我们现在试图做的那样，是不可能的。这确实是一个用几本书都不能穷尽的话题。一个人所能做的无非就是相当偶然地列举一些要点，说明它对人道主义的一些杰出贡献，而不可能再加评价性的解释。斯多葛主义最直接的贡献当然是通过罗马帝国及其制度本身来体现的。从尼禄(Nero)到马可·奥勒留①(Marcus Aurelius)有很长的间隔，但是二者道德上的差距在很大程度上要归功于斯多葛主义在征服罗马社会的过程中带来的影响。斯多葛主义为罗马的荣耀作出的贡献已经随着罗马的覆灭而逝去，这种体现在罗马体制中的贡献并不亚于那些体现在尚未随着罗马的覆灭而逝去的东西中的贡献。有序社会中的文化生活的理想，用一部法典来保护一切人的平等，而无阶级、种族或状态的差别，——这些实际上是现代文明的主要支柱——就是斯多葛主义赠给这个世界的最珍贵的礼物。

斯多葛主义被人当作纯哲学的最高的宗教成就来提起，但是难以估价的是它为罗马世界接受基督教准备了道路。撇开斯多葛主义就难以看清基督教如何能够取得立足点。进一步说，斯多葛主义的文献和观念渗透并且帮助了基督教的宗教生活观念的形成。现在被人们津津乐道的所谓耶稣与保罗之间的差别，其依据就是斯多葛学派以之为据点的大数②(Tarsus)，当地的理智背景从各方面影响着保罗的观念。

给现代民主制带来激励也不是斯多葛主义最小的贡献。它提出一切人在神面前平等，无论他是奴隶还是自由民，是穷人还是富人，是卑贱者还是高贵者。这一理论一经法律化，创造了罗马法这一西方法律的基础。这一原则的力量是任何短暂的专制都无法克服的，它必须逐渐成为治理一切有组织社会的宗旨。它是推动学术、哥特式建筑、新教改革、现代民主制复兴的动力。

对这样一个曾经对人道主义作出过如此巨大、不灭贡献的思想运动，我们似乎没有理由加以批判，也不必对已有的批判再作什么有力的反击。但是斯多葛学派自称是一种完全的理性主义，它的失败也正在于此。对这种失败的认识为基督教的道德哲学开辟了道路。

---

① 二人均为罗马帝国的皇帝。

② 大数是使徒保罗的出生地，此地的主要哲学流派为斯多葛学派。参见《使徒行传》，21：39。

首先，斯多葛学派的理性主义太完全了。它太好了，以至于变得不真实了。它已经丧失了在具体时间中存在的意义。完全理性的宇宙是一个完成了的宇宙。斯多葛学派陷入一种与某个静态世界保持一致的满足感。由于这个世界是建立在纯粹理性之上的，因此它无论如何都是正确的。它是可能有的最好的世界。除了接受它之外，别无选择。面对大量的社会不公正和无罪者的痛苦，斯多葛主义充其量就只能是某种装饰品或与事实不一的空谈。他们的宇宙秩序没有未来，没有前景。它不会比不完善世界的循环轮回更好。善与恶、公义与犯罪、正义与不义，所有这些都是这个必然的世界秩序的组成部分。绝不会有善行的完全胜利。神圣者永远受到按其自身性质所"给定"的那些东西的阻碍。

这一点使人在邪恶问题上走进了死胡同。命运（Moira①）是存在的，它永远隐秘地起着支配作用，连神在命运面前也一筹莫展。总而言之，这个世界没有希望。生命已经被打败，支离破碎，悲痛的总和已经超过了欢乐，爱比克泰德的自杀之门已经敞开。如果那些传说是真的，那么这种哲学的不适用性，及其理性主义的失败，已经可以在其中看出端倪。芝诺自杀身亡，因为他摔了一跌，手指头摔断了；克林塞斯②（Cleanthes）发现牙齿痛比死亡更难忍受。斯多葛学派的原则，或要神指明"敞开的大门"的那种急迫心，在这些处境中似乎是失败的。

但是这些失败的原因全都在于斯多葛学派对情感的否定。这是任何一种彻底的理性主义都具有的弱点。正常的人绝不会是全然理性的，就像他也绝不可能是全然感性的一样。斯多葛主义对伊壁鸠鲁主义的批判是它没有能够在它的宇宙中把精神的、灵性的人视为自然的一部分。而斯多葛主义也失败了，其原因在于它虽然这样做了，但却没有把全部人性纳入自然。尽管晚期斯多葛学派修正了这个立场，但早期斯多葛学派既没有同情也没有宽恕。甚至对自己的家人表示亲密也被视为从斯多葛主义理想的倒退。他们想必会非常赞同清教徒的法律，而判处一名波士顿的船长入狱。他刚刚结束了

---

①　Moira 为希腊文，意思是命运。

②　斯多葛学派主要哲学家之一。

长达三年之久的航程，在家门口吻了久别的妻子，因而违反了公众礼仪。

通往宗教改革的道路并非与理性化相连，无论它有多么完善，都要通过对情感的捕获。这是斯多葛主义失败和教育单凭自身绝不能确保社会进步的一个主要历史原因。情感之源控制着创造性的想象，而理性只能帮助和指导。这个世界不再需要什么教训了，尤其是在今天的美国。没有宗教，文明就不能长存，而宗教捕捉的就是情感。

斯多葛主义的信息对我们今天有什么特殊意义？这个信息似乎相当简单，但却是非常基本的。斯多葛主义的伟大来自它的个人对其周边一切环境具有至上性的学说。幸福的源泉是内在的，我们需要重新解读这种传说。我们长期以来一直认为幸福可以用社会地位、名誉、财富这些华而不实的东西来换得。斯多葛学派一直关注的幸福的内在源泉正是我们经常加以轻视的东西。

斯多葛主义深刻地感受到个人的天赋价值和尊严，一种严肃的道德责任感则与此相伴，而我们对物质和行为表现出来的热情几乎使我们完全扔掉了道德责任感。这个病原体在后来的战争时期从纸片中释放出来，成功地使人们随意拒绝偿还债务、履行诺言和争取光荣。

斯多葛学派强调了人可能达到的神性，基督徒拥有最高的权力去这样做，但很少有人有勇气去这样做。

(四)犹太教和基督教的推动

若无犹太教和基督教的精神活力，斯多葛主义的体系是不完整的。犹太教提供了一个彻底的一神论背景和一位神圣的、公义的神的观念，国家和民族对这位神都必须作出回应。犹太人的先知发出了伸张社会公义的呼唤，要求解救大量的被压迫者。处在暴虐、专制国家的夹缝中，他们在无人的旷野中流浪。一方是埃及，另一方是对立的巴比伦和亚述文化，在这种形势下犹太人开始对民族的罪恶表示厌恶，就像对待个人缺点一样。他们逐渐产生了一种有着深刻命运感的历史哲学，祈盼着一个时刻的到来，到那个时候，就像水覆盖大海，普天下所有人都认识和侍奉一位神圣、公义之神。他们发展出一种美好时代的观念，这个时代的实现要有一位公义的领袖用正义的力量统治所有人。他们还逐渐形成了一套高度有序的行为规范，这是一切时代最伟大的文献，为基督教运动的产生提供了一部《圣经》。它还为它的继承者提供了礼仪，并成为后者的重要因素。这就是犹太教为基督教的胜利开辟的道路。通过宣布他们所寻找的领袖已经到来，基督教拥有了巨大的生命力，从而也就成为斯多葛主义的主要对手。这两种体系在美德上的相似性虽然导致了直接的敌对，但也只能带来以后的和解。斯多葛主义的严厉是不自然的，不合乎人性的。它给生活的乐趣戴上了太多的锁链。社会需要有基督教的爱的学说这样比较柔和的音调。在罗马帝国开始接受基督教之前的长期斗争中，基督徒在坚韧性方面也没有表现出任何一点弱于斯多葛主义者的地方。倒不如说，在这个方面他们更胜斯多葛主义者一筹，因为他们并不愚蠢，也并非忍受疾苦而不抱怨，早期基督徒在新信仰的激励下面对疾苦和殉道表现出神圣的、胜利的陶醉。他们的行为令迫害者震惊，并最终令迫害者信服。

他们之所以有力量的秘密也在于一种强烈的人格主义（personalism），在这方面他们是青出于蓝而胜于蓝。他们追求的和平不是无忧无虑的天堂，是一个从天上降到人间来的整体。他们的追求首先来自自己的经验，是建立在道德完整性基础之上的一个整体，这是一种神圣的人格秩序，因此它才成为永恒的和宇宙的。从这个角度看，个人的不朽性通过灵魂不朽而成为宇宙的必然性，人生的破碎残片通过自我实现而成为神圣生活的一部分和"圣徒的共享"。

这样的信仰要是发挥作用必然引起革命。制度化一直是基督教的最大敌人。基督教在罗马最先受到的挫折不是迫使它转入地下的残酷迫害。那些地下墓穴中的记载表明，那时候实际上是一个胜利的时刻。君士坦丁（Constantine）的皈依是基督教受到的最沉重的打击，与之相伴的还有帝国官方的信仰转换。人们当然不必赞同吉本（Gibbon）的偏见，认为基督教是罗马帝国衰亡的原因，也不必分享许多优秀斯多葛主义者在这个问题上的情感，认为这些人的看法有部分是正确的——不过得添上这样一个附加条件：制度化的、掌权的基督教不配再用基督教的名字。至于对基督教在那些社会组织非民主化的类型中的瓦解性力量，他们的看法是正确的。基督教显然是一种革命，除非这个世界上的王国的最终状况既在原则上又在事实上成为爱的王国。基督的王国意味着依据个人良心的确认来进行统治，基督教从来没有尝试着要在世界政治中崭露头角。直到那些似乎不可能的东西实现以后，它才会作为一种革命性的力量存在于这个世界上，其中才会有其光荣和不可避免性。它不可能在一种定型的制度化的条件下安身，因为它的本质是生命而非停顿。这并非失败的证据，反倒不如说是生命的证据。

要开始解释命运感在西方道德理想主义中的产生，我们显然必须解释基督教对它的特殊推动力。基督教为犹太教的公义观增添了一种前人所没有的传道热情。它用世界主义取代了犹太教较为狭隘的种族观。基督教的要求本质上不是为了获得与一种既定的神学信条相关的东西，而是为了获得与某种人类生活的道德理想相关的传道热情。无论基督教传到哪里，它最先要攻击的就是社会的错误，从来不对邪恶的社会习俗低头。这在过去乃至将来都永远是它不可抗拒的力量之源。这样说并不意味着忽视存在于我们西方生活深处的灾难和创痛，也不意味着忽视体制化的基督教的许多缺点。我们要记住，按照基督教的教导，没有一个国家或文明可以有权被称作基督教的；按照基督教的本质(作为个人对神的经验)，没有一种世俗的体制，包括教会本身，有充分的权力把自己称作基督教的。人们常说基督教始于西方的基督教化，甚至说始于基督教化本身，然而依据这些事实，这些陈词滥调是没有什么力量的。基督教是一切种族和国家的个别的人对这种道德理想主义的追求，它的正当性在于它所表现的理想主义的公义，而不取决于有多少人或有多少群体接受基督教。这就是隐藏在西方人的理想的传道努力背后的令人信服的事实。正是这一点，胜过其他原因，赋予西方文化以命运感。

(五)西方的道德意识

追溯了西方个人主义道德的源流以后，有必要指出西方的道德感与其他种族和其他时期的道德感的差异。我们这样做并不意味着宣称西方道德优于其他道德。我们只想获得某些明晰的特点。我们已经看到西方道德理想与犹太教、斯多葛主义、西方最伟大的宗教基督教有着密切的联系。

宗教一直面临着两种诱惑，基督教从来没能完全逃脱这些诱惑，但却一次又一次地重新站起来。这种优越性使它在西方道德理想主义的发展中起作用。这些诱惑一种是体制化，另一种是神秘教的寂静主义。这两种力量都是强大的，而制度化不时地占上风。然而在这样的时刻，基督教的革命原则肯定了它自身，保证了观念的改变和进步。神秘主义在基督教中曾占据主导地位，但它只能作为偶然现象和一种特色，而绝不会繁荣。就这样，基督教在道德中发展了被斯多葛主义排斥掉的情感因素，使之成为斯多葛式的公义理想的刺激物和诱因。基督教在道德理想之普及、教育之进步、伟大艺术之存在等方面的优越性与此相连。它使情感文明化，而不是成为情感的奴隶。它的成功包含着情感要素的帮助，而情感是被斯多葛主义冷落的。

隐藏在基督教理想主义背后的精神欲望进入了西方文化的道德主义，使它成长起来，使它有力地传播。一种伦理规范体系无论有多么理想，若不能包含情感的因素，那么它绝不可能广泛传播，绝不可能成为主导性的伦理，绝不可能推动民众。

这就是为什么西方文化会感到它有在全世界传播的使命。这是一种彰明了的命运，尽管它一而再、再而三地遭到失败，褪变为一种谋利精神和海盗行为。这对那些误导其天真、凭良心做事的追随者的个人和国家来说都是如此。如果西方文明对基督教的原则来说是真实的，那么这些原则就应当支配一个幸福和统一的世界。然而现在，西方文明却要为它的错误行径受到起诉，当它在自己承认的原则的照耀下认罪的时候，还要为它自身的存在而斗争。

二、为个人所建立的法律

没有什么故事比法律观念在西方社会的产生更引人入胜了。它深深地扎根在希腊和犹太文化的对立之中，它的根本原则是尊重个人。无人声称欧洲法律是惟一面向个人权利的法律，但它漫长的、哲学的发展和它的抽象性质是独一无二的。由于这一内在原则，西方法律尽管经常受到独裁的挑战，但它总能取得胜利，一切种类的专制都只能是它进步过程中的某个过渡阶段。

作为一种行为哲学的法律在希腊思想中可以说是从阿那克萨戈拉开始的，他在希腊人中最早提出要注意统治或控制的性质，以及心灵的自足。这个观念成为苏格拉底体系的核心，给道德判断的自足性增添了附注。后来在希腊出现的那些具有实践特征的大学派全都把苏格拉底当作灵感的来源，把哲学视为一种生活方式。在怀疑主义那里，这个"方式"是悬置判断，在犬儒主义和早期伊壁鸠鲁主义那里是限制欲望，在斯多葛主义那里是自制。总之，它们都把人视为自身命运的决定者，是抽象原则的主体。

然而，其他任何一个学派的影响都无法与斯多葛学派相比。斯多葛主义由于特别强调道德责任而对西方法理起了决定性的影响。这种状况产生于对苏格拉底原则的认同，即道德自我意识的普遍有效性使每个人有可能在没有外来指示或权威命令的情况下知道什么是错的。在此之上，斯多葛学派添加并强调了自我对其所处的一切环境具有至上性的思想，所以个人对自己不能正确行事永无推诿的真正理由。每个人都知道什么是对的，也知道怎么做，这是一种命定。这些强调成了西方法律程序中的主导性公理，成为"知道法律不能成为任何人的借口"这一类定理的基础。

要提到犹太教对这一总的结果有什么贡献几乎是多余的，因为，尽管希腊主义和犹太教被假设为处在激烈冲突之中，但这种冲突的种族成分多于理性成分。人们很清楚这个问题难度极大，长期的争论似乎倾向于认为二者不可调和。然而，至少还存在两个事实，是无法否认的。

第一，如果我们以那些伟大的先知，而不以那些祭司和仪式的领袖，为犹太教的代表，那么这种不可调和性也就消失了。因为我们马上可以看到，苏格拉底关于道德责任和个人义务的看法与自以西结以降的希伯来先知的看法完全吻合。

第二，我们最好记得，斯多葛主义在某种意义上可以被视为犹太自由主义精神的代表和希腊自由主义精神的代表，因为有某种原因相信斯多葛主义的创始人，基提昂的芝诺，可能是犹太人[5]，或者至少是一个腓尼基的闪米特人，特别有利于接受犹太人的影响。无论有无创立教派，他与斯多葛主义的道德方向关系很大，其中并无任何与犹太教的最高原则不能调和的地方。

　　如果有人提出反对意见，说先知主义（Prophetism）并非整个犹太教，斯多葛主义也不是整个希腊主义，那么我们倒可以适当地提醒一下反对者，族祖主义（Hierarchism）不是整个犹太教，奥林波斯教（Olympianism）也不是整个希腊文化。事实上，如果我们从这样一个角度考虑问题，那么哪些存留下来的原则对各自文化作出了最大的贡献这种平衡是由我们自己来决定的。在这个例子中只能有一个回答。因为，对犹太教来说，它的最高成就的标志是先知，而对希腊文化来说，它的最高成就的标志是苏格拉底主义（Socraticism）。双方各自存在着的那些完全超民族、超种族的成分使它们能够联系起来为西方文明带来益处。

（一）法律作为普遍信念的表达

　　对苏格拉底原则进行思考能揭示出这样一个假设，宇宙的基础是友善的，这个原则隐藏在每个人都可以通过他自己的良心，或苏格拉底所说的"灵异"[6]，来直接获得知识这样一个说法背后。这就很容易发展出宇宙意识的观念，而这个观念正是普遍信念的源泉。

　　如果有"灵异"能够启发每个人去矫正他们的社会行为，那么在法律上关于对错一定有一个永恒的正义在发号施令。苏格拉底经常被人当作智者，而智者在道德问题上持一种完全的相对主义，但是采纳这一原则是苏格拉底真正超越智者的地方，正是这一点使他永远脱离了智者的范畴。相信有一种普遍信念或对法律的普遍认同是西方文化的第一个特点。在这里，重点不在于强调体制性的权威，比如国王或僭主的权威，而在于强调一种赢得宇宙理性认可的权威，宇宙理性对每一个理性的心灵起作用。这是一种内在的权威，是每个人的信念。当然，在这里也内在地包含着民主。法律的力量被假定为在于有这种普遍信念，这种信念是每一个正常的或公正的个人所承认的。处在这样的联系中，它使那些困难的法律判决有意义，而在既无法律又无先例的地方，它就按照常识和理智的原则来作决定。

　　我们还必须记住，这种对普遍信念的承认是每个人的天赋，无论他的社会地位如何，无论他是贫穷还是富裕，是奴隶还是自由民，是有教养的还是无知的。

还有，这种对正确事物的普遍认可被假定为与普遍事实相一致。社会、生活条件、劳动、幸福，所有这些有益于个人幸福的东西都与个人的信念完全一致，因此这个宇宙处在和谐之中，宇宙就是法律的维护者，是法律破坏者的永久敌人。这种信念可能就是成为西方一般特点的尊重法律的源泉，而这种对法律的尊重足以使社会安然度过最坏的专制暴君的统治时期，以及由民众所推动的革命。要成功地攻击西方文化，只有在这一点上下功夫，怀疑它的法律是宇宙性的或强制性的，认为它只是一种幻想和任性，或统治阶级贪婪的需要，说它是暴君、少数人的特权，或者说它是对民众精神的情感上的反动。

(二)法律作为普遍能力的表达

西方的法理不仅建立在普遍信念的观念之上，而且也建立在普遍能力的观念之上。维护法律的能力被假定为与理智同样重要，所以只有那些由于发疯而丧失能力的人或白痴才能得到赦免，因为他们无法辨别对错。这种理论与那种认为法律只是一种习俗的看法有很大差别。以这种看法为基础绝不可能建立起作为西方社会特点而长期存在的对法律的尊重。

这一原则的基本部分与这样一种信念相关，一切正常人都具有道德能力，不管他们的出身或教育程度如何。它建立在人的自由意志的假设之上，认定人在邪恶的影响下仍有能力对行为过程进行选择。它的前提是，没有任何东西能够使人摆脱道德义务和责任。显然，任何旨在破坏个人自由信念或消除道德义务的行为理论都直接动摇着现今这样组织起来的西方文明的基石，因为个人不可能由于别的原因而去顺从他们不能理解和服从的法律。

(三)法律作为普遍权利的表达

西方政治组织的结构与关于普遍权利的信念交织在一起。斯多葛学派教导说，无论人的处境如何，每个人的精神都是有价值的，这个时候他们就播下了无数革命的种子，在这些权利获得之前，这些革命不会结束，也不能被结束。斯多葛学派的信条加上犹太先知的信条，也就产生了拿撒勒的耶稣所作的最高表达。通过基督教，一种新的情感背景被引了进来，给这场运动以不可阻挡的推动。对先知和斯多葛学派来说，个人的权利存在于圣父那里。对至高心灵或至高圣父的最佳敬畏是敬重他最小的、最弱的孩子。官方的和祭司的犹太教不太能够把这种利益限制在亚伯拉罕子孙的范围内；先知们打破了这种种族障碍；最后，一切宗教中最革命的基督教，比斯多葛学派更加有力地把这一信念纳入一种宗教，并与对上帝和邻人的爱混合在一起。

要解释这一原则如何在西方社会缓慢地成长起来，直至认识到那些占据有利地位的阶级如何顽固地捍卫那些保护他们利益的信条，确实令人困惑，更无须说要他们真正投降了。这无非意味着个人可以发现自己的最高的自我实现只能是在公共秩序中。所谓上层阶级的这种顽固可与下层阶级由于自私而对道德责任的怨恨相匹配。要具有道德责任感需要有高度的道德理智，也只有在宗教的情感性的馈赠的帮助下才能获得。

西方法律的基础，就像西方民主的基础一样，是每一个个人生活、自由、追求幸福的权利，只要这种追求不包括对他人权利的侵犯。人类很早就看到，法律在人与人之间是必要的，个人的基本自由依赖于自我约束的尺度，以此确保其他所有人的权利。因此，法律成为这种最高保证的表达。

(四)法律的基础——共同利益

因此，这种法律理论体系的结果应当被视为承认个人，但需要有一个附加条件——个人不能拥有那些与共同利益相对立的权利。西方世界的政治史是一部连续的、为保持既得利益而不愿放弃特权的斗争史。起先是贵族反对国王、想要分享特权的斗争，然后是中间阶级反对贵族，最后是农奴和奴隶的斗争，为的是重新划分统治权和谋求机会均等。那些法定的权力、强权、托管是依靠军队、暴力、财富、习俗，乃至于各种幸运而建立起来的，在关于它们的争论中，一个又一个某一时期的"权力"都被证明是对共同利益的伤害，是必须交出来的。那些经常威胁要彻底终止西方文明的所谓革命确实是一种为共同利益而奋斗的革命。尽管有许多挫折和倒退，但它总的说来是在进步。可以相当确定地预测，无论西方社会的仓房里有什么，只有两条道路可供选择：一条是文明的彻底崩溃，回归到族长时代；另一条是通过政治组织、社会组织、教育、自由，使共同利益得以充分实现，而为了实现这项工程，过去已经流了大量的鲜血，耗费了大量的财富。

西方世界的革命迄今为止都是为了对付连续不断的危机，其结果总是少数人的特权终止，多数人得到相应的权利。在达到我们与共同利益相关的法理的基础之前，从逻辑上来说，这个运动不会有停止点。甚至连个人财产权也只有与社会的共同利益相联系才能被合法地保护。而这个理论长期以来是由我们占主导地位的法律的存在来标明的。

三、国家中的个人主义——作为社会契约的政府

在激励西方民主产生并确定其形式的多种影响中，很难确定哪一种影响最重要。在研究这一时期的学者看来，任何一项对这些影响的考察似乎都是不完整的。人们只希望能命中最显著的影响。

我们已经或多或少地改变了自己对希腊民主制的看法，而对希腊人争取独立的斗争所表示的同情充斥着我们浪漫的、理想化的历史。我们现在比以前更加明白，要理解处在一连串僭主或强盗轮番掌权这样一种政治背景下的人对民主的感情有多么困难。尤其是在雅典，妇女和奴隶的遭遇根本不予考虑。持有武器的男子才有投票权，这个范围虽然已经是最大的了，但仍旧是有限的。一部分人是自由民，其他人是奴隶，而希腊人对这种不协调并不感到有什么不妥。如果希腊的哲学家的教导确实曾经唤醒过他们的特权阶级意识，那么在此之前还有很长一个时期。因为希腊独立和自由的暴风骤雨般的实验，城邦国家的统治，并没有提供充分的凝聚力使之能在城邦之间的妒忌和斗争，以及城邦内部党派之间的纷争中生存下来。但不管怎么说，它所表现的经验、悲哀和剧变确实呈现出一种与东方专制主义对立的民主理想，一个令人无法完全遗忘的美梦。此外，这个美梦后来在柏拉图的不朽之作《理想国》中得到表述，而它已成为此后 2500 年来一切乌托邦的标准和范型。

无论《理想国》有多少社会主义的性质，——柏拉图是一名贵族，如果当时有贵族的话——其主导思想仍是每一个人对国家所具有的

价值，以及把个人自由交付给共同利益。这在某种意义上达到了始于阿那克萨戈拉，继而由普罗泰戈拉给予强调，而在苏格拉底那里获得实践基础的那种个人主义的顶峰。柏拉图非常厌恶当时的民主制，因为这种民主制只是产生民众暴乱和政治欺诈的肥沃土壤，苏格拉底受审尤其证明了这一点。但这种厌恶感非常奇怪地推动着柏拉图去构思一种理想的新的社会秩序。斯多葛学派追随柏拉图继续坚持个人的主权和平等权利，斯多葛学派后来的信徒把保存着早期罗马民众主权的理想残片收集起来，将它们写入罗马典章作为西方政府的法律基础。他们的主导观念就是人的精神尊严、人对其环境所具有的至上性，既适用于奴隶也适用于自由人。基督教来了，把关心弱小社会成员的学说纳入了宗教。哥特人的入侵——威胁着要彻底摧毁已有的社会秩序——给个人权利和对自由的强烈热爱增添了新的解释。凡此种种都成了为实现民主制而进行的训练。

（一）自由城市的产生

罗马法典建立之后，使欧洲走向民主制的下一个伟大推动可能出于自由城市的成长，时约公元 10 世纪末。基督教当时已经呈现下降态势，在它最有活力和动力的地方已经出现这样一种信仰，千禧年标志着基督时代的终结和世界末日的到来。这一信念引起大规模地释放奴隶。因为这个世界就要终结，再拥有奴隶不会有什么好处。也还因为斯多葛主义和基督教都教导说，奴隶与主人有一种宗教上的平等，在现世承认二者间的平等就能解除在来世获得拯救会遇到的麻烦。这样一来就使得欧洲社会最有能力的成员摆脱了他们的主人——熟练工人、商人、匠人。这些人聚集起来进行自保和贸易，行会制度在欧洲的技艺和管理中开始具有重要性。在行会中，每一加入该会的匠人都与行会保持一致，各种行会联合起来组成政府。这样一来，在民主方面就产生了一种更加广泛、更加成功的努力。大量的财富和力量涌入自由城市，使它很快就被其他力量当作独立的国家来对待，并在欧洲人的心灵中点燃了民众主权的理想，这是其他任何事情都无法产生的作用。尽管由于有组织的政党、帮派、僭主的出现，使这些城市政府遭到挫折，就像希腊的城邦国家一样，但一种更加广泛的自由理想保存了下来。

(二)封建制度与个人

当卡洛林帝国崩溃成为封建制度的碎片时，个人权利的理想保存了下来。没错，普通人得付一大笔钱来求得封建主的保护，但主人与臣民之间有了一种契约关系。封建主提供的服务是用军队来保护个人。在这种或多或少带有某些仁慈性的农奴制中有一种对个人权利的承认，尽管经常被主人剥夺，但它确实存在。一般说来，统治阶级注意到了这种权利，并从来没有忘记过。这种自由精神就像一首赋格曲的主题，贯穿在西方生活的音乐之中，它时不时地响起，预示着凡有压迫之处必有革命产生。

工匠们在城堡附近做工，用他自己的服务来满足雇主和封建主的需要，而在围城期间他可以轻易地逃走。农民也找到了同样便利的方法，从一个有利的位置来耕种贵族的土地。诸如此类的安排中都有一种对自由契约的承认。使奴隶依附于土地的农奴制无疑仍旧存在，但这只是社会最底层的一种偶然现象。而它一旦出现，就会遭到强烈的质疑。

因此，总的说来，在条顿人入侵之后重组了的社会中，封建主义是一种暂时的状态，不能用来证明权利共有和统治建立在被统治者的认可之上的观念的死亡。这种观念支配着西方，是西方历史的主线，并使其进步有了一种独特的表达方式，这就是斯宾格勒所用的那个术语"宿命"的含义。

(三)民族主义的成长

要说明由战争带来的革命性变化，没有比在十字军东征的骚扰压力下民族主义的兴起更好的例子了。看起来，它给个人主义和自由精神带来的挫折似乎是永久性的。封建主和他们的军队参加了十字军东征，他们的离去给仍旧留在家中的人提供了一个机会，即通过战争和联姻重建王国，而那些参加东征的贵族由于死亡而失去了权利。这个民族主义运动并没有一下子达到顶峰。直至16世纪和17世纪，它还没有用广泛的专制威胁着欧洲。

民族主义和独裁的成长似乎是一个悖论，但并非毫无大众利益可言。这场运动给普通人，至少给中等阶级，提供了机会，使他们上升到更高的地位，成为一股不可漠视的力量，由此得以免除那些难以忍受的封建主的税收。在这一发展过程中，一开始很长一个时期内国王被视为一种较高正义的源泉，是民众摆脱王公贵族剥削的保护人。这场斗争的较早部分出现了宪法保障和议会代表。

从这一时期的发展中也可以看到有其他一些原因在起作用。甚至十字军东征也并非由贵族本身发起。它起源于教会内部，牵涉社会的许多等级。后来，各个阶级都逐渐地加入进来，儿童十字军的出现可以为证。这个时期最流行的活动还有骑士制度的出现，它维护没有自我保护能力的人的权利并尊重妇女。有更多人参与的活动还有修道院的发展、玛利亚崇拜、哥特式建筑和大学。修道院运动使人处在宗教平等的地位上。玛利亚崇拜发出呼唤，要求给最弱小的人提供神圣的保护。建造大教堂不仅是为了使这种梦想具有外在的形式和符号，而且是一种个人主义的极端化的表现形式，因为教堂本身就包含着大众的劳动。始于训练神职人员的大学成为培育民主制的温床并成为民主制的培育者，因为它承认一切人具有发展理智的可能性，并对一切人敞开大门。

这种个人主义虽然被幽闭，但它足以在后来的世纪中发挥作用，而当时的国王和君主由于力量强大而过高地估计自己，把自己的专制说成是神圣的权力。他们这样做虽然给他们的政治面包抹上了黄油，但他们在这样做的时候，忽视了正在成长的自由体制，其影响注定要把一切绝对主义的宣言扫荡干净。

（四）教会作为民主的代言人

重要的是我们得提醒自己，这种自由化趋势的成长一直处在教会保护之下，同样，它的产生也是在教会巩固自身权威的那个时期。有的时候，某些自由尺度的提出使教会在宗教力量与世俗力量的斗争中占据有利地位。有的时候，民众的运动得到世俗力量的保护，但却是出于完全相反的原因；但几乎在每个事例中，它都表现为普通人逐渐地有所收获。

在哲学方面，教会最早只能和希腊主义站在一起，而这种希腊主义是以一种极端的柏拉图主义为代表的。希腊教父中有许多人在加入基督教之前得到过充分的柏拉图主义的训练。这种柏拉图主义已经在犹太教的影响下发生转变，所以早期的基督徒社团已经做好准备，从犹太人斐洛那里或前或后地接受一种三位一体的哲学和神学。不可能还有更恰当的神学表达工具了，也没有人能够更好地把已有观点与新观点结合起来。

就这样，早期教会建立在柏拉图主义的基础上——更不必说是新柏拉图主义的了。这样的基础只能用来赞扬权威的教义。一切可见事物在它看来只是不可见事物的影像，最高的理念才是绝对的实体。其他一切较小的事物都汇聚到这个最真实的理念中来，除了它以外，其他事物都是影像和短命的蜉蝣。由此产生这样一种观念，来自上帝的教会代表着最根本的实体，是一切权威的接受者和基础。就是这种神学赋予奥古斯丁《上帝之城》的梦想以实质，他在毁灭了的罗马帝国的废墟上添加了一个梦想，这就是永恒的教会帝国。这种观念是东方式的地理观念的遗迹，是对民主制的完全不信任。

但是基督教有某些内在原则使得这种解释最终成为完全不可能的。基督福音的核心是对一种附加的族长制权威的抗议，是一种灵魂直接诉诸上帝的要求，——上帝是在个人良心中说话的生命的权威。基督教观念中的这一成分注定要在最后取得胜利，就好像柏拉图主义也必定要经历其自身历程一样。

穆斯林的入侵就好像一具犁，翻开了柏拉图主义板结的土壤。教会不仅发现它的外在权威受到了挑战——它首先看到自己的神学教义受到威胁，然后是它在理智方面的抱负受到威胁，而个人主义已经在基督教内部有了同盟者——而且个人的宗教意识也已经在强烈的压制下急于表达。穆斯林主义通过犹太学者引进了亚里士多德的全部著作，使一场已经开始了的运动大大加速。亚里士多德坚持认为个人是完全的实体。最早的大学组织起来研究《工具论》。虽有各种专制主义的威胁，文艺复兴的第一声号角已经吹响，它的第一个春天已经来临。教会本身既不能阻挡又不能遏制这股洪流。要么适应它，要么改造它，要么被它克服。在教会宣布亚里士多德是异端以后没多久，阿尔伯特和托马斯·阿奎那完成了他们的接纳工作，亚里士多德被安置为教会的哲学家。由此可见，个人主义的胜利在西方世界有多么完整。

(五)启蒙运动与革命

社会不能建立在一种调和柏拉图主义和亚里士多德主义、权威和无节制的个人主义的基础之上，这种调和主要是文字的和法律上的，没有比这更加不可避免的事情了。仅出于好奇，我们也要继续看一下这个令人着迷的运动所带来的后果。改革一旦进行，就很容易假设一种从最高理念出发的哲学正在失去作用，而那种从个人出发的哲学就好像一只从自身出发织网的蜘蛛，不仅可以用来证明心中的欲望，而且能够更加有力地推动变革。能承担这个任务的人是笛卡儿。他热心地，或者说启蒙地，从事着这项任务。以那句"我思故我在"的名言中包含着的清晰的自我存在的观念，他成为这场运动的发言人。

随着这些预言式的话语的发出，那些精心建造起来的外在权威崩溃了，——尽管由于近三百年来的各种折中调和，天主教和新教到处熟练地进行着修补，并宣称自己的城墙仍旧没有遭到破坏。当始于笛卡儿的这场运动开始起步的时候，它只是在休谟的怀疑主义和卢梭的"自然"哲学之上向前迈了一步。但这场运动对那些被人们接受了的观念所产生的影响是爆炸性的。进行革命的并不是这些思想，但它们是当前大部分混乱的根源。我们在此无法进一步讨论这个问题，只能留待下一章再谈。现在，我们已经可以说启蒙运动哲学开启了法国革命的闸门；它是更多的沉默的源泉，因为有着更多的拖延，也是一个还没有结束的、更加完全的革命的源泉。

以上所述，就是关于个人主义在西方社会和国家中兴起的一个不完整、不完善的故事。

注释

[1] 参见《约翰福音》，16：13。

[2] 也可以把斯多葛主义指责为唯物主义的和宿命论的，但它的这种唯物主义大多数被其心灵至上的学说给抵消了。

[3] 奥托·普拉斯伯格（Otto Plasberg）编：《西塞罗文集》，271页。

[4] "最后，把你们的头抬起来吧，就好像奴隶得到解放！大胆地看着神，对他说，'如果你喜欢，请在将来使用我。我有着和你一样的心灵，我和你是一样的。你认为好的东西我也一样都不会拒绝。在你愿意的时候带领我。按你的意愿给我穿衣吧。无论我在公共的或是私人的场合，是在这里居住还是遭到放逐，是贫穷还是富裕，不都是出自你的意愿吗？在所有这些处境中我都会以你为盾。'……如果赫丘利（Hercules）在家中消磨时光，那么他会

成为什么样? 他会是欧律斯透斯(Eurystheus)，而不是赫丘利。此外，通过在世界各地旅行，他有了多少熟人，交了多少朋友? 除了神，他一个朋友也没有，他相信自己是神的儿子，道理就在这里。为了服从神，赫丘利才去剪除强暴和不义的力量。但是你们不是赫丘利，也不能够消灭其他人的邪恶，甚至连忒修斯(Theseus)都不能消灭阿提卡(Attica)的邪恶。那么就来消灭你们自己的邪恶吧! 从你们的心灵中驱逐悲哀、恐惧、欲求、妒忌、恶毒、贪婪、纵欲，而不要像普洛克路斯忒斯(Procrustes)和斯基隆(Sciron)那样做人。但是除非你们仰望神，只把神作为你们的榜样，只依附神，听从他的吩咐进行奉献，否则你们就不可能从心中驱逐这些邪恶。如果你希望得到什么，就要苦苦哀求，要跟随比你强的，要执著地寻求光荣，但你绝不可能找到它。因为当你找的时候它不在那里，而你不找的时候它却在那里。"(爱比克泰德：《道德论集》，英文本，第 16 章，第 4 节，纽约。——注释中的这段引文中涉及许多希腊罗马神话中的典故，简释如下：赫丘利是罗马神话中的英雄，即希腊神话中的英雄赫拉克勒斯。他接受迈锡尼国王欧律斯透斯的命令，去完成 12 项工作，其中包括杀死九头水蛇、驯服疯牛等；忒修斯是希腊神话中的英雄，雅典王子，生于异乡，他步行16 年回雅典寻父，一路上斩妖除怪，杀死强盗普洛克路斯忒斯和斯基隆；阿提卡是希腊半岛的一部分，是雅典城邦所在的区域。)

[5] 关于芝诺是否为闪族人没有现存的证据。我们在这里依据文德尔班的建议，参阅文德尔班：《古代哲学史》，英文版，303 页，纽约，1924。我们感到采用这种说法与斯多葛学说本身的内在证据可以吻合。当然，我们没有充分证据可以直截了当地说芝诺是犹太人。但是有一个事实不能不引起我们的注意。芝诺的父亲纳塞亚斯(Mnaseas)是一个商人，他第一次去雅典是去做生意的，但是在雅典市场上他看到了色诺芬的《回忆苏格拉底》手抄本，引起了他的哲学兴趣。

[6] 有人会提出反对意见，说苏格拉底的灵异只是他个人的。如果这样看的话，那么就与下述事实矛盾了：苏格拉底期盼每个人都能像自己一样清楚地看。一旦使用了苏格拉底的方法，那些错误观念所造成的障碍就可以消除。

选译自［美］R. T. 弗留耶林：《西方文化的生存》，第 2～4 章，
纽约，哈珀与罗出版公司，1943。 王晓朝译。

[美]霍金（William Ernest Hocking，1873—1966）

《道德及其敌人》（1918）（节选）

《人的本性及其再造》（1923）（节选）

《道德及其敌人》（1918）（节选）

一、道德具备价值的原因及其价值的多少

毋庸置疑，战争是最匮乏人性的人类关系。当说服工作宣告终止，当裂地崩山的火药代替了足以改变意见的斡旋时，战争就开始了。这意喻着卷入战争的双方中至少有一方的国家意志主动地将其自身的人性悬置起来——只有人类的意志能做到这一点——将自己变成物质填充物抑或是一种威慑力量。从这个意义上来说，战争，正如人们所贯常指称的那样，是一场残忍的武力竞赛。战争显然成了人类一手制造的无所不用其极的物质努力。当两条战线像奋力拼搏决胜局的摔跤手一样厮杀得云遮雾罩时，每一项资源以及大量的人力不断地涌向前线以增加整体火力。

但是，对于长期战争来说，物质力量从来就不是胜负的决定性因素。综合看来，除双方在人力、机械方面的比拼而外，战争还是技术与技术的对抗，是头脑与头脑的交锋，是持久武力之间的抗衡。一架全速运转的发动机，想让它持续运行，需要的只是消耗更多的能量，燃烧更多燃料，而不涉及需要多少勇气。而人却不同，当人想要竭尽全力时，必须调动自身的意志力量。付出的努力越大，内心或道德的力量所承受的压力就越沉重。由此可见，战争陷入了自相矛盾的怪圈，也即，正是由于战争最大限度地调动了物质努力，

才需要最大限度地诉求于道德力量的支撑。只要人们手里还握着枪和刺刀，人，以及人的思想和意志这三项因素将不可避免地被视为战争中的军事力量。

不仅如此，只要人们参与的是不同国家间或不同军队间的战争，那种在人与人之间相互传递的不易察觉却强有力的影响力，以及团队所禀有的气度和精神，理所当然地要以单个公民或士兵所禀赋的品质作为其综合考量的基始。与之相对的另一面是，每一个种族团体，每一支军队或军团，都有其与众不同的精神传统，并将这一精神传统赋予每一个成员，同时享有一定的声誉。借此，每一位指挥官也会力图弄清楚对手是谁，而不单单是敌人的数量。我面前有这样一份文件，记载了如下文字：

> 进攻前夕，一位负责审问犯人的聪明的军官喜形于色地对我说：“一个非常好的消息！我们新战线前方的军队是撒克逊人和巴伐利亚人。”众所周知，这些士兵不如普鲁士人骁勇善战。

另一段文字记载着：

> 据说，某一支外国的分遣队被一位蛮横的军官俘获了，但又被立即释放回自己的阵线，该军官说：“我们任何时候都能再抓住你们，干吗白白喂养你们？”他对敌人的作战能力竟然如此地不屑一顾。

这样的故事也许不必当作信史，但也不至于荒诞离奇。

就我们自己的军队而言，每一组士兵在未经考验之前都是一个未知数，这一点大家已经有目共睹。也许人们毫不怀疑美国士兵会表现得很好，但是有谁是真正带着浓厚的兴趣想要知道这些士兵到底怎么个好法或好在哪里，而不仅仅是依循所谓早期报告呢？当面临着如何创造出一种战争的道德时，我们这个对商业充满热忱的共和国将采取何等举措？这才是问题的关键所在。我们已经意识到，人的精神气魄是与武器装备同样重要的战争因素。

但是，如何衡量这无形迹可言的，心理学意义上的战争因素呢？

对此，拿破仑生前曾高度评价道："在战争中，道德与体力之比是三比一。"不幸的是，自拿破仑时代始，实际情形逐渐发生变化。尽管在短兵相接的遭遇战中，人的因素依旧不可忽视，尽管罗马人的格言"战争中首先被征服的是眼睛"，尚流溢出部分的真理性，但是，当今之世的战争情形已然改变了人们的观念，一个人可能会花数个星期作战，可是他从来见不到任何敌人，看到一个敌人还不如目睹灵魂从眼前坠逝来得真切。即使是这样，我们依然有理由相信今天的道德因素并不是没有以前重要了，兹提出以下五个原因：

1. 每一场战斗最后的焦点仍然不离于肉搏战，尤其是拼刺刀的形式。

> 按照历史发展的轨迹来看，从史前的持矛者开始算起，接着是马其顿人的方阵，持长枪的人，以及后来的戟兵。直到今天，矛依然是许多战争中的决定性因素。而且，如果没有古代的矛作为原型，现在的刺刀是什么样就不得而知了。当我们今天的战争发展到了最后阶段，就与古代历史上的战争并无二致，不同的只是前期的战争准备。具体来说，如果刺刀没有及时跟上，把他们已赢得的优势扩大为胜利战果，那么，即使是最完备的炮兵阵营，以及顶尖级部队的威烈无比的火力又有何裨益呢？[1]

2. 战争的本质依然无法脱离人性，尽管看不到对方。人类的面孔仅仅是带有表情的器官，我们已经学会阅读其"表情语言"，类此，对于任何一种可显示情绪迹象的物质实体，都可以像阅读一张人类面孔一样去解读它。举例来说，一个人学会了识别火力，就能够依据导弹发出的呜呜声推测出导弹的口径。炮声时而断断续续，时而坚决果断，时而狂喜不已，时而紧张躁动，时而胆小怯懦，时而……总之，变化诡异，莫测纷呈。除了对炮火的识别，其他类似的方法不胜枚举。这就向我们昭示出：战争有它自己的面孔，无论这是不是一张人类的面孔，久经硝烟的人会直接感受到对方的眼睛是耀武扬威的还是正走向被征服的深渊。

3. 也许正是肇始于两场战役之间漫长的等待与不安，各个部队的神经在瞬息万变的幻觉的笼罩下变得史无前例地敏感，犹如股票市场上信心与美梦的起伏跌宕。凡是来自外界的象征性事件，尤其是命令和信差，都会被下意识地当作预示战争风向的稻草，必然要对其精心审视一番。如果军官凛然无畏的辞呈是出自善解人意的头脑，那么他将很难隐瞒住事实真相；不仅如此，那些表面上被接受的事实在他的听者心中只能留下空虚一片，而他自己又何尝不是这样呢？可以想见，较之过去的荏苒岁月，战斗的激情已经离纯然的本能越来越遥远了。与此同时，谨慎、敏感和精明却以同样的速度在人们的头脑中愈演愈烈。

4.加诸神经和勇气之上的战争压力非但没减少反而比以前更加严重。举例来说，"导弹休克症"是目前普遍出现的一种迹象，这并不意味着人类的体质大不如前，其真正的意涵在于，相较于人类此前所经历的，成群结队地被号召着去承受战争压力的情形而言，此种症状则是以更昭彰的方式在更加野蛮更加持久的忍耐当中展现自身的。

5.我们至少可以从一个方面体察出，如前所述的精神因素的重要性已远远超过拿破仑时代。这基于军队背后的国家的存在。进一步可推知，军队和国家——这一繁冗芜杂的联合整体，比昔日的任何战争更具备精神组织的特质，每一方都以对方的勇气与虔诚愿望为自己的安身立命之本。当军队的规模不那么庞大时，如若某一部分国民发生叛离，这并不是什么很严重的事件。但是，今天的情形完全不同，不仅信息的传达迅捷无比，而且关于事态发展趋向的信息要比事实信息本身传播得更疾速。我们不难肯定，宾夕法尼亚煤矿工人的一场罢工将会直接导致第二天佛兰德斯战役的失利。身处战壕的人们也比以往任何战争时期都更加了解他们家人的命运。但一个可能的流弊就是，百姓生活中哪怕是最细微的喜怒哀乐的迹象都会在作战前线更加显眼地突出出来，从而使战士身后的全体民众演变成了他的一部分作战精神状态。所有关于士气低落或斗志昂扬的精神意象都以无线讯号的传输速度从中心传到作战前线，又从前线传回来。

依余之见，没有什么东西能像战争那样涵纳如此多的人性：恒心、进取心、献身的勇气、忠诚、个人旨趣与尊严、服从能力，以及人的掌控全局的能力。这主要体现在以下四个方面：一是对战争情势的正确估计，二是适时地扭转不利的战局的影响，三是以加倍强硬的决策而非畏缩，去积极回应恐怖政策的威慑，四是对真实发生的突发事件的敏锐判断和积极举措。我们将这些人类的精神品质和禀赋统称为"道德"，而正是"道德"控制着战争中的力量平衡。

通过对战争的全面审视，我们会发现，战争事实上并不仅仅是物质力量的冲突，而是意志力量之间的对抗。毕竟，一个国家的精神和意志，虽然看不见摸不着，却调集了战争的资源、作战的兵力、军火，以及一整套相关的物质配备。正是这一无形的因素发动了战争，同时也是它决定了一方或另一方必须接受结局并停止战争。就这一推理而言，我们可以得出结论说，"道德"的要素控制着战争的结果。

我说，"就这一推理而言"，是因为上述结论未必整全，只是就问题的一个方面展开讨论所得的结论。因此，当我们将这一结论视作一个历史规律，也即，相信在具备了高昂的斗志、睿智以及正义良知的前提下，意志力量确然能够赢得战争胜利，这显然是不真实的。比利时拥有上述所有方面，但却不得不臣服于没有任何道义支撑的德国的铁蹄下。诚然，比利时的国家精神确实起到了一定作用，它曾在列日市创造奇迹，将德国部队的行进计划整整拖延了十天，因而挽救了——也许是巴黎，也许是欧洲。但是，比利时被拯救的另一个也许是更关键的原因是，塞尔维亚和比利时源源不断地为部队提供物质支持，直到他们的力量足以与物资占优的敌人相抗衡。可见，"道德"不是靠其自身的力量赢得胜利的，而是靠改变双方的力量对比关系。打比方说，"道德"的价值类似于少数派所秉有的潜力，或者像是一个动态的储备力量。只要"道德"最终向一方或另一方加入少许力量，就能置对手于死地，进而将其击溃。

然而值得注意的另一个问题是，道德发生的变化具有积累效应。从心理学的意义上来讲，格言"没有什么能像成功那样成功"向我们提供了一条显而易见的真理，这同样适用于军队。另一方面，沮丧导致控制的懈怠，从而招致失败和更进一步的沮丧。也即，恐惧削弱了控制力，从而导致恐慌的增加，而恐惧在面对加剧的恐慌时也变得更加剧烈了，像是陷入了一种恶性循环。如果一支军队不认为自己遭受到挫败，那么他就没有被挫败，也就是说，战场上有决定意义的胜利很可能首先取决于道德的胜利。当巨大的人力资源被投入其中时，上面的判断就更加接近真理了。相反，如果战争意志被击溃，那么，在碎裂的意志中包含的所有信心的碎片也会被统统堆砌于废墟之上。

我并不想给人造成"道德的优势在我们一方"的印象。确切地说，我所指称的"道德"并不等同于"事实"中的道德，诸如信心、决心、恒心和纪律等品质的提出也可能会出于某一个非常不好的动机。举一个例子来说，上述品质经常出现于纳粹德国的各种律令中，长达四年之久。军队的职业形象、对自身力量的认识、从向别国挑起的战争中获得的成功经验，所有这一切是一笔沉重的资产，一笔精神上的资产，其价值尚未完全消耗殆尽。从众多人选中选拔出来的英国和美国军队的军官对于他们所从事的工作还是相当陌生的，与经受长期体力和心智锻炼的敌人相比，他们估计只能算业余水平。在这样的环境中，必须自己摸索晋升的道路。这是因为，对于单个士兵的道德而言，从经验中获得的能力正如军官的睿智一样，是最主要的因素之一。当然，我们有自身的优势，也不必轻视敌人的优势。

而且，道德的构成要素必须取自于一个民族意志的普遍品质，也即她的活力、诚实、勇敢和恒心等。这些品质中，正义美德具有举足轻重的地位。除获得各种要素而外，道德本身——一种特定情境中的美德——是需要建构的。要知道，道德并不是凭空产生的，必须建基于一定的环境之中。

这样一来，我们就会明白，为什么在提供了兵力和武器装备之后依然存在这样一个重大问题：在单个人心中以及在一个整体中究竟有多少斗志？正如我们所见，通常有两种方法可以增加我们的战斗力：一是扩大军队规模，即增编；二是增加每一支兵团的军事火力。如果可能的话，要想使一百万人的士气加倍，可以增加一百万同样的人。

这样说，有武断之虞。原因是，每个人的战斗力在一场战争之后会发生比拿破仑所说的三比一的比例更加显著的变化，即使是日常小规模的波动也是如此，这才是真实的情况。10 个处于最佳状态的人可以轻松地对付 100 个被饥饿、伤病和疲惫困扰的人。当然，还有多种多样原因，比如轻松的心态和幽默的性格。幽默给人以游刃有余的感觉，具备幽默感的人可以在作战的同时，环顾左右并讲个笑话调节气氛。也许这样的人正好可以成为一名军士，只需带领一小拨人就能俘获一个营的敌军；或者他可以最大限度地减轻同伴心中凄然掠过的痛苦。正如我们在下面一则故事中所见到的一样：在菲律宾，一位爱尔兰下士，尚克斯将军的通讯员，在经过了酷热白天的行军和迷途之后，被派到山脊高处勘察地形。他的一个同伴问道："我说，矮子，这是最后一座小山了吗？"下士高声回答道："没错！这是最后一座小山了，接下来是座高山。"[2]

而这些细微变化背后所隐藏的是一系列意志与恒心在本质上的差异，正是由于这些本质差异造就了顽强的、不可战胜的人，当然，也会由于这些本质差异造就相反的另一类人。

在人群当中，在军队内外，最重要的、影响道德的区别并不是忠诚与叛逆的区别，而是全心全意与心猿意马或三心二意之间的区别。在战争中，这些心猿意马或三心二意的人，要么意识保守，要么干脆没有意识；他们的动力通常是先天不足的、模糊的、茫然的，并戴着社交的假面具。这些特点使得这类人没有能力在贯穿开始与后来的新的更严峻的前景的整个过程中坚定不渝地保持着战争所要求的禀赋和个性。简单地说，由于他们的"恒心"这一道德因素建立于不充分的基础之上，因而很容易在战争进程中的某一个阶段就发生退缩甚至是改弦更张。鉴于此，我们有必要对这一基础进行专门的研究。

二、什么是善的道德？

所谓"素质"是针对运动员的身体而言的，相应地，道德是针对人的头脑而言的，这也许是解释"道德"之意涵的最简单直接的方式了。如果道德是一种素质，那么善的道德就是内在于人的好的素质。具体解释如下：善的道德是一种精神意向或指向，意味着你可以从机械中获得极大的裨益，以最大的效果实施打击，并以最少的压力承受打击，而且可以坚持最长的时间。正如只要有哪怕是一瞬间的缓和就会对任何一种形式的和平生发出殷切的渴望一样，也正如看似放大了人本身的缺陷——直到这种放大看上去比敌人的打击更具有不容忽视的重要性——的敏感性一样，善的道德就是战斗力、忍耐力，以及用于抵御诸如害怕、气馁、疲顿和厌烦等纷至沓来的精神影响的力量。概言之，善的道德就是永久的回归能力。

接下来的问题是，善的道德与良好的精神状态或者热诚并不相同，无论从何种情形来看，它都不可能是清晨心神愉悦的乐观精神，也不可能是取得胜利后欢呼雀跃的激越心情。同时，它也与心理学家详细研究的所谓"大众"情感主义没有任何共同点可言。在战争的早期阶段，善的道德尚不易察觉，大多数对它的探究试验都是基于这样一个问题，即，对战争的厌倦情绪是怎样侵蚀你的心灵的？

去年从美国到欧洲的人们都可能切身感受到，长期处于战争的水深火热之中的民族思想与刚刚踏上疾驰的战车的民族思想迥然相异。在战火连天的欧洲大地上，所谓"大众心理学"在自相矛盾中走向自我毁灭的穷途末路，也没有了高扬的旗帜，一般饮食场合所播放的音乐也并非都是雄赳赳的国歌（如果允许播放的话），不仅如此，即使一些巴黎电影院播放《马赛曲》，也没有什么人站起来或跟着唱。更严重的是，人们由于在炮火的隆隆声中待得太久而变得麻木不仁，报纸上所报道的暴行激不起人们丝毫的愤怒，甚或哪怕是几句寥寥的评论——他们已经习以为常了。简言之，连人的本性中最朴素的情感也耗尽了，更确切地说，他们已经将这种情感看作知识与行动之间截然清晰的联系方式。由于这种对情感的机械式处理，人们发现，可以用一种不确定的方式控制人的精神或情绪变化的步伐。这正是战争的可悲之处，即使赢得了巨大的进步，士兵们也要极力避免自己陷入过度的喜悦之中；也正是在这种情况下，当玛恩开始进驻的又一个胜利消息传来时，我们才会看到这样的命令：

　　　　巴黎，请克制狂喜。

在战壕里，也是同样的情形，甚至更为严重。所有关于战争的冒险精神、憧憬幻想，还有紧张的情绪反应都消逝了，人们在所寄身的环境中，紧迫地控制着严格可靠的能源，并近乎机械地做着必要的事情。他们根本不会试图想要冒险，苦难、拖延、单调和伤痛也已经不值得大惊小怪了，而是沦为沉闷的每天例行的工作。而恰恰是在此时，道德显露出了另一个更加至关重要的维度。也就是说，在人与人之间，以及作战双方之间，开始显露出实质性的差别，这些差别在训练营里是察觉不到的。

为行动所做的适时的准备，是道德中的积极因素，其关键不在于好与坏的分别，而是一个程度的问题。持久力、勇气、精力和创造力，这些因素是可以从零开始变化，没有极限地不断攀升的。也许最重要的分水岭——已经在各种千钧一发的时刻彰显出它的重要性——就在于到底是愿意进攻还是愿意防守，也在于进攻和防守的不同心态。这就是顺从与进取之间的差别，也是愿意居于同伴或领导者之下的忠诚与认定自己有能力胜任领导者的坚定信念之间的差别。

在任何一个大的组织里，人们不可避免地会产生一系列的，在心理学上被称为"入境"的状态。说明如下：首先，对于人的思想来说，相较于对思想自身的笃信而言，它更倾向于根据冲动和暗示来进行思维活动。其次，对于军队中的每一个成员来说，他们通过一系列自身无法掌控的事件来确立其在队伍中的地位，而且必须这样做下去，因为他们无退路可循。旧政权的所有军队总是秉持这样一条原则："无论如何一定要将人放到环境中去，因为环境会使他们留下来而不溃散，而自我保护的天性会使他们持续战斗下去。"这条原则揭示出人性的张力：我们可以指望那些被无论什么样的环境卷入的士兵在死亡的边缘奋力搏击。但是，单凭这种精神去构筑战争显然是不充分的，领导人战死，以及极端缺乏民主的纪律，这些都很容易引起恐慌。我们的国家或军队越少拥有这种精神越好。真正有价值的道德是能够构筑战争本身并摆脱一切羁绊的道德。

从另一个方面来看，道德中的一个不太活跃的因素——严阵以待，与积极准备行动具有同等重要的地位，而且，这一道德要素时常是一种更难以秉持的美德。尤其是在完全无法预测将要发生什么样的事情的时候，耐心对于那些跃跃欲试、心急火燎的人们来说，简直是一种折磨。进一步来说，急躁冒进，擅自违命行事，在要求大规模撤退的时候抗令不从，诸如此类的表现甚至属于道德的对立面。这表明，对于这类人来说，除非用和缓的或阿谀奉承的言语来刺激他们接着前进，否则很难将他们稳住。这样的思想状态会使发号施令的军官陷入一种严重的窘境，甚至作出根本不可能实现的进攻决策。[3]

道德的性质无法用心理学实验的方法来加以检验。目前的一些暂时可行的心智测试手段，只能用来判断一个士兵到底有没有当兵的前途，而无法检验那些最关键的道德要素。一个人与另一个人之间最大的差异性就在于耐久力的不同，但是耐久力是无法在实验室里被检测出来的，除非个别情形。一场战役或运动的最终结果要看剩余的一些人在背水一战的情况下的表现，但是，这种被逼到绝路上的、临危授命的"当下"情况不可能在实验室里被人为地制造出来，无论使用多么严格的方法。另一个证明实验室手段之局限性的例子是，在强硬果断的领导人的影响力的感召下，士兵所迸发出来的威力是不可限量的——任何人的价值在伟大的领导力的魔法作用下会发生数十倍的增长。显而易见，在实验室的极度沉闷的环境下，我们无法检测到单个人的爆发力到底有多么强大。

然而人是可以立即感受到道德的性质是什么样的，并清楚地知道道德的表征及其大小：一个排对新增任务的应变能力，一个营在突围时对未加解释的拖延的接受程度，或者一个人对层出不穷的战时命令的服从情况，等等。人的性格禀性可以通过以下几个方面得以显现：对命令自愿接受的快慢；对越来越严酷的要求——或者只是个动议的接受方式；购买债券和支付额外税收；在小的享受方面自愿地克制的结果；克服内部分歧所作的部署；对战争工作道路上的障碍的态度；加在公司员工身上的压力所产生的并不显著的结果；对人的清醒而公正的判断；在没有什么人的远见能够完全规避错误的情况下，允许准备工作出现稍许偏差。

还有一些细微的征兆向我们进一步展示道德的更多方面，那就是人的情绪的征兆，还有在情感资源被践踏的情况下所作出的反应。这正是驻扎在阿尔萨斯的德国政府官员所采用的聪明办法。在战争开始后的头几个月里，他们想要检验一下当地居民的忠诚程度。因此，他们到处走动，询问居民们对"辉煌胜利"的看法。官员们所表达出来的热忱的态度或者对热忱的渴望，只是为了掩饰谨慎的嘴巴绝口不提的秘密。诚然，对于领导者来说，情感流露的瞬间，最容易因泄露秘密而遭受攻击。领导要么听取人民的意见，要么疏远他们。而当道德正处于低潮时，人们已经失去听从命令的耐心，正如一个不受欢迎的演员，在表演感人的一段情节时被观众的嘘声轰下台是最危险的一样。俄国人的情绪向我们明白无误地表达着这样的信息："布尔什维克主义者再也不会害怕建立自己的政府了！"在一些纳粹德军占领区，德国军官强行要求男人向他们行礼——也要求妇女向他们行礼。[4]据说，他们还要求人们在行礼的时候必须要面带"顺从和欣然"的表情，为什么一定要带着"顺从和欣然"的表情呢？因为这是道德的象征。敬礼动作所传达出来的精神要比实际情况多，德国军官似乎认为，只要他们成功地控制人们的礼节，就意味着成功地实现了用暴力手段压制人们的精神的目的，道德在被强制服从的精神中得以体现，强烈的自由意志将活泼与尊严的感觉加到对人的要求之上。

这样，对于热爱自由的人们来说，即使是最刻板的军队生活也会成为他们的一种可见的自由的模式。无论命令多么神通广大，在人的灵魂深处最终总有一种感觉并不是靠命令得到的，而只能以给予的方式获得。战争动员的有效与无效之间的所有差别就在于，政府或命令能否成功地将这种自由的贡献加到人们规定的职责上。

不过，一种善的道德的最佳表现是，各个等级的军官在说出真相时所体会到的自由的感觉，无论是针对将来工作的艰巨性，还是参与过程中的失败。

当看到德军的最高命令将朝向玛恩的"撤退"说成是夺取"新的高地"时，我们可以解读出这个标志着其野心的苦心孤诣的用语背后隐藏的真正含义是，他们对自己民族道德的恐惧。大家知道，许多其他国家的政治家将自身的感受看作一剂苦口良药；通常情况下，发生困惑的是政治家的道德，而非公众的道德。在接近1918年3月21日的几天里，关于英军五十师的灾难性的噩耗频频传来，因之，英格兰和加拿大的招募新兵的规模陡然激增，由此可见，声明和审查的工作必须谨慎小心。人类的头脑对事物具有理解力并试图预见未来，而在战争所带来的巨大的偶然性面前，它却变得困惑了，主要是害怕离真理越来越远。

原因是，事态发展的趋向所体现出来的第一个征候是，企图从外部操控道德，那么任何事情由于立即获得了目的性而被承认，然而从事实的角度看，这是非常值得怀疑的。任何一个宣称要援助道德的机构，任何一种决意重新振兴摇摇欲坠的或沉睡的道德的运动，都将部分地（我没有说完全地）挫败自己的意图，因为上述针对道德的举措实际上立即在它所故意指向的受益者旁边建立了一种保卫和审查的机制。举例来说，对于三个人的意志状态而言，道德的演变只能依靠人自身，以及人对自己的数字的反应。而德国人认为，灵魂可以通过科学管理而加以控制，这样的想法从根本上就错了。

实际上，道德越是善的，从功利主义的价值角度来看，道德就越神秘莫测，难以捉摸。不可否认，在果敢的、毫不犹豫的宣言的影响力当中确实存在一些不可思议的东西，而这一宣言的提出是为了扭转局面以加强人的心理承受能力，使其有能力作出牺牲或应对紧急事件。没有人能触及一个军队或国家的道德源泉的最深处，因为就连军队或国家自己也找不到一条公正合法的依据，以证明人们处理他们笃信的问题的可能性。曾经有一些时候，人们似乎特别嗜好承受痛苦，从他们自己的行为来看，他们所能得到的最好的折磨人的命运莫过于有机会面对死神，或者承受非人的压力。这一思想状态不是自发地存在的，而是道德的极致体现，只有当机遇拨动了人的神经，从而激起超现世的人类意识和潜意识时，这一思想状态才会出现。通常情况下，它只出现在领袖所发布的命令中，因为领袖本人愿意迎接他分配给后继者们的任务所带来的挑战。这就是艾尔弗雷德将军的神奇之处：他向上司主动请命与丹麦作战，事实上，他没有任何作战的把握，有的只是他头脑中对前景的想象力——

> 看，天空正在布满阴霾，
> 海水也在盈溢。

对所有具备更大意图的战争来说，道德是一种信仰；道德的逻辑就是庄重而深邃的人类信念的逻辑。正是基于这个原因，道德——不同于动机的公正——是永无止境的，除非战争的目的被完整无缺地保存在毫不伪装的人类的道德感中。这就是在事物更深的层面上为更好的正义观念的优势积累所做的准备之一。

三、道德的基础——本能和感情

对战争的号召直接调动了更深层次的能动性储备力量的对抗，每一根神经都紧绷如满弓之弦，激起的反响也远远超过常规任务所引起的眷注。预言，甚至是过去的记忆，召唤着战争的到来。令人称奇的是这种记忆的感召力，仿佛是久已战死的勇士的怒火重新在我们平庸而迟钝的血管中炽烈地燃烧起来。无论我们对战争的憎恶是多么理性和温和，心中却有一些东西在欢迎战争的到来，也就是说，正是自然本性使我们不泯于激烈的搏斗和激进的冒险。无论战争会带来什么，有一点非常肯定，战争将带来"某一天"——这一天永远也无法预设，也不是来自潜意识的希望，因此我们无从知晓这一天何时到来。但是，在这一天最可能发生的事情是，我们将毫无保留地交出我们的灵魂和身体。当宇宙还是混沌一片时，任何事情都可能发生，人们通过各种活动去克服未知的障碍，解决了其中半数的问题，因而整个世界蓦然变得适宜居住了。对于那些心中充满青春活力的人们来说，战争的号召能使他们群起响应，并信誓旦旦地说出："我能。"对于老年人来说，则号召他们重新从事年轻时所做的工作，并从中找回他们自己，而不仅仅是信心和能力。

无论怎样再三考虑上述问题，我们总会得出这样一个结论：战争情境激活了潜藏于人性中的本能。即使是在日常的争吵中，一个人也会突然发现，由于身体内无法察觉其存在的动力源的激发，他会气得浑身发抖：搏斗的本能被触动了。但是，促使一个国家发动战争的愤怒并不是一般意义上的愤怒，除了包含战争本能之外，还有动物性本能。一种全新的不断攀升的关系在空气中弥漫开来：总有一种挥之不去的印象——动物性本能被激活了，进攻抑或被攻击，或者先发动进攻，后来又被对方攻击。总之，无论何种情形，由于动物性本能的存在，双方都把对方推向了更加险恶的境地。即使有人受够了这种没完没了的勾心斗角，他也改变不了任何现实，因为他的对手已经不是昔日温良的"人"了，而是部落或国家的"附属物"。显然，"国家"一词的意蕴已经发生了变异。过去，人们头脑中的"国家"概念是昏庸无能的政府机构，是汇聚着善、恶，以及所有与之相关的德性的源头；今天的"国家"概念只能在人们的头脑中形成一种含糊暧昧，而非辉煌显赫的形象，成为非同寻常、宽容大度和保护主义的自豪感的客体对象。这是因为，"她"，这一称呼给人的最初感觉是一种根源于群体性本能的效忠，后来才吸纳了人们称之为"爱国精神"的概念作为其更好的形式。而且，从"爱国精神"对人的影响深度上来看，许多人表面上的理智已经被求知欲所代替了。

这种民族认同感造就了一种恒久的情感背景，具体地说，士兵和国民都有着相似的情感背景。一方面，主动杀人的行为，以及与之伴随的残暴的打斗过程，表面看上去似乎仅与士兵本人有关，其实不然，这是因为，当一个国民高喊着："我们必须继续打下去"时，他的想法实际上已经延伸到士兵身上，好像在对士兵说："你必须坚持作战！"另一方面，当一个士兵说："我们明天早上发起进攻"时，他的想法已经掠过夜幕笼罩下的国际边界线，将信息传达到了祖国的每家每户每个工厂里，好像在说："美国将在明天发起进攻。"可见，军队与国家的概念的界限已经模糊了。

所有的战争经验都被求知欲以及人格的广大外延所掌控了。这也是为什么战争中持久的战斗力不像普通的争吵那样轻易爆发的原因，可以从两方面来看：第一，持久的战斗力不仅是一项长期的任务，而且非常严肃，举足轻重，不可轻易决断；第二，战争的背景或动机越隐匿，越要深思熟虑，三思而后行。我们的直觉意识到，战争所体现的不是人际关系，而是国家间的关系。这一点在事实上也不易混淆，比如说，在战争中，一个人奉命去杀另一个人并不是由于个人的恩怨——不过，正如托尔斯泰所指出的，有些时候会有一些其他的因素干扰我们的这种判断。那么，我们不难看出，战争的本能实际上是服务于人的社会性的。群体性的效忠，再加上对冒险天生的热爱，将人与人之间的敌意和积怨完全掩盖掉了，这一现象在战争中是普遍存在的。

然而，除非士兵和国民都能感觉到，无论与敌人之间有多少障蔽，敌人的行为实质上已经触怒了他们的人格尊严，否则健全持久的道德是无法存在的。弗莱格先生著名的海报上曾有这么一幅名为"将事实告诉海军士兵"的画，上面画着一位当时的骑士将外套脱下来愤怒地掷向一则流言传单的情形。该流言称，在几千里的陆地和海域上充满着暴力和堕落。学者们经常争论，用于规约个人的道德法则是否也适用于一个国家对另一个国家的道德判断。从浅显的心理学来看，任何国家的战争思想，都会将敌对国家的行为断定为威胁的、不人道的、奸诈的、傲慢无礼的，或者是不能容忍的。正如对单个人的行为的道德判断一样，国家必须以同样的手段探究百万大军中的每一个人心中的道德根源。无论多么险恶，外交犯罪看上去总是文质彬彬的，故他们一般不会触怒公众，除非他们在个人暴行中的表现给人们提供了有形的证据。因此，道德的心理学规则是约束个人好战天性的规则中首要的一条。

在处理障碍的两三种方法中，好战的天性是其中的一种。面对障碍，最容易做到的就是放弃、绕行，或者撤退，而好战性却是一种必须付出更大努力的办法。不过，这种办法发挥作用的前提是，需要有可以调动的能量，因为一个筋疲力尽的人已经没有力气愤怒了。事实上，人的好战性最初是从人的本性中发展出来的，它是作为一种动态储备以帮助遇到困难的其他人的天性。它将采取一种非常适度的形式，正如人为了打开一扇很难开的门时所付出的适当的力量，而不是不择手段以至于弄坏了门本身。另外，我们把从一些人身上流露出的激情称为"亵渎的极限"，这标志着储备力量开始传输了。换句话说，当存在两种典型的人性的激情时，其中的一个会增加它的传输水平。在整个传输过程中，我们发现，新增加的能量受人的目的或意图的支配，与此同时，身体上的扰动是为了使器官更能胜任强健而持续的运作。

在人性中，好战的天性总是将它的"对象""客体化"，甚至到了将像"难打开的门"这样的语句也省略掉的地步。这种"客体化"的做法并不总是科学的。而且，如若好战性的对象是非生命体，那么，这种做法也是不符合经验常识的，试想，当好战性以"勇气"或者"热情"的形式被保留下来，它的那种喜欢追根究底的精神气质将会被逐渐代替。另一个方面，只要所遇到的障碍是个人性的，或者说与单个人有关的，那么，愤怒的情绪总会有其存在的一席之地。也就是说，当各种说服手段都宣告失败以后，事先预设的坏的情绪将是我们必须面对和处理的事实。从正常的关系到敌对的关系的变化过程通常是缓慢的、牵强的，是事件积累后的结果。也就是说，这种关系的转化不能被简单说成是个人行为上的一种改变，而应该是由假想、观念和希望所构成的整体系统在相互关系不断展开的前提下的一种改变。当相互关系演变到敌对关系的地步时，我们希望能够以希望对抗希望，哪怕只是一段时间的对抗，接着我们发出最后通牒，然后是破釜沉舟地相互拼命，既然对话或协商的裂痕已无法补救，那么"这个世界爱怎么着就怎么着吧"！

从上述案例我们可以看出：人的好战天性首先必须从事实和原因两个方面"肯定自己"。要想平息一个人的愤怒，最可靠的办法就是向他详实地展现他自己的前提预设的错误之处。第二点，虽然好战性的具体情境是物质的或物化的，但它总是需要有一个"精神上的动机"作为其行动的支撑。这种"精神上的动机"不是体现在财产被盗的事件上，而恰恰体现在偷盗过程中的偷盗行为上，因而它经常采用的一句话是"你应该做"。

动物和孩子为了想要的东西打架，仅仅是因为他们想得到自己想要的东西，根本不会涉及"正义"范畴内的良心谴责问题。而成人却很少有这样纯粹的轻率的行为。面对受害者，最厚颜无耻的强盗也会感到一种无形的压力，这种压力促使他试图弄明白，自己的权利是否被侵犯了，无论以何种方式，如果不是个人侵犯了他的权利，那么就是社会侵犯了他的权利。然而结果是：狼审问小羊，结果却发现了自己的罪。

诚然，深思熟虑和经验丰富的罪犯非常反感沉重的伪善，并扔掉了假面具，明目张胆地干坏事。但是，对于德国领导人来说，如果没有一个正义的理由，即"他们的战争是一场抵御侵略的正义之战"，那么他们无论是在1870年还是现在，都无法取得国家的胜利。并且，随着事实逐渐取代了现在被认为是建立在精心编造的基础上的谎言，同盟国家作战的意图被削弱了，如果不是由于义愤促使他们为自己国家的生死存亡而斗争，这种作战的意图会削弱得更快。

因此，成年人所表现出来的义愤总是具备"道义上的义愤填膺"的前提预设。这就表明：战争本能实际上是一种"公正"的利益之争，而不是一种洞见道德差别的能力。"愚蠢"本身并不能引起人的不满，但是，如果假定人和动物都不应该愚蠢，并且大家都公认这一点，那么"愚蠢"就是不可原谅的了。

有一点需要补充，作为激情的一种形式，义愤经常是高度忘我的、普遍的经验；作为一种激进的思想状态，它放弃了善意的体谅，不再试图挽救双方所剩无几的礼貌和关系，把谨慎抛到了九霄云外，从而为前进扫除一切障碍。这样的做法经常会面临巨大的危险，而且需要付出许多努力，而这些都是谨慎的中立立场或折中主义可以避免的。一种人会义愤填膺，另一种人不会有任何激越的情绪，如果在这两种人之间作出选择，我们会毫不犹豫地选择前者，谁也不想做一个唯唯诺诺的人。

只有在高尚的人中，愤怒才显得高尚。当一个人爆发出愤怒的情绪时，伴随产生的是失败的迹象被明显地突出出来。对根本原则的服从并不是建设社会生活的基本要旨。对别的国家的好战态度也有与人的愤怒一样的情况，即它是一种终极手段，是"致命思想"的体现，如果不是现在，也应该是过去某个时候。如果两国的关系最终破裂了，那么，与其维持一种虚伪的友善，不如光明正大地承认它，甚至可以发动战争——如果一方认为自己是在为"正义"而战。进一步说，在战争中，如果好战的天性与人的社会情感和自尊联系在了一起，那么它就具备了近乎"宗教"的尊严。说明如下：

首先，对好战性非常有必要的是，社会权威和公众舆论对它的认肯。如果一个人为自己个人的战役而战，那么他必须能对自己的行为自圆其说，这对于他不能不说是一种沉重的道义负担。但是，群体性的战争行为就不同了，对于作战团体中的一个单个的人来说，他能够直接从身旁的战友的眼中得到对自己的认肯。外界对他的普遍认同淡化了对他来说本来很重要的自我认同问题，因而他带着一种信徒的狂热相信这种认同方式的合理性。

其次，对于一个有责任感的人来说，他的战斗精神离不开"道德因素"的支持。无论是什么样的动机，当一个人想要与其他人达成相同的动机的话，他必须首先获得一种道德支持，原因很简单，因为道德本身就是一种普遍的动机。一个人能够对团结精神、忠诚、勤劳以及牺牲精神产生真正的热爱，其实是在用这些精神本身的特质去激发它们自身。从心理学的角度来进行分析，对于我们来说最关键的是，我们首先要把原来的那种"人对动机的依赖关系"完全颠倒过来，当我们认为一个动机是好的时，只有一个理由，即我们是无私地、完全地投入这个动机当中去的，而不是说，正因为我们发现这个动机是好的，才为其献身。总之，人的动物性冲动是由其自身激发起来的，并自动地认同和维持战争冲动。

最后，"崇高庄严"的精神既来自人的社会性本能，又服从于社会性本能，而且它实际上是真实存在的。无论战争的动机是正义的还是邪恶的，战争总是需要勇气和绝对的献身精神。由此发展出了不同等级的兄弟关系，以及紧密的民族关系，这两种关系本质上都是一种推动力。因为，这两种关系可以汇聚许多人的意志在更广阔的领域里去服务于一个新的目标。从理论方面看，我们有两点发现，一是私人利害关系的微不足道，二是公众利益的生命力；从实践方面看，也有两点，一是事实上的不舒适感，二是，如果一个人没有意识到，自己被拴在平庸的工作上，这实际上已给他造成了损失。上述的四点促使我们对"存在"进行重新评价，同时标志着个人的发展的新篇章的开始。

我不止一次地听到我们当中的人说，任何人愿意为之付出生命代价的动机都是值得尊敬的。更确切的说法应该是这样的：从心理学的意义上来看，出于某种动机而甘愿牺牲的自愿行为是值得尊重的；而把自愿牺牲当作一种用以掩饰不明动机的借口时，就不值得我们尊重了。如果一个人积极地将自己的道德贡献服务于国家理想，同时只相信对含有责任和信仰的爱国主义的权威证明，那么毫无疑问的是，他很有可能忽视或者弱化对非主流问题——其特点在于能够显露出整个时局向正面发展还是向负面发展的迹象——的考察。然而，恰恰是对覆盖整个战争动员的群体性情结的感情和美德的充分认可的出现，造成了对大众心理的主要危害。我们已说过，当好战性与爱国主义联合起来时，它需要具备一种近似宗教性的尊严。但是，无论具备与否，它必然要求尊严依赖于一些超越情感和本能的限制之外的东西。如果没有这些东西，情感和本能就无法为一种永恒的道德——价值的虚伪表象是真正的价值的最糟糕的敌人——提供基础。

四、道德的基础——知识与信仰

如果一个身处比赛、集会，或者战争情绪的潮流中的人服从于大众的心理指向，那么他很快就会意识到，他越来越不像一个能思想的人了，萦绕在他的脑海中的惟一想法就是试图紧跟大众的意志。他对外界的模仿已经到了非同寻常的地步，而且更加轻信，更加急于寻找一个可以追随的领袖，好像潜意识地感到自己在根本上存在一定的弱点。与此同时，他更倾向于变幻无常，可能会因为缺乏他习惯的判断依据，而从一个人转向另一个人。在大众心理的影响下，一个人如果没有辨别能力，就会变得多疑；如果没有进取心，就容易手忙脚乱；如果没有十足的把握，就容易流于独断专行。简言之，一个人的社会性的新发展往往要为他过分地拘泥于周围环境而付出代价。

一种主要依赖于好战性和民族情感的本能冲动的道德必定缺少一些关键性的东西，因为——如果仅仅是出于这个原因的话，"按照自然的规律，这些冲动本身是依赖于其他东西的"。这难道不是显而易见的吗？只有在适当的刺激（比如说，现实中的一些条件和事实，它们能引起人的愤慨，以及对群体性情感的专注）下，这些冲动才能得以存在。因此，在通常情况下，情感是由我们的知识和信仰产生的——如果信仰时常是由情感产生，那么自然规律就被颠倒了。

对于这一点我们无须踌躇，我们不是很难在实践中忽略情感吗？许多当前的、有效的心理学不都是否认了情感的先在性吗？

在陆军或者海军中仍然有一些军官——虽然已不像以前那么多了——固执己见地认为，道德只有通过纪律和团队精神才能在每个人心中得以实现。刚好在最近，还有一位持此看法的军官对我说道："他们知道在这儿就是为了服从恺撒，这也是他们惟一需要知道的。""当一个人滞留在这儿已经有两个月之后，你所能给他的最坏的惩罚就是告诉他不能立刻去法国。士兵的职责就是行动，想得越少越好。"这其中包含了一系列的实践智慧：人的观念有很强的能力去接纳那些由习惯和情感的倾向来决定的信仰，在军队中，这些倾向就是由军队意志的统一性方向以一种强有力的方式塑造出来的。人的躯体中的这种不可抗拒的正统观念使得人能够服务于战争，除此以外再不需要别的什么了。前面提到的"当前的"（实际的）心理学，使智慧仅仅成了意志的一种手段，似乎也确证了如下的格言：

> 先作决定，然后再进行思考。

但是，关于这个观点，有两点需要说明。第一，在军队内部，道德的实际生成过程中包含了许多思想。只有当每一个人已经有了对这些思想的认同之后，才能成功地实现道德。如果人的头脑中什么都没有，那么创造道德就等于创造奇迹。第二，充分符合训练目的的道德并不一定适应于战场上的压力。

被心理学家称为"情感道德"的本质弱点是，它将智力和道德的根据放在了一起。它不仅证明了我们自己是正当的，而且也证明了我们的对手的正当性，使双方都变成了非理性的动物。

实际上，有一本战争心理学的书，其中记载的一些军队中流行的观点很好地证明了这一事实。由于该书中的观点很重要，所以我决定在适当的地方中断自己的行文，用较长的篇幅进行引用。少将艾尔汀治从群众心理学的角度来看待军队，他所持的观点是："一支军队是一个经过统一训练的群体，因而比其他群体更容易进行统一行动。"他说：

> 如果打算向一个群体的大脑里灌输观念和信仰——比如说，现代社会理论，领导者必须掌握不同的策略。这些策略主要分为三个定义清晰的要点，即主张、重复和传播。也许这一方式见效慢，但是，一旦见效以后，就能持续很长时间。
>
> 主张一定要简单明了，不需要任何推理和论证。它是把观念渗透到群众的头脑里去的最有把握的一种手段……当这个主张被重复得足够多（而且重复过程中必须保持一致）时，所谓"流行观点"就形成了。此时强大的传播机制开始介入……推理是无法传播人的观点的。

至此，我们发现少校艾尔汀治认为，群众情感的趋向能够控制思想并形成自己的观点，从而成为一种塑造军队道德的法则。下面我们来看，这一方法在公众中的普遍应用，以及针对战争的核心问题的应用：

> 在目前的伟大的欧洲战争中，涌现出相当多的文章，这些文章证明了论辩的两派中的某一派观点的正确性。这些文章的写作并不是出于无知，也不是由于作者无端地盲从自己的情感而缺乏判断力。恰恰相反，作者都是来自大学的教授，以及文学界和科学界的人士，他们代表着世界上最高超的智慧，最好的教育水平以及最强大的逻辑推理能力。当然，对于他们中的每一个人来说，因为各自的观点无法摆脱其自身的情感色彩，从而使推理的最终结果明显地导向他自己那一边。
>
> 德国人，无论是个人还是群体，都坚定不移地相信，他们作战就是为了保卫自由，甚至是为了保卫家园。而同盟国家则同样强烈地认为自己代表着正义，是德国肆意地侵略他们。双方最好的头脑都被情感所蒙蔽了……
>
> 当战争结束，摆脱了情感冲突的影响，作家们和历史学家们在他们自己的研究氛围中平静地写作。只有在这样的环境下，他们才能发现，在战争中从来就没有存在过理性的推理，仅仅是根据对国家命运的爱国主义的担忧，提出了诸如侵略、虚荣、骄傲，以及渴望自我扩张和通过自己的积极行动获得政治报酬等心态。这显然不是理性推理所能得出的结果。

一本书很难进一步把敌人的动机和我们的动机都还原到同样的道德水平，因为这样做无疑会从根本上摧毁军队和国家的道德。作者自然不会有此意图，他仅仅是被"大众心理学"的魔力所误导。当然，我们不能否认"大众心理学"道出了许多人本性中真实的东西，但是，它还远远不足以提供一个完备的真理，因为它完全没有观察到所有重要的和长期的行为——笃信和思想者的合理信仰——的中枢神经。

由于冲动，或者由于接受了一些无须反省的信条，群众会作出一些非理性的事情。但是，一支军队并不是一个人群，一个国家就更不是了。一群乌合之众或者一个人群，是由低于所有成员的平均水平的智力领导的。而军队和国家是一个非常有组织的人群，是由高于平均水平的智力所控制的。那种促使（必然促使）他们巨大的动力服务于伟大的战争目标的本能，是智力的奴隶，而不是主人。

　　人类也许只有一点点资格被称为"理性的动物"。依我们之见，他有十分之九的冲动和十分之一的理性或反思。但是，这十分之一的理性具有积累的优势。今天的想法和明天的另一个想法，比如说：这儿的疑问，那儿的怀疑，这个事件或那个交谈激发出的想法等，所有这些想法一方面构筑它们自己，另一方面形成我们生活的控制结构。我阅读今天的报纸所获得的印象消失了，或者看上去消失了，我也无法记起昨天看的东西。但是阅读加强或者削弱了使意图指向动机的信仰。船舵没有必要摆来摆去，给定一个偏转角度，将改变整个航行路线，直到航海结束。

　　自发的情感既无法可靠地支持行动，也无法指引控制——无论从外部，还是从内部。如果一个人尝试着将自己的情感向他想达到的"巅峰状态"转化，或者认为他在一些场合——比如说，婚礼，他自己的婚礼，大灾难，甚至是死亡——里能够直接体会到这种状态，那么这恰好证明了上述观点的正确性。当一个说者明显地表达出对情感的诉求时，听者会感到有些害羞，这种情况是又一佐证。情感本质上是自由的、私人的和稍纵即逝的。它的功能就是在所知与所为之间建立联系，这种联系是非常重要的——如果可以不需要感情就建立这种联系，那么这种联系实际上什么都不是。对于自由而智慧的人来说，对他提出的惟一正当的要求就是顺其所想。当一个人在讲述故事，或者在表达自己的论点时，他自己的感觉会引导着他的想法毫不费力地展开。

　　所有本能的领导在实践中都发现了这一点。如果他们抱着制造结论的想法，就不会"主张和重复"他们希望得出的结论。他们阐明作为前提的事实，然后让听者得出自己的结论。他们使知识自然地对意愿发挥作用。在我们自己的疆域里，纽约东部以南，从1917年秋至1918年夏发生的最显著的道德变化是，在事实上放弃了无政府的国际社会主义运动，转而寻求一种非常真实的对国家的效忠。一位对这一变化负更多责任的人解释说："当恺撒推翻了 Brest-Litovsk

条约，他自动地将社会主义从东岸扫除出去，而我们的工作就是让阳光照进来。"在军队中，逃亡率非常高，多是东田纳西州、北亚拉巴马州、乔治亚州的山地居民，驻扎在 Oglethorpe 边界上的第十一骑兵营的武装的骑兵中队已经将他们分别包围。这些山地居民的孤立与无知直接造成了逃亡问题的产生。骑兵们发现，无论在什么场合，一场启蒙运动要比武装人员的追捕更能有效地将逃亡者带回来。

> 追捕藏匿士兵的骑兵队伍中，有许多人穿着美国政府的制服，其行军过程就像是一场天然的教育游行，针对的是那些由于无知和谎言才反对战争和政府的人们。

当政治家处理全体人民的道德问题时，也遵循同样的原则。那些对紧急事件直接感到压力的人们很难有耐心去询问对战争动机的解释，也不会关心对战争目的的权威声明。经过对某些国家问题的讨论之后，一位外国的外交官对我说："这一切都非常有趣，但是当前最主要的问题是怎样把战争进行下去。对于我们的人民来说最主要的问题是，让他们知道，迄今为止，我们还没有取得胜利，尚未赢得战机。"大约与此同时，英国发表了关于战争目的的檄文，并成立"战争目的委员会"，在全岛展开讨论。事实上，除了"保持所有人的思想一致"之外，再没有什么别的办法能"将战争继续下去"。无论在军队里还是在民间，都不可能完全弄清楚战争的精神背景。当故事被经常重复时，剩下的惟一的问题就是表述上的困难了。一位情人在回答他的女友的问题时说："我曾经告诉过你一回，这难道还不够吗？"从逻辑上来说，他是在自我辩护。但是，从心理学上来说，他远远不对。而且，战争中的人多少像那位付出一切的女士一样，处于相似的地位。情感和意志被越深地卷入战争，对知晓的渴求就变得更加不容易满足，也更加理所应当。

一位军队中的朋友提醒了我一些事情，即，思考和行动都需要时机，深思熟虑的时代已经过去了。我的回答是：无论何时，问题一旦产生，就是思考的时机。我们作为一个国家，主要的担忧确实过去了，但是，正如战争的第一股热潮让位于长期的抗衡，合理道德的敌对势力也会在全线展开。在下面的章节中，我将处理一些知识和信仰中的道德的更普遍的障碍。如下：

1. 对战争本身的认识的失败；
2. 敌人情感的内在的多变性；
3. 不完善的政治正当性的粗陋意识；
4. 含糊的、不清晰的"国家"形象——作为看不见的实体，它的许多利益被牺牲掉了——随之而来的是爱国主义的藩篱。

下面首先要讲的是，认识战争本质的困难（这个困难无法完全被克服），然后弄清楚战争事实上是什么。

注释

[1] 陆军上尉保罗·H. 麦克库克，《步兵杂志》，1918(4)，780 页。

[2] 曾经有数以千计的事例描述了一位名叫汤姆的英国人在 1914 年秋季大撤退中的各种事迹，本注释所择取的一段情节就是其中的一例，正是通过这些记载，我们才得以了解那场战争。事实上，汤姆这一人物从来就不是"完全在场"，我们只可能在某些场景中的滑稽幽默的角落里发现他，或者说，只能发现一种滑稽的方式，以通向其自身所潜藏着的哲学理念：

第四兵团的汤姆·布里奇斯上校在星期五的下午被派往圣坤斯汀查看是否能找到更多失散的士兵。在玛瑞附近的一块空地上，他发现了 200 多个来自不同分遣队的士兵，这些人躺在走道上，筋疲力尽，他们似乎已经感觉到自己没有力气跟上撤往遥远的南方的军队，对于这种被遗弃的情形，他们竟然完全丧失了抗争的勇气。汤姆·布里奇斯试图弄清楚这些人走了多远，以及他们疲劳和绝望的程度。但是，无论是强制的命令，还是礼貌的询问，甚至是甜言蜜语，统统都不起作用。对大多数人而言，他们的力量只够在没有粮食和睡眠的情况下不停地连续跋涉 36 小时，除此而外，连说话的力气也没有了。

忽然，这位天才上校的脑际闪出一个主意。他走进一家玩具店，买了个玩具鼓和一个一便士的哨子。他把小鼓绑在自己的皮带上。

"你会演奏'英国近卫军'吗？"他问他的号手。

"是的，长官。"号手回答道。

转眼间，这两个人开始绕着广场行进，声音嘹亮的玩具哨子清晰而尖锐地吹出：

在世界上所有勇敢的英雄中，

没有一位能够与

> 成排成排的
>
> 成排成排的
>
> 英国近卫军相比。

他们就这样一圈一圈地绕着，号手被上校的热忱所感染，竭尽全力地吹好每一个响亮的音符。而布里奇斯用他的一双大手抓住细小的鼓槌，发疯似的敲着腰间的玩具鼓，像是一场滑稽表演。

他们到达歇息的士兵旁边，沿着成排疲劳的人们行进，直到最后一位。这些人能否感受到这富有昔日光辉传统的、跳动着的音符中所传达出来的精神力量？能否明了上校的苦心孤诣？要知道，他是多么想用这创造出来的一点点幽默来完成这场拯救任务！

终于激发出希望的火星了！一些人热泪盈眶，一些人大声笑着，跳起来加入了欢乐的行列，以僵硬的四肢回应着苏醒了的意志的召唤。"成排成排的，英国近卫军"。现在他们一边唱着，一边跟着玩具鼓的敲击声和气喘吁吁的号手沿街而下。

"继续吧！上校，我们愿意跟你去地狱！"走在最后的一位只能用伤脚蹇行的爱尔兰人唱道。

这群人中没有一个人被落下。

　　　　　　　　　　　　——弗雷德里克上校：《从 Mons 到 Ypres》，65 页。

[3] 1914 年秋天，在向玛恩的大撤退中，整个战争的局势要求战线上所有军队必须整体撤退。如果其中的任何一支部队为了维护自己的局部战果，或者想借此机会扬名立万，而不肯撤退，并因此失去了与侧翼部队的联系的话，就很可能落入德军已布好的圈套之中。威尔逊·麦克奈尔描述了当时各地士兵对这次撤退的必要性的看法和感受：

"我们的人是多么痛恨这次撤退啊！我一次又一次地听到这些人由于对领导的行为不满而气得嘴唇发紫并满口谩骂。看来，这些人对领导怀着一种特别的委屈，每次当他们浴血奋战'赢得一场战役的胜利'时，都会被命令马上逃跑。但是，更为士兵诟病的并不是法国军官本身，而是法国军官的智慧和凝聚力，大撤退是法国人的主意，他们说，再也没有比这更糟糕的主意了。因此，法国军官的威信在那些天里降到了最低点，直到后来的玛恩战役告捷才使法国人的威信再次激增。"

　　　　　　　　　　　　　　　　　　　——《血与铁》，194 页。

[4] 引自 1914 年 8 月在比利时的 Grivegnée 发布的一条命令：

我坚决主张我所统辖的区域内的所有居民，尤其是 Beyne-Hensay，Fléron，Bois de Breux 和 Grivegnée 地区的人，必须脱帽或者将手举到头的高度行军礼，以表达对德国军官的尊敬。

毋庸置疑，应该向所有的德国士兵行礼，任何漠视这一法规的人，都应被视为触犯军规，将采取任何可能的手段强制其执行。

签名：DIECKMANN

同样的法规体现在 1918 年 10 月 21 日沃尔特·杜兰特先生在 Bruges 的报告中："宣判书上写道：一位英国妇女因为'在政府大楼里穿带有反纳粹德国标志的服装'而被处以 300 马克的罚金，或入狱一个星期。"

选译自［美］W. E. 霍金：《道德及其敌人》，第 1～4 章。

纽黑文，耶鲁大学出版社，1918。 梁晓杰、 牛冬梅译，万俊人校。

《人的本性及其再造》（1923）（节选）

一、一种人类特有的艺术

在理解有机生命的循环时，必须同时考虑繁殖和死亡。繁殖是一种最显而易见的战胜失败——意味着个体死亡——的方式，是对死亡的回答。但死亡也是对繁殖的回答。因为，如果没有这个应有的个体死亡的过程，那么繁殖一定很长——从产生所有的生命到衰竭而终。因此，在繁殖的过程中，自然界似乎接受并承认了生物个体的失败，而以此作为整个物种成功的条件。

但是，繁殖不仅是一种延续物种的手段，它也是新尝试的重要机会。无论会遇到怎样的变化，生命形式会在这个时刻发生转变，以维持物种自身的延续，生命似乎并不满足简单的物种的成功，似乎总是在不定的世界里摸索自己的立足之处，它必须永不停歇，不断攀升，繁殖和增强形体。有机体的创造多样，有的更好，有的更差，有的维持下来，有的消失。这样，个体的死亡也创造了演化的机会。

当我们试图理解这种摸索和分支过程的趋势和意义时，我们通常会将生命描述成一种纯粹的冲动，将其拟人化，并把它看作为了更好地适应世界所做的努力。世界相对稳定，生命永不停歇地变化。生命能够变化，但是无机的自然却不能：如果其中一个去适应另一个，那么生命必须使自己适应非生命。长远地来看——我们通常这样假设——是环境决定了哪种变异是好的，哪种变异是坏的。更好与更坏简单地是指更适应与较不适应于在这个世界里生存，仅此一次，我们已经获得这次机会了。

还没有什么描述像这种有缺陷的描述一样获得如此广泛的认可。如果一个物种已经适应了它所处的世界，为什么还要寻求改进它的适应方式呢？失败的是个体，不是物种。如果生命所做的努力就是适应，那么它必须尝试创造出适应能力更好的个体。当然，这些更好的个体也会死亡——但是不容易死亡，延续时间也更长，相应地，死亡少繁殖也就少。以此类推，如果物种不太成功，那么必须繁殖很多个体。

进一步说，在这种更适合个体的演化中，演化本身的过程也在发生改变。在繁殖之际的实验性的变化——我们将其归因于"生命"，因为它并没有形成父母有机体的有意识的意图中可辨别的部分——将会趋于消失。代与代之间更替的频度越少，每一代中的新生命越少，这种变化的机会就越少。但是，个体生命的生存时间越长，个体内部发生变化的可能性以及通过个体的努力发生变化的可能性都会变大。而且，现在的证据可以支持，有一些变化是可以遗传的。如果可以遗传，那么演化就不仅仅是"一般意义上的生命"的实验，更是有意识的个体所做的努力。

最后，无论怎样解释生命或个体努力在争取什么，它们都不仅仅是为了适应环境。生命更在于努力使环境适应自己。诚然，世界不能改变自己，但是生命却可以选择使自己适应世界，还是使世界适应自己，从行为上来看，生命更愿意选择后者。物理的自然是无情的，生命是脆弱的，这是事实；但是生命有着无穷无尽的弹性、控制欲和持久性，这也是事实。生命先是发现可以控制自然界的一小部分，渐渐地，可以控制很大一部分。而且，在生命的控制下的那部分自然完全成了驯服的、没有反抗能力的奴仆。因此，我们在哪里发现有意识的个体存在，我们就会在哪里发现那些生命为了自身的目的所做的改造世界的努力。

从最广泛的意义来使用"艺术"一词，包括所有改变世界的有意识的努力，我们说，一切动物行为都包括某种程度的向外张扬的艺术。在允许世界对它进行塑造的同时，它也用它的技艺去塑造世界。

但是，指向环境的动物艺术的规则也许有一个例外。在改变人类的外部世界的时候，人类确实是在有意地改变自己。在遇到不如意的条件——食物匮乏、危险等——时，低等动物会尽力改变这样的环境。人类也会类似地这样做，但有时也会有另外的反应："也许我自己也应该作出改变。"食物的匮乏促使他们更有长远打算或更节俭，危险会提醒他们更加小心。如果一只野兽受到威胁，它或者反抗或者退却；如果人受到威胁，他在处理事件的过程中也会责备自己的恐惧或愤怒。

人类就这样使自己成为艺术重建的客体，这是人类特有的艺术。在世界中，无论为生产更好的人类个体（无论是为了物种的利益，还是为了个体自身的终结）做了什么事，人类都是其中的行为者之一：不仅是为了他自己，也是由他来做这件事的。他成了自己的本质和事件的可能性的判断者。只要与人类有关，"进化"的任务就被交到了人类的手里。

我并不是说，人类是惟一拥有自己创造的一部分的动物。应该这样解释，每一个有机体都能够建设自己，能够在受伤后再造自我，修养自身，在无数生命的尽头挣扎，发展自己——生长。正如我们所说的，它可以是进化的参与者。但是，在所有上面描述的类似的情况中，只有人类是带着有意识的目的去做这些事的，即，不仅检查和维护自己的身体，而且检查和维护自己的精神，而且这个过程是根据一个预先形成的理念——本来应当是怎样的。人之为人在于人具备自我意识，而自我意识的具备将人自身带入艺术的领域，作为判断、改变和改进的客体。

正如我们所发现的，人类相应地也是艺术的产物，无论好坏，他们都必须是这样的。自然界创造了我们，社会行为和我们自己的影响必定持续地塑造我们。任何为了"自然"而拒绝艺术的企图只能导致虚假的自然，而这种虚假的自然远不是真正的自然的艺术作品，也远不符合后者。

而且，随着自我意识的变化，再造行为的数量和程度也会变化。自我意识会不断增加。M. 柏格森强烈主张意识（包括自我意识）没有量的多少。[1]但是我必须作出判断：人类历史在极少方面显示出毫无疑问的增长，我们必须把自我意识的程度和界限包括进去。不管心理学是什么，只有有自我意识的人才能发展出这样的科学。这门科学的相对晚出，以及文学和所有精湛的艺术中的主观或内省的元素的持续进展，都是人类自我意识增长的标志。这种增加给了我们进一步的暗示和结论，人类重塑的艺术有非常明确的特征，已经将它的偶然性的开端远远地甩到身后，已经成为一种制度或一组制度。

在早期人类中，人类本性的形成必须以独特的、批评和赞美的表达方式传承下来，持续不断地在人类团体中传播。因此，行为（正如它依然作用于我们的身上一样）像是上百万的棒槌去使每一个成员都靠近社会人心的要求。只要有语言存在，正如一本确立了意义的杂志，都会有赞美和责备的用语体系，引导和规划着社会的进程。

这套词汇的存在只是为了拥有一种持续的、无法逃避的力量。但是，当一个协调的中介机构（比如说，大众宗教，为了他们的利益，假定了精心编造的宣传，并给予他们所有时间、空间、奇迹和恐惧的分量）出现时，当时的理念的影响就会成倍增加。

没有人能对其同伴对他的要求完全漠不关心，但是上帝（有不为人知的力量，可以伤害也可以赐福）的高压式的和敏锐的命令，将整个事件抬高到了一个新的重要层面。许多世纪以来，宗教一直是人类成熟的自觉和自律的储藏室。因为，在尝试看清自己（正如上帝曾经看他）的努力中，人类变得越来越热中于强调自我意识，越来越积极地塑造自己。现在，在原先的机构的基础上，我们建立了它的分支：政治、教育、立法和刑罚的艺术，作为重塑人性的独立的机构。

这些机构如此不同，以至于相互之间失去联系。家庭怎样教育孩子，公民的状况，领圣餐者的教堂，年轻人的兄弟会，士兵的军队，工人的工厂规则，同志中的狂饮者，这些都没有显著的一致性。无法确定他们中的什么人与某个人一致，而这个人会反过来假设所有这些特征，也会打算创造自己。然而，在所有上述的情况中，人的自然材料是一样的。尽管有可塑性，但它仍保持自己的特征。虽然多样，在放在它上面的模具中仍然有一定程度的一致性。看上去是顺从的，但对外界规范的接受也是试探性的。从长远来看，重塑人性的标准必须是人性自身。尽管它想要成为什么的预感还很模糊，这个预感就是它最终的向导；对它作出指示的声音越含糊，它就越需要一个可信的诠释者。

满足这种需要正是哲学的特殊责任。它的职责是，对人类各种各样的实验性的自我批评作出评判。它应该使人类命运的预兆变得清晰明了，并为人类的自我意识提供理性的声音。哲学科学——心理学、伦理学等（当然不只是心理学本身）思考人以及如何塑造人，并因之使它们自己成为"人类特有的艺术"的仆人。

二、心灵与身体：最后的分析

在关于直觉和意志的讨论之后，仍有许多关于原初的人类本性的问题没有答案。例如，我们尚没有给出对个体人格的说明。权力意志不是人格，它没有揭示出个体差异性的本质。对于这样的问题，我们不能从这里进入。因为这是心理学的任务，应该由心理学首先发现一般的人体是什么，并且接着去询问它是如何假定个体的形体的。但是，如果存在一般意义上的人体，以及一种暗藏的、能够解释其他个体的渴望，那么我们必然至少对这个问题加以留意：这个人体自身是由什么做成的，或者它是否可以被看作最终的事实。相应地，我们应该对"关于最终分析的思索"的领域作简短考察。

能量的概念总是离我们很近，带着揭开谜底的许诺：它似乎随时准备为物质和精神的二元论提供普遍条件；从莱布尼茨时代开始，它已经吸引很多人进入这样的希望之中：从身体到心灵，再从心灵到身体。如果按照尼采的术语，将权力意志理解为释放体内的能量，我们会走上对人性作自然主义理解的道路。

所有的直觉倾向，当然包括中心直觉，都与身体一起被继承；他们都消耗由身体机器产生的能量。身体和神经的营养为行动做好准备，如果行动被拖延，就会产生不安的感觉。如果我们假设我们的渴望伴随着引导和释放的准备条件，我们将会得到一个生理学的图像。根据我们的中心直觉的概念，这个生理学的图像远远多于刺激和反应计划所能形成的图像。作为一种紧张力或攻击力，能量的存在的作用是提供一个刺激和立即行动的场所，无须传入设备。自我释放，从潜在的到动力的能量的传输，可以成为"满足"的原始的生理基础。

我不应该犹豫，向着这个方向探询原始的权力意志的物理理论。说"我不应该犹豫"，是因为我"并不害怕掉进自己的墨水壶里"。没有人在经过再三考虑后，还会把用公式中 MV^2 或 FD 表示的能量与他自身的意志或不断波动的欲望的张力相混淆。不过，这些词语的混淆并不是偶然的，这两种能量的术语显然是在一起的，一个代表物质，另一个代表影子。但是，在这个事实中，无法断定哪一个是影子。事实上，当我们寻找物理的表达时，我们已经遗忘了直接的事实经验，并且开始到处寻找连接这些事实与其他事实的假设。通过这一路径，我们没有深刻地洞察到欲望的本质。如果我们希望知道欲望是由什么做成的，我们最好在意志本身（如我们所知的）的完善的表达中寻找答案。

如果我们能在什么地方瞥见意志的终极特征，答案应该在艺术家的工作中。因为他的工作将我们身上最深刻的东西激活，以对外部世界深刻的东西作出积极的反应。最近我看了一部戏剧，该戏剧竟然让我在脑海里形成一幅本来应该称之为正义的讽刺性漫画，我沮丧而愤怒，并被我所看到的东西搅乱了心境。必然世界吸引了我的注意，在规律之网中，人自身既可以作为一个受害者而消亡，也可以作为一个管理者而消亡。我看到了人们的努力——以自己的人力去超越他们自己的工作。我看到了一个充满愚昧、无用的同情心、华而不实的确定性、脆弱的徒劳的信心世界；在这个世界里，人们在绝望中堕落，因为除了诗人，再也没有人能足够充分地看透现实（这种现实超越了所有的习惯以及常规中自命不凡的力量）。我知道，诗人有时会讲一些不切实际的话，而且也知道，诗人的所看所说确实比人们通常有幸看到的更为真实。我还知道（这对我们来说是重要时刻），人的情感和欲望（如此多的对意志的部分应用）是由这样一些概念构成的。

欲望，说得更广泛些，情感，并不是与思想完全不同。情感是在我们内部起作用的一些念头。设想"一个人能够在没有知识的情况下感受或关注任何事"，或者"情感和知识彼此不成比例"，这完全是谬误。情感理论在下列情况下被严重地曲解了：将情感与或多或少的放纵的、无益的和不稳定的原动力宣泄相混淆，与"情感气质"和喜好相混淆。情感是一种"下定决心"的经历，是偶然生发出来的，重视某事到了必须采取行动的地步。与情感相反的不是思想，而是无情。当我对比赛中的其他优秀成员关注的兴趣点反应迟钝时，我会知道，我的根本的缺点在于缺乏智慧和远见。

如果这么说是对的，情感无论以何种形式(不安、欲望、渴望或满足)出现，都是思想。情感或多或少地控制了事物[2]和意志，在最后的分析中，情感是"假想控制现实"的思想。

根据上面所述，从物理理论的观点来看，人类的直觉——所有的直觉——都是组成太阳系的材料；从形而上学的观点来看，它们是梦想、理念和推理的组成材料。快乐和痛楚，作为更简单的标志，首先就会被看作心理学的最终数据：我们就是如此构成——我们享受并追求它，从中遭受痛苦，并且避免它。然而，即使是这些无法分析的价值，也不是最终的和不能解决的。感觉随着心灵的改变而改变它的性质，就像一个人以越来越强烈和集中的行为，对轻伤作出反应——发现摇动被夹了的手指可以减轻疼痛。儿童在搭积木的过程中获得快乐，迈耶尔(Meyer)认为一堆积木的感觉要比单个积木的感觉更强烈。"堆"可以带来一种"排"所不能带来的满足感。为什么呢？"堆"和"排"一样，是一种秩序，是思想。但是这种思想是一种"现实克服了巨大的困难去引起接受，甚至去参与维持"的思想。思想对事实的控制更加显著。思想与性吸引有关，还是性吸引与思想有关？我们应该重提这个问题。但对于那些了解情人所带来的麻烦的人而言，很难说清是感官快乐还是对形体美的满意，有足够的影响力去扰乱他的头脑，或搅乱他的平静。这还包括那些触及宇宙的神秘的边缘和洞察力的思想。

实用主义的作者，其兴趣在于揭示出所有的思想都有积极的意义，这些作者经常会在展示直觉和取向的逻辑特性时走得很远。查里斯·皮尔斯毫不讳言地说："实际上，当我们去刺激一个割去头的青蛙的腿时，三段论就发生了。"[3]但是，这种解释的力量并不是要表明逻辑被心理学渗透，它所表明的是心理学被逻辑渗透。当我们以真正的生理学的观点而不是生物学的观点，去看待价值对象时，那些原本从自然的观点看来是机械的东西变成了结束自身的物质。同样，直觉在最后的分析中可以被理解为完全理想化的活动——关于理念的活动。如果有什么办法能够给人性的最终材料命名的话，最有可能的是思想，而不是身体能量。并且，如果我可以冒险提出最后的思索，我相信，应该是交流，而不是独自思考。

身体是心灵的象征，而不是相反。思想是"身体及其能量是可见的行为语言，是可理解的和可测量的信号"的实质，但思想仍然只是影子。我们在此并不深究进入原始质料的理念是什么。但是有一个问题我们不能回避，即，我们并没有在原始的人性中为道德属性留下位置。可是，根据古代传统，正是因为这一特性，才使得人首先被区分出来。这就是我们下一步要研究的问题。

三、正义中的利益

当亚里士多德说人是天生的政治动物时，他并不是没有对这个著名的说法作解释。他解释说，说话的能力标志着人成为一种公民的存在。并且，通过说话，我们不仅像许多动物一样掌握了清晰表达信号的简单能力，而且有能力创造一些信号来表达抽象的观念，尤其是那些与正义或非正义相关的观念。我们可以对亚里士多德的解释作如下理解：人类所创造的共同体是政治共同体，区别于简单的防御性或协作性集合体，因为人类天生就适合于构想一系列的观念，如正义与不正义的行为，对与错，等等，并且能够运用它们。一个观念的生命在于被承认，以及具体的应用。国家就是为正义观念提供生存机会的共同体。

是政治社会为了道德合理性的生活而存在，还是道德合理性的生活为了政治社会而存在，我们不需要在这里争论哪个问题在先。关于人的生命的生物学解释倾向于第二种选择，至少是作为初步的假设。我只想附带地简单指出，心理学的解释将会为亚里士多德的处理方式提供很多诠释。

我们的社会动力（当我们考察它们时），可以被看作在很大程度上依赖于将我们的各种思考能力付诸实施的需要。我们谈及社交性时，似乎社交性是社会动力本身的本能，而谈及好奇心时，似乎好奇心是社会动力的另一种本能。但是，如果我们去掉社会生活中的自然利益（这种自然利益可以体现在争论和对话中询问的双方，体现在对他人的说服，也体现在为他人的管理和谋划中），那么，我们就会给社交性以沉重的打击。而且，如果我们去掉公众生活——社交性在政治方面的发展——中的自然利益(来自对人性、法律、原则、争吵、战争、历史标准、传说、习俗的讨论)，从它们的伦理学方面看，我们必然会丧失大部分的正当动机。政治生活，正如亚里士多德后来描述的那样，是展示伟大壮举的舞台，是争论原则问题的斗争之地，是有着过剩精力需要发泄的人的竞技场。如果你观察那些为利益争夺呈白热化的地方，你会发现：正是在这些地方，利己、面包和黄油、财富问题已经演变成了权利与义务的问题；一个人的能力和成就问题已经深化为他的性格和荣誉的问题。也正是在这些地方，对义愤、骑士精神、嘉许、憎恶、忠诚和谴责的反应，以及对我们的伦理本质的反应，都被唤起。我们是社会动物和政治动物，至少部分是因为我们需要把我们的理性和道德概念注入整个世界的运转中。我们建立国家，至少部分是因为这种权力意志。对亚里士多德理论的阐释就是这些。[4]

　　但是我们的问题出现了。如果这种精神活动的特殊形式是物种的特征，并有助于产生诸如法律和国家(确实可以看作是动物的习性和巢穴在人类身上的表征)等特殊产物，我们就必须在原始的人性中为这种精神活动的特殊形式寻得一个位置。我们能否说人类身上具有一种天赋的道德，一种道德直觉？如果这些说法不合适，我们怎样解释这种将人性置于正义之上的、不需要教育就知道的价值呢？通过对于那些在处境和反映中观察本能的作者来说，他们并不将道德行为包含在原初的取向里，而是将其看作是派生的和复合的。道德行为被认为是在来自母性的无私的情感的形式中发展起来的(萨瑟兰，Sutherland)；或是从好斗中发展而来，当好斗变成的"无私的怨恨"(首先向外然后向内；威斯特马克，Westermarck)。对于麦克道戈尔(McDougall)而言，道德判断是一种复杂的态度。在其中，与社会好恶相互作用的"关注自身利益的情感"占主要地位。桑戴克(Thorndike)并没有断然地将道德行为从我们的天性中排除出去，但也未能证明它的存在。他说"在对'正确'或'错误'的行为的反应中没有天然的差别"[5]，尽管大多数的伦理学研究者的观点和利奥特·莫根(Lloyd Morgan)的权威观点不同。莫根强调说：

在开化的民族中，良知是天生的。关于是非的直觉是我们从祖先那里继承的道德本性的一部分。正如我们继承了一般常识（对精神问题的本能判断），我们同样继承了对是非问题（是非问题正是构成良知的重要因素）的本能判断。

讲了这么多，有一点很清楚：没有任何一种关于人类本性的解释可以自称得到了真谛，除非它能够以自己的理论表明，人是怎样成为我们所称的“道德中介”或政治动物的。而且我们对这个问题有双重的关注，既然在某种起源的意义上，人类的良知立刻在人的原始本性中沉淀下来，同时成为改造自身的主要工具之一，那么，我们又如何解释人类本性的道德方面呢？

四、良知和公众意志

我们没有必要为了说明“你应该”这样的表述（或者至少是与之类似的表述），而假定一种原始的道德感。如果人的本性具有天赋的本能（正如我们所描述的那样）和伴随而来的偏好；并且如果这些利益被邻人的行为强烈地影响，那么一个泛化的动物肯定会感受到一个习惯性的设定（在邻人的立场上考虑情感或别的）的价值。而一个能够运用语言的动物则很难不去发明一个术语来向他的邻人表达他对这种设定的重要性的感受。我们中的大多数强烈要求你去做的事将不可避免地以下面的方式向你表达出来：“你应该这样行事或那样行事。”[6]在这样的话中，“应该”暗示着这一系列的行为遵循着固定的“体谅”的习惯。它会简单地提醒你平静生活中某一个永恒的条件，即，为了他人的利益去做一个相当好的实践的心理学者。

你的同伴的企图中总含有诱导的因素，给你的固定习惯一个对他们而言是吉利的形式。对于这项工作，他们很难满足于赞同或不赞同这种普通氛围下的压力——如果会有更大的压力存在的话。他们将汇集所有可能的关于“你应该”这个观念的权威。他们大概会求助于恐惧的本能，这种恐惧的本能被宗教或其他想象加强，以达到塑造其他本能的目的。态度中将会有（正如现在正存在的）威胁的阴影加在你身上；并且，将会有（正如现在正存在的）“自我关注的情感"的强劲建立，通过普遍拒绝允许人们用执拗的习惯去很好地思考自己。

这样，每一个人在接受社会性"应该"的引导的时候都会要求得到巨大的利益。如果不是每个人，而是他们的后代，那么他们会因为下面的原因走向灭亡：将有权益的旁观者和无权益的旁观者都纳入自己的胸中；习惯性地以社会的判断的眼睛来看自己；并为这种判断和自己寻找某个权威。一旦问题——"我是哪种人？"——被认为是合法的，道德的卢比肯河就被穿越了。这种具有一点普遍性社会反应的持久存在，将有充分的理由被接受，使问题浮现在每个人的脑海中，并且保持在那里，即使是它不具备回答这个问题的持久的标准。

有社会本能的存在，处于我们所描述的那种社会压力下，一些与"应该"相似的词汇将会被构思并出现，一些类似良知的东西也会形成，而这一切不需要求助于任何本性中原始的道德。但是，这种社会铸塑的"良知"与我们知道的良知是一样的吗？实际上，这种类同之处是很表面化的。我们所意谓的、当前使用的"应该"不可能成为社会产品，正如意志的出现（如果我们考虑这个世界的意义怎样成为通常所表达的）。

毫无疑问，儿童经常带着困惑去听取大量灌输给他们的"你应该"。难怪他们在学习其他可见事物的单词时也学习这个词，他们会假设这个词肯定有意义（因为成人的世界就是靠它建立的），会注意到运用这个词的场合和伴随着的不满、奖励，以及其他请求和认可。然后将这个词的意义分割成各种假定，并运用到各种情况和用于逃脱。掌握这个词的历史与掌握其他难词的历史并没有显著不同：都是最近才为人们所清醒意识到的。但是，一旦它到达头脑，就会在"我应该如此去做"和"这件事应该谨慎，因为别人更喜欢我这样"之间形成清晰的差别。这种区别是被那些运用"你应该"的人——未在上文中提到——的态度所引发的。"你应该"既不是一种命令，也不是一条关于公众意志的信息。对于一个被假定已违背了"你应该"的人的反应，不仅仅是愤怒，还带着某种遗憾。这不仅是针对他的将来作出判断，而且也是针对他过去的决策。这假定了，无论对错，他有能力找到更好的处理方式，并且他也知道这一点。简言之，"你应该"只是针对内在的"我应该"作出的回答，而且，除非是以"我应该"做答，其他都不能切中要害。由于"我应该"是在"你应该"的意义中被假设的，那么它就不能独立于"你应该"的意义而传递，它只能通过被理解的方式在我们的符号语言中寻得途径。[7]当我们努力构筑我们的道德称号时，我们焦急且无助地等待证据证明我们的意思已经切中主题。因为我们知道，每一个新人必须为自己找到这个视角。社会对这个词的运用从来都不是真正有益的，它仍然是刚刚觉醒。它求助于一个来自每个个体的自我判断的线索，从这个意义上来说，它属于原始的人类本性。

注释

[1] *Les données immédiate de la conscience*，第 1 章，自然地，可以定义一种情形，比如考虑对一个客体的认识，一个人必定会说，这个客体存在，或不存在，而不需要考虑变化的量。正如 Natorp 对 Bewusstheit 的解释，我认为，柏格森所说的意识是正确的，并无本质上的不同。但这种情形显然是从时间性的、被意识表征的现实中抽象出来的，这其中的"意识"恰恰是柏格森想要引起注意的。

[2] 一般地来说，价值的公共要素是"为善"的观念。我们更容易看到，为善是一种值得向往的事件状态，而不是某一特定的值得向往的事件状态。为善要求一个人首先清楚什么事值得做，什么事有独立于实现过程的价值。接着要明白，它具有额外的价值——给我"有效性"的感觉，即我的"想法"已经成真。但是，我们想要探明的正是这种预设的价值特性：什么构成了我的观念中对客体的愿望？价值理论中的现实主义坚持认为，价值就在客体中，是终极本质，并且价值有终点。而相对主义则坚持认为，价值是客体与我的福利、我的直觉、我的愿望、愿望、直觉等之间的关系，被假定是给定的事实（除非像上面所做的尝试那样，去分析其生理基础，否则就没有什么东西可谈了）。我坚持认为，这两种解决方法最终只会导致放弃问题。对于我们所想的，并不是在无助地空想，而是有建设性的。因此，每个既定的对象都可以设定现实机制上的刺激。我们所希望得到的东西对意识本身作出解释，而且——正像我们所坚持的——在一般意义上，每一种解释与所有情况的愿望都是一致的。我们必须探究独立的善的本质，正像它呈现给意识的那样。例如，假设我喜欢音乐，并且投身到音乐的创作之中，我会获得一种对成就的满足感。但是，在音乐中还存在一种先在的满足。我所假定的先在的满足即是一种为善的情形。因此，我认为，音乐的价值

在于，它在我们的耳朵(依康德的看法)、我们的想象面前展现了一个微茫依稀的世界。音乐的价值在于，通过一系列遵循我们思想的音调的载体，在模糊而具体的情景和情绪中，随着思考的成熟引发我们经验中的全部事实。音乐不得不寻求与世界更加协调更加理想的建议，去处理感觉中的强度、数量以及相互关系，以作出更加令人愉快的调整。应该说，我们更基本的感观满足也是如此。基于此，我们就可以公平地对待现实主义和相对主义了。在现实主义看来，欲望由善规定，而善又被自身所规定；在相对主义看来，善被欲望所规定。就我们的观点来看，善不是被自身规定的，而是与我们相联系的，对我们来说，也不是注定要渴望什么的存在，而是作为能够被思考和认知的存在，事情的全部过程都蕴涵其中。正是在这个意义上，善是客观的。

[3] 直觉有时被称为无意识理性，不是因为在运用过程中有真实的三段论，而是因为在达到对意识而言是快乐的东西的时候，意识就达到了对自然而言是合适的东西。似乎它懂得并计划其行为的效果。对于那些在快乐是对合适的事实的模糊认识的意义上来使用这个词语的人来说，很难假定这会将所谓快乐价值还原到认知功能的层面，至少可以说是一种未经过认真反思的过程。我们当然没有必要假定意识的最终意义和自然意义是一致的：这样说也许过于简单了，但绝不缺乏真实性。

[4] 我们也同意他对演讲能力带来的地位的肯定。这种包含在我们的行为中的"发生"刺激，除非它注定是要参与一个更复杂的取向，否则它不会是自然地存在于我们自身的。Thorndike对此做了恰当的描述，认为它最初只是作为一个无目的的刺激出现(参见《人的原始本性》，135～138 页)，但是，它却是具有更加复杂的取向的许多普通的事实之一。这些事实的构成要素在自身的成长过程中以独立和审慎的方式将自身结合起来。这些与其最初的无目的性是非常符合的，包括语言刺激，应该成为其更具体的一部分，成为它的原因、社会性或政治能力。

行为主义以另外的方式来理解这种关系。约翰·R. 沃特森(John R. Watson)说："缺乏语言习性使动物区别于人"，他声明道，"我们不谈论理性，因为我们不认为它是人类行为的真实类型，它只是一种语言习性的特殊形式"。(《行为》，1914，321、319 页)

[5] 桑戴克：《原始的人性》，22 页。

[6] 我说"不可避免"，但请注意，"不可避免"这个词表示它会发生，而不是对你的侵入大声咆哮，以此来呼吁你的智慧和自控。这是一个很大的假设，也许会被认为是整个的起源问题。这样的呼吁只有在接收者是自由和强大的时候才会发生。例如，正如我们所说的心理医生之类的。反过来说，只

有当团体成员能够以"应该"的方式接近时，他们才被当作自由的人来看待。

[7] 建立一个符号系统，通常会有一些符号不能达成统一。因为如果想使某些符号相互一致，必须保证其他符号已经被理解了。这些必须当作充满希望的冒险行为而被抛弃。首先要完全理解并接受，然后才能成功地使用。符号"应该"就应该这样处理。

选译自［美］W. E. 霍金：《人的本性及其再造》第 1、 12、

13、 14 章，纽黑文，耶鲁大学出版社，1923。

梁晓杰、 牛冬梅译，万俊人校。

[美]布莱特曼(Edgar Sheffield Brightman，1884—1953)

《自然与价值》(1945)(节选)

《人格与实在》(1958)(节选)

《自然与价值》（1945）（节选）

一、人格的世界

传统的思想是二元论的。如我们在第一章所见，它生活在两个世界中。它使心灵与物质对立，使人格与自然对立。如果这仅仅意味着自然大于人格，且有别于任何人格或全部人格的话，则无人会对这种二元论提出质疑（自我中心论的实证主义者也许除外，这样的人很少，因此忽略不计亦不为过）。然而，许多哲学家使用二元论的意思远远不止于"大于"或"有别于"的意思。他们相信，物质是和心灵完全不同的一种存在，属于不同的存在序列。心灵是有意识的；而物质，他们相信，占有空间并且无意识地运动着。心灵记得过去；而物质只是无意识地重复过去。按这些哲学家的看法，实在中存在着一种终极的"两分"。还有，他们中的许多人相信，物质的、无人格的实在与心灵本身的存在一样确定。按照这种观点，每一主体以相同的经验认识一个客体，并能同样确定地认识主体自身；它认识或直接感知到客体本身是一个与所有意识完全不同的实体（或事件）。有些人，比如批判实在论者，把这种确定性描述为本能或"动物的信念"。其他人，有些认为它源于直觉，有些认为它源于当下经验，有些则认为它源于常识。

这里有三个命题：（1）自然大于且有别于所有人类心灵；（2）物

质属于一种完全有别于任何心灵或人格的存在序列，无论这种心灵或人格是人的还是神的；（3）物质的无意识、无人格的存在与人格有意识的存在一样具有确定性，并且像人格的有意识的存在的确定性一样可以直觉到。所有哲学家都会接受第一个命题。许多哲学家也会接受第二个命题。较少哲学家会接受第三个命题，尽管他们的实际人数并不少；而一旦接受这个命题，他们就会顽强地加以坚持。如果第三个命题是真的，那么第一个命题和第二个命题必定也是真的。但若第一个命题是真的，那么第二个命题和第三个命题就是假的。还有，如果第一个命题和第二个命题是真的，那么第三个命题就是假的。

笛卡儿持有上述最后一种立场。他坚信自然（由各种具有广延的事物组成）是某种性质与心灵（一种思维着的东西）完全不同的东西。但在努力证明物质的存在和解释物质与心灵如何相互作用时，他感到极为困惑。他完全拒斥第三个命题，认为我们并不具有关于物质存在的直觉的确定性——至少，我们没有可信赖的、无可置疑的确定性。笛卡儿断言，意识的任何状态对事物的认识都可能是错误的，除非这个事物就是意识的某种状态。在他看来，意识、心灵或人格——那个在某个思想过程中思考着或对其经验的意义表示怀疑的东西——就是基本的、不可否认的确定性。我们对自然界、价值世界和神明世界的所有信念都可以在人格中找到证据。所有否定、忽视或淡化笛卡儿这一根本洞见的重要性的企图在经验的试金石的检验下必定遭到失败。对经验的每一诉求都是对笛卡儿的起点的诉求，而每一对经验的背离最终也还是要在经验中找到根源和保障。对这种直觉的确定性的经验进行肯定（第三个命题），其真理性必须受到更加充分、更加合理的经验的检验。

因此，人格是我们所有知识的根基。它也是科学、哲学、道德与宗教的惟一基础。当一个人在感知或思考时，他确实总是要涉及某个客体，而这个被涉及的客体通常并非这个人的经验的实际成分。当我们在认识过去、他人的心灵、未来、事情的原因时，我们确实并非仅仅是在认识我们的经验，而且是在把我们的经验用作某个世界的证明。人总是在超越自身。他在看、听、嗅、想，或者在相信某种有别于他自己的心灵的东西。哲学家经常把这一事实称作思想的客观指涉，或者称作人格的自我超越的客观指涉。如果我们不承认心灵可以超越自身，指涉一些并非瞬间经验的东西，那么我们就不能赋予经验本身以任何连贯的解释。但若我们忘了这个指涉植根于当前有意识的心灵的证据之中，那么我们的知识和信念也就没有任何基础。

对所有二元论的完全否定都由这样的论断构成，除了经验的当前瞬间，没有任何事物存在。这个论断被称作唯我论。唯我论则被公正地判决为一种禁止理论的理论。如果唯我论的理论是真的，那么想要拥有任何理论是完全没有意义的；当前的经验就是最终的东西，它不需要任何解释，也没有人对它进行解释，因为没有任何客观的东西需要解释。从中又可推论，诉诸任何理论都是愚蠢的，甚至诉诸唯我论也一样。因为在唯我论看来，社会生活与交往都是虚幻的，唯我论的讨论也只是瞬间即逝的美梦中的独白。接受这种观点，认定除了当下直接呈现于他的经验中的东西以外没有任何东西是真实的，这样的人在他开始为自己的理论作解释和进行辩护以前处在一个不可动摇的立场上。然而，一旦他开始解释，就必然诉诸经验，包括推理和记忆，在这样的诉求中他实际上已经放弃了唯我论。

至此，尽管我们的讨论必须从我们自己的个人经验出发，但我们必须超越它。那么，什么是"我们自己的个人经验"呢？如果说唐纳德·C. 威廉姆斯（Donald C. Williams）详尽描述过的那种完全的"无知"[1]能够揭示它所经历的某个场景的性质，那么在第一次考察中它几乎一无所获。仅当它的力量能够在行动中展开，它的身体组织得到发展，它的过去得到记忆，它的未来得到有目的的预见，它的自然环境和社会环境得到探索，它才能成为关于自身的真正知识。人格不是一个固定不变的、可以贴上标签保存在博物馆中的实体。它是生命，是一个交易的、积极地与它的环境不断地相互作用的功能性的经验。

"人格"一词已经在许多不同的意义上使用。有人用它来表示人的社会关系。有人宽泛地将其定义为个人的魅力和吸引力。有人用它来表示人的身体组织，包括它的有意识的经验，因此这种人格是生理心理学的。也还有人轻视或否定意识的存在，把人格仅限于有机体的行为。戈登·W.奥尔波特（Gordon W. Allport），在他题为《人格》的力作中列举了50种不同的人格定义。

　　值此权威观点有着如此巨大差异之际，人们最好还是不要再去增添不同的定义。然而，应当记住的是，不同的定义并非总是对立的。众多的定义都有可能正确地定义了人格的某些方面。一个定义可能在某个语境中比较适用，另一个定义则可能在其他语境中比较适用。生理学家、社会学家、临床精神病医生和个别心理学家很有可能需要强调人格的不同方面。

　　人格的哲学定义，就像我们正在试图提出的一样，必须与所有关于人格的真理保持一致，而这些真理必然呈现在所有语境中；而且这个哲学定义也必须能区别人格和其他所有可能的对象，比如抽象概念或物质的东西。它必须把真实的个体经验所包含的东西包括在内，但不能包括更多的内容。下面提出来的这个人格定义（或者人的定义，人本身的定义）就是这样一种定义：**人格是一个复杂而又能检验自身的、主动的、有选择的、有感觉的、能感知的、发展着的经验**[2]，**它能够（部分）记住自己的过去，规划自己的未来，并与其潜意识的过程，与其身体组织，与其所处的自然环境和社会环境相互作用，还能够依据理性的和理想的标准对其自身及其客体下判断和进行引导。**这个定义并未假定其中提到的所有特点都会在任何人身上和任何时间显现；比如，某个人在回忆过去的时候可以不必正在规划未来。倒不如说，这个定义表明，这个经验尽管仍旧可以被称作自我（或经验者），但它不是一个人格的自我，除非我们所说的所有经验产生于或能够产生于经验的发展过程之中。因此，一只变形虫的意识或一个低等生物的意识都可以是一个自我，但不必是一个人。

　　这个定义是一个尝试，它力图为我们所发现的人格的基本功能提供一个生命般真实的描述，就像任何人可以在他自身所经验到的人格一样。一切经验都是复杂的，但同时"我的"所有经验都可以确定为"我的"，因为它属于一个独一无二的意识的统一体。活动（奋斗、努力或创造）与选择（挑选）都是基本的个人经验；我们总是在这样做并且愿意这样做。每时每刻，情感（快乐、痛苦或冷漠）和感觉都会以同等程度呈现，即使中性的冷漠本身也是一种情感。说人格是发展着的就是要强调时间与成长的经验；成长是趋向某个目标的

运动,对这个目标人们可能有清楚的意识,也可能意识不到。记忆
对于人格的统一和同一是必要的;如果记忆出了毛病,我们就会得
健忘症或者出现双重或多重人格。回应性的努力是每个有意识的存
在者的标志;而且,有思维能力的存在者会为了实现目的而制订计
划。我们有很好的理由相信,有意识的人格受到潜意识过程的影响。
几乎没有人怀疑身体对心灵的影响或心灵对身体的影响(无论他如何
解释这种影响)。接下去,身体又受到整个自然环境的影响,自然环
境每时每刻影响着某人,而其他人则通过自然界的事件和(可能存在
的)精神感应影响这个人。人格的最高属性是它的推理能力:它能够
"依据理性的、理想的标准来判断、指导自身及其客体"。这个涵盖
面很广的定义并不想包罗万象,但可以说它对人格的界定相当充分
与完整,并指出了人格的基本功能。

    "充分!"读者也许会这样感叹。这个时候,他无疑已经对这个复
杂的定义失去了耐心,对它纷繁的头绪产生了厌倦。但是要让他记
住,人格不是一个可以作简单抽象的数字,或者是一个能被人用手
把握的物体。倒不如说,它是一个复杂的、多重的、运动着的生命,
有着看不见的力量。我们也要让他记住,这里提出的定义需要缜密
的叙述,因为它不是心理学的传统定义,而是将人格限制在真实的
有意识的经验中,因此需要思想的努力。我们可以轻易地通过一个
人的身体识别这个人,而心理学家发现这也同样适用于处理(所谓)
心理有机体。

    然而,较之大众的思考或科学的便利,哲学家必须进行更加深
入的研究。他一定要问:身体和意识真的是一体的吗?它们一起行
动,因此我们可以称之为一个"功能性的整体";但当每个人回顾自
身经验时都知道,他说的身体和意识指的是完全不同的领域。他的
手、肺、胰脏、动脉和大脑其实从来没有在他的意识中出现过,感
觉或依据感觉进行的推理才是真正存在于心灵中的东西。然而,心
灵(意识或人格)既影响身体的变化,也受身体变化的影响。身体虽
然是创造人格的宇宙的器官,然而精神和理智的生活证明了人格具
有纯粹物体不能占有和不能解释的力量。

    不管怎么说,身体和心灵是紧密相连的。为什么不能说它们是
一体的呢?首先,如我们所见,因为我们没有清楚地区分有关身体

的经验和身体本身；其次，用结果来确定原因是不合理的。把身体等同于心灵之不合理，就像我们说喝冷水得到的清凉感实际上就是冷水一样不合理。如果我们坚持认为对人格的存在十分重要的原因都是人格的一部分，那么身体、潜意识、我们呼吸的空气、赋予万物生命的太阳，事实上，整个自然，都是每个人的一部分，而且每个人都是所有身体，所有心灵，所有事物。为了避免这种把原因与结果等同而引起的极端混淆，将万物融合为一体，令一切区分不复存在（如同在某种绝对的完美主义和实用主义中一样），我们只能诉诸经验和理性。如果仅仅用我们的经验来定义我们的人格，那么我们就可以把我们的人格等同于我们的意识，从中也可以合理地推论出人格与其身体所处的环境、自然和神之间的相互作用，以及它们的相互依赖。

经过上述解释，大胆地提出一个比较精炼的定义也许是安全的：**所谓人格就是一个复杂的、有意识**[3]**的变化的统一体，包括它的所有经验——它的记忆，它的目的，它的价值．它的能量，它的活动，以及它所经历的与其环境的相互作用。**

（一）

人格是一切人类知识的基础。一个人的大多数知识并非关于他自身的知识。但是某个人对任何对象的知识的所有证据和任何假设的证明都可以在某些人的经验中找到。

人格是一切科学的前提。几个世纪以来，逻辑被视为思想的科学。当前有一种企图是使逻辑客观化，通过把它称作蕴涵必然性的科学而试图使它与思想分离。然而，"当他们要我飞翔时，我才是翅膀"。将逻辑与人格分离是不可能的。直到有人建立基本的定义和公设，并且明白其内涵之前，逻辑仍旧不能作为一种科学存在。说得更明确一点，经验科学也扎根于人格。它们需要观察，假设和证明。对物理、化学、生物、天文和其他科学来说，具有人格的观察者、假说的提出者和证明者是最基本的。试验本身总是有一个人的目的，是人的设计、定义和记录，并且要由人来进行检验并对结果进行解释。人们相信作为科学研究对象的自然是存在的，这是因为人们相信他们的经验可以作为指示器揭示物理世界的奥秘。

人们常说科学是非人格性的东西，但是科学的这种非人格性却是人的成就。科学中的非人格性有以下两层意思：（1）科学家在对真理的兴趣中忽略了他个人的欲望和信念；（2）科学家对自己个人的实验结果从来不会感到满意，直到它们被其他有能力的科学家所验证。简言之，非人格性就是忠诚于真理的个人理想，以及对其他忠诚者的经验的诉求。

人格不仅是一切知识的基础，而且也可以成为一切实在的基础，这一点将随着本书的展开而得到说明。如果一切经验都是个人的，那么产生和维持经验的能量也是个人的；自然本身也许就是大于自然的位格的经验与活动。但目前，鉴于这个人格世界的其他方面还在探索，这种"也许"权当一个建议。

（二）

人格的世界大于自然的世界，这句话似乎是自相矛盾的。"大于"这个词在这里要在一个专门的意义上加以理解。它不表示力量方面的"大于"，因为自然赋予人生命，也可以取走生命。它也不表示更老，因为自然先于人的存在而存在，并且这个世界在不再适合人这种存在物居住时仍将继续存在。它也不代表严格意义上的空间方面较大，因为人格并不存在于空间中，空间只是人格经验之一。然而，在某种意义上也可以说人格在空间上大于自然，因为从理论上讲，一个人可以用他的知识和无限的想象力理解自然的所有空间或几何空间。当人们说这个人格的世界大于自然的世界时，他们想要表达的意思与上述任何一种意思都不同。

人格大于自然是在人格包含的内容更多的意义上说的。它覆盖的领域更加宽广。自然是感觉经验揭示的东西。人格当然包括感觉，但它也包括记忆、预见、理想、价值和认识自我的意识。物理化学所理解的自然是非人格的；它受到严格的限制，仅限于解释感觉资料所必需的东西，而其他个人经验，比如记忆等，都被严格地排除在自然之外。换言之，自然是一个建立在有选择的证据基础之上的被限定的领域。真正的世界必须包括自然并大于自然。它必须包括人格世界的一切，以及解释和理解人格世界所必需的一切。

（三）

人格的世界就像人格定义所蕴涵的那样，是一个与自然相互作用的世界。每个人不仅要依赖自己的身体，还要依赖所处环境的所有自然力。自然力不断地作用于每个人，而每个人也可以通过自己的选择和目的引导自然力，参与自然的运动并有限度地控制自然。科学、发明、医药以及心灵对身体的影响（基督教的知识、瑜伽、日常经验）构成了人与自然相互作用的充分证据。所有心身平行论以及其他试图消除相互作用的企图都是相对肤浅的和不合理的。

（四）

人的世界是一个看不见的世界。这是另一个有点晦涩的说法。难道我们不在和人谈话，听到他们，嗅到他们，感觉到他们，以及看到他们吗？看起来人当然是可见的，而人的其他方面是可感的。

但若回忆一下作为经验的复杂统一体的那个人的定义，我们就能理解说人是不可见的是什么意思。身体也许是可见的，但没有任何一种感官会把别人心灵中的经验直接告诉你。事实上，是否只有感觉才能把身体的知识给予我们是非常可疑的。可见的事物（和所有可感的事物）由意识中的经验类型所组成。在这个意义上，可见的事物本身对任何外在的观察者来说是不可见的；只有我才能准确地看到和感到我确实看到和感到的东西。严格地讲，可见的事物仅在正在看的人那里或仅对正在看的人来说才是可见的。但感觉类型对思想来说是在可见的类型呈现时，思维着的人能够推论出其他人的存在和处于其环境中的自然的存在。

人的不可见性（甚至事物的不可见性）是许多错误和混淆的根源。行为主义者看到我们关于其他人的知识主要基于可见感官类型的行为，于是就空洞地认为一切人无非就是行为而已。只要观察一下随时呈现的意识领域，就可以对这个假设进行充分的驳斥。语义学家和逻辑实证主义者试图把一切意义限定在可感这一点上，只有能够被感性经验证明的东西才有意义。我们可以想象一下，如果这种限制被认真地接受了，一切理想、目的、真理和意识都被认定为无意义的，那么人类文化将会成为什么样！

一切伟大的宗教都与不可见的东西有关。"从来就没有人看见过上帝。""可见的事物都是暂时的，看不见的事物才是永恒的。""信仰是向往的事物的本质，是尚未被看见的事物的证明。""被看见的事物都产生于并不显示自身的源泉。"如果我们离开基督教文献的语言，在《奥义书》的第三章我们看到有这样的话："明白了无声、无触、无形、不朽、无味、无嗅、无始无终……无法言说的东西，也就摆脱了死亡的魔爪。"

这样的语言对一切时代任何地方的宗教之灵都是质朴的。灵是不可见的，神的灵和人的灵都有这个特点。确实如柏拉图和黑格尔所说，可见的事物以某种方式暗示、显现或朝着不可见的事物运动。但是灵仅对于心灵的眼睛来说才是可见的，"灵与灵可以相遇"。

（五）

有些人对灵的不可见性感到极大的困惑，并得出结论说不可见的事物是不真实的。与我们所示的情况正好相反，可见事物本身仅当作为处于不可见事物之中的经验和关于不可见事物的经验，作为不可见事物的效果，作为不可见事物的标志时，才是真实的。总结一下我们的结论：不可见的人格是知识和实在的基础，它包括我们的全部经验及其与自然的相互作用。我们现在还要添加的一点是，人格的世界是目的的世界。

套用威廉·詹姆士的一句名言，所有人，无论是作为个人还是作为社会成员，都是"为目的而战的勇士"。人格的世界是一个欲望的世界，无论是已经实现的欲望还是尚未实现的欲望。人们着眼于未来，希望我们的爱可以延续，我们的恨[4]可以消失，期待着将来会比过去好，只要有可能改进。欲望可以是盲目的、自发的和本能的，但也可以是清晰的、有周密计划的、被合理引导的。自发的欲望是一堆混乱不堪的东西，而有条不紊的连贯的欲望是理性的目的。

无论如何尝试，在人格世界中我们不能逃避目的。有些人，如佛教徒，把欲望当作万恶之源，试图克服欲望，但实际上他们的所作所为只是在用一个高尚无私的目的（如他们设想的那种涅槃）代替我们日常感性生活的卑微自私的目的。甚至用来消灭目的的这种目的（如果他们是这种意思的话）也是一种欲望。

还有一些人，比如伯纳德·罗素[5]，相信欲望，比如"由知识引导的爱"，是美好生活的本质，但同时又断言欲望（或目的）并未用光芒照耀实在的自然。人格虽然被承认为有目的的存在物，但其目的和欲望并没有对产生出目的和欲望的这个世界放射光芒。在此我们需要再次提醒一个事实（本章前面提到过）：人格是我们拥有的关于这个世界的惟一证据，而人格是从这个世界中产生出来的。拒斥欲望可以提供诸如此类的证据这一事实，又倾向于排斥感性事实，显然是一种不合理的偏爱。感觉（或自然）的秩序与目的的秩序可以而且能够分别加以考察，自然科学的工作证明了一个方面，而逻辑学、伦理学、美学和宗教的工作证明了另一个方面。然而心灵对统一性的需要不会永远允许对感觉和目的分别进行研究，同样也不允许支持一个而放弃另一个。人是有感知、有目的的存在物，所以人格的世界及其环境必须包括和解释感觉与目的。如果罗素只是想要批判欲望，那么他否认欲望可以引导知识便是有道理的；但若他想要否定可以在理性的法庭上把合理的欲望当作证据来接受，那么他的看法是武断的。

　　如果人格的世界是目的的世界，那么人们就会问：它的目的是什么？支持目的论的例子在自然界中随处可见，可以表明事物之间的相互适应。为什么会有牙齿？"那是为了更好地咬你，我亲爱的。"这样的目的与其说是解决问题的方法，倒不如说是问题。目的问题的答案不是仅仅依靠思考自然界复杂的适应性便可以找到的。它的证据和意义就摆在我们面前的人格结构中。只有在人格中我们才知道或能够感受到真实的内在价值，一切价值都只是个人经验的形式。真、善、美、崇拜，如果人没有理解、意识、享受和发展它们的话，那么它们什么也不是。未知的真理只具有潜在的价值，直到某人知道它；没有被听到过的音乐不是真正的音乐，直到它作为声音和谐存在于某人的心灵中。如果没有人是有道德的，那么哪里有什么善？如果没有人是虔诚的，那么哪里有什么崇拜？因此，生命的目的就是充分发展这个人格世界的最高尚的力量。或者说得更简单些，就是恰当和谐地生活。再简单些，生命的目的就是理性的爱或爱理性——它们是一回事。没有理性的爱和没有爱的理性都是残缺不全的和自拆台脚的。

　　用古老的宗教语言来说，生活的目的是拯救灵魂，使它们摆脱愚昧、仇恨和冷漠。基督教牧师的工作被称作"治疗灵魂"。沃纳·耶格乐[6]最近要求人们注意这一事实，这种治疗灵魂的理想可以追溯到柏拉图的《申辩篇》(29E，30B)，在文中苏格拉底被比作医生。人的生命显然具有目的，也显然只有部分目的可以实现。人格的世界需要它所能召集到的所有医生来给予帮助。

（六）

进一步说，人格世界是一个自我认同的世界。作为自我或个人的经验基本上是记忆的经验。尽管一个人的经验每天都有各种变化，但某人仍旧是同一个人，因为他记得他自己仍旧是同一个人。记忆通常包括自我认同的经验。我们经常听到一些关于记忆的粗略而不精确的表述。记忆有时候被称作对一种身份的重复，或者被与过去的经验部分等同。除了不承认过去的记忆都已经过去，而且不能逐一或完全重复这个事实外，这个记忆观还有另一个缺陷。让我们假设一个过去的经验如它第一次发生那样被精确地重复了，但光是这一点并不能构成记忆。只有当我意识到现在的经验与过去的经验有关时，这才是记忆。当我能够说"那就是它发生时我看到的样子，那就是他说过的话，我就是这样学会的"，此时，也只有此时，才出现了记忆。没有记忆，人格便会分裂。凡有人格，就有某些记忆，把当前的经验与过去的思想、情感、感知或愿望结合在一起。每个人都是一个记忆的统一体，把多种多样的经验结合成一个人格的统一体。

从中我们还可推论，人格的世界是一个众人的世界，每一个别的人都是某个同一的自我。当我在记忆时，所有有效的记忆都是我的个人经验的记忆。我不可能记住你的经验，尽管我能清楚地记住与你相关的我的经验，以及我对你的经验的感受和信念。记忆提供的证明可以成为下面这个命题的根据：不能把任何人与其他人、社会、绝对者等同。在此意义上每个自我认同的人是他自己，也只能是他自己。这一点不能被多重人格的事实以任何方式否定，因为处在多重人格群体中的每一"个人"都可以通过相关的自我认同的记忆这一事实来得到承认。

要引起人们对自我认同的关注需要作一个简要的陈述，这种自我认同对自然知识和价值知识都是极为重要的。没有记忆，知识便无法建构和检验，理想也无从设计和实现。生命的每一刻都会流为虚无，任何有意义的痕迹都不会留存。知识和性格都需要用自我认同的原则来不断地加强。正是因为我记住并知道我昨天的思想和行为，我今天的生活才有价值。

（七）

人格的世界也是一个社会的世界。通过对自我认同和私密性的思考，人们可以认为每一个人自身都是一个坚固的小岛。一个人确实只能经验自身，只能记住自己，当然也只能是他自己而不是其他任何人。但就是这样一位个别的人也是一个社会的人。我们已经说过，这个人的世界与自然相互作用，这个人的世界中的每一个人又与处在社会关系中的其他许多人相互作用。这些社会的相互作用通常又以自然为媒介。我们说话的时候，在别人明白我们说些什么之前，声波抵达他的耳朵，刺激了他的听觉神经和大脑的听觉区——这些全都是自然的组成部分。我们通过语言以及其他自然的行为与别人交际，通过超感官的知觉来交流也有可能。

讨论交际的机制不是我们当前的目的。大家都承认我们需要交际。当务之急是指出交际和社会经验与我们已经定义过的自我认同和私密性完全一致。我是我自己。我的经验是我的，而不是别人的。但在我自身中，我发现只有处在我的环境中的其他人对我发生作用，我才能把许多经验解释清楚。我明白，视觉、声音和感觉虽然是我的经验，但它们肯定不是由于我的努力或选择而产生的，它们不能解释为我此刻经验的结果。每个人都有这样的社会意识，但所有的社会意识都存在于个人之中，是他们生命的一部分，而不是任何“社会心灵”的一部分，甚至不是某个神圣心灵的一部分。上帝把我造就为人，并尊重我的隐私，但任何人，尤其是上帝，可以与我交际而无须打碎我的身份和我的个人责任。关于这个社会和世界的看法还有进一步的心理、社会、宗教的含义，读者自己可以进一步探索。

（八）

冲突这个主题贯穿于本书。有两个世界：自然的世界与价值的世界。在这两个世界之间和在每个世界之中都存在着冲突。人格就是显现各种冲突的竞技场。人的世界是一个冲突的世界，世界之内和世界之外都有冲突。个人与社会处在剧烈的冲突之中，而且不知如何平息。人们的意识和潜意识也生活在冲突之中。人与自然力有冲突，风暴、细菌、污染、昆虫、地震、火山等。个人的内在冲突是一切形式的冲突中最严重的。灵魂由于它的欲望、知识、无知、偏见、软弱、力量、野心、恐惧、鲁莽和良心而充满冲突。现代社会，尤其是我们这样的资本主义和军国主义社会，最普遍的事实之一是高度发达的技术理智和卑鄙的道德在同一灵魂中共存。对自然的专门知识，甚至心理学的专门知识的探究，经常伴随着良知的泯灭，无视他人的权利，这种情况在戈培尔博士身上表现得最为明显，他是海德堡大学的心理学博士。

这就是人格的世界。它是一切知识和存在的基础；它比物理世界更加丰富；它与自然不断地相互作用；它是一个不可见的世界；它是目的的世界；它是自我认同、私密的个人的世界；它是一个社会的世界；它是一个冲突的世界。我们最崇高的目的和理想的秘诀在于人格的世界，而其中也有堕落的深渊。人格是宗教提供拯救的灵魂；"寻找灵魂的现代人"[7]确实需要从他现在的自我中得到解救，这也是为了他自身的利益。让我们进一步探讨人格在自然领域和价值领域中的地位。

二、价值的世界

至此，我们已经看到，人生活在一个冲突的世界中。这种冲突有许多方面和根源，但我们在此要涉及的是它在自然领域和理想的价值领域之间关系中的根源。圣保罗写道："按着我里面的意思我是喜欢神的律；但我觉得肢体中另有个律和我心中的律交战，把我掳去，叫我附从那肢体中犯罪的律。"①这时候他想到的正是这些根源。我们当前的兴趣不在于圣保罗关于罪的神学，而在于现代思想领域；我们的兴趣主要也不在于人的肢体，而在于以我们的肢体为其中一个部分的整个自然，及其与我们的灵性抱负的关系。当我们向现代的权威们请教时，我们发现他们对自然的定义并没有达成一致的看

---

① 《圣经》引文译文见和合本《圣经·罗马书》，7：22～23。

法。我们看到许多人在一切事物之总和的意义上使用这个词，包括所存在的一切。这样的用法是对这个术语的贬低，使这个词成了完全超自然的，而没有留下任何可以加以讨论的意义，并使自然与超自然、心灵与物质、灵魂与肉体等古老的区分成为自然内的真正的区分。就这样，自然成了一个肤浅的术语，应当被"所有"或"每一"来代替。因此，我们不妨采用贝克莱、康德和现代实证主义者赞同的定义，亦即自然是通过我们的感知揭示给我们的那个领域。

如果自然是这个感知的领域，那么它显然根本不是现在这个样子。我们发现人格的领域远比感知的领域宽广。人格被定义为意识的统一体，包括感知在内，同时也包括记忆、推理、目的和价值等。因此，人类生命的冲突是人格的冲突——人自身内的冲突、人与人之间的冲突、人与自然环境的冲突。然而我们还需要考虑什么是自然可以是"它本身"，而不是它向我们揭示的那些感觉经验。无论自然是什么，它为我们理想的目的提供了一个对立面，为作为我们实现理想的工具的意志提供了一个对立面。让人的理想成为他们所希望的那个样子吧——自私的或无私的、肉体的或精神的、侵略的或合作的、专制的或民主的——自然为人达到目的提供了工具和手段，同时又设置了空间、时间、能力方面的界限，超越了这些界限，人就寸步难行。

认清了冲突的竞技场——自然和人格——我们再来考察一下宇宙的奖品、目标和"战争的目的"。这个目标可以在真正价值的领域中找到。自从人类开始对自身及其能力有了意识，所有种族，尤其是种族中最聪明、最伟大的领导人，认识到了正确与错误、正义与不义、生命的高级形式与低级形式之间的区别。人类学家可以轻易地指出：不同的文化对什么是高级、什么是低级的看法一直有着并仍将有巨大的差异；同理，他们也可以指出，关于什么是科学的正确与错误也一直有着并仍将有巨大的差异。不仅是古代科学受到近代文化的嘲笑，而且近代科学也被许多当代文化所拒斥，甚至受到藐视，被视为无知与迷信。文化中的分歧和一致不能解决真理问题；我们不能将我们的价值交给人类学家，就像我们可以把我们的物理学和天文学交给他们一样。所有涉及事实或价值的真理的宣称都必须接受理性法庭的裁决，只有它对真理有裁判权；理性把真正的价值与那些自称真理的错误价值区分开来。

现在让我们逼近价值这个复杂问题，看一看我们能否清楚明白地显示其中令人困惑的地方，或许我们能够找到一些有序的原则。

（一）

研究任何事情的最佳途径是从日常的经验事实出发，开始寻找某种理解它们的有序的方式。作为我们研究价值的起点，金钱和音乐可以作为典型的日常事实。我们一般认为金钱和音乐对我们来说是好的，或者是有价值的，但它们是不同意义上的价值。金钱有价值乃在于它能购买东西。它能买到食物、住房和衣服，可以付账，可以为将来提供安全。它甚至可以购买音乐：人们可以买收音机、留声机、唱片，音乐会、歌剧和演奏会的门票，或音乐的教育。所以一般说来，我们用其他东西衡量金钱的价值。无论什么东西有价值，乃是因为它能够提供给我们它本身之外的其他一些东西，而它本身则被称为具有工具性的价值或手段。富有的银行家被称作有财产的人。① 然而，如果你想了解一个人，知道他是否热爱音乐比知道他是否拥有一个银行更重要。音乐与金钱的区别在于，金钱是一种手段，而音乐是一种目的。你挣钱是为了把它花在购买其他东西上；而你享受音乐却是为了它本身的缘故。我们已经看到，金钱是一种工具性的价值，而音乐是一种内在的价值。音乐能满足灵魂，而金钱永远不能。

金钱与音乐之间的这种区别，还有一般说来，手段与目的之间的区别、工具性的价值和内在的价值之间的区别，不能当作绝对的。例如，金钱可以被钱币收藏家当作目的来对待，他们由于硬币具有历史的和艺术的趣味而收藏它们。金钱也可能被守财奴看作目的，因为他们把积累财富当作自己存在的主要目的。音乐对职业音乐家来说同样也可以是一种工具性的价值，因为他们要靠音乐为生。与其他内在的价值一样，音乐在它要支持其他价值的意义上也是工具性的。音乐激励和提升品格、思想、宗教献身精神。它渗透并整合整个人格。因此，工具性的价值和内在的价值之区分在于从什么角

---

① 此处"手段""财产"的原文均为"means"。

度看待价值，而不是绝对不同的价值类别；但是价值的基本意义可以在它的内在的方面找到。目的赋予手段以意义：音乐使金钱有意义，而非金钱使音乐有意义。我们由于爱而工作，而非由于工作而爱。工作就像爱一样，无疑都是一种内在的价值；正常人都会乐意工作，而社会应当组织得能使一切工作都富有乐趣。但是工作的内在价值肯定低于爱的内在价值，并且受到更多的限制。

有些哲学家，尤其是自然主义者，反对在手段和目的之间作任何区别。[8]如约翰·杜威、亚伯拉罕·艾德尔已经指出过的那样，自然主义者尤其反对"自然中有固定的目的或目标"这样的想法，认为这样的目的既不存在，又无［借以实现的］手段。自然主义者在这些问题上的批评大部分都是在抢劫稻草人。我们已经指出，手段与目的之间的区别是真实的，但不是绝对的。手段可以变成目的，目的也可以变成手段。要认识这一日常事实，人们不必成为一名自然主义者。人格主义的唯心主义哲学家通过强调一切个人与社会经验的有机整体及相互关系，确实可以成为杜威教授这方面学说的主要老师。杜威从未完全忘记他从黑格尔那里学到的东西。所以，人格主义者和自然主义者都可以赞同，原先是一种手段的金钱可以成为目的，而最初作为目的的音乐也可以用作手段，使用手段以实现目的的过程是一个活生生的整体。

然而，面对自然主义者反对"自然中有固定的目的或目标"这种想法的抗议，我们似乎面临更大的困难。首先，自然这个词的含义长期以来一直含糊不清。如果自然的意思是由感觉揭示的那个秩序，那么显然没有一个感性的对象需要（甚至能够）被当作一个"固定的目标"。感性对象并不确定，它们处在不断的流变之中，一个感性的对象至多只不过是某人的目标的组成部分罢了。感性对象是手段；只有在感知范围之外取得它们时，它们才成为、体现或象征目的。一个美丽的感性对象是美丽的，并非因为它是可感的，而是因为它体现了多种多样的和谐、平衡、发展和统一，或者体现了其他一些美学原则，或者表达了艺术家或观察者的灵魂。

然而自然主义者通常并不把自然限制于感性对象。他们认为这样做是荒谬的，其理由就像唯心主义者把排他性地专注于感觉资料和感性对象当作荒谬的一样。因此，大多数自然主义者宁可把自然当作实在的整体。因此，"自然中的固定目的或目标"的意思是"在经验世界中的任何地方所固定的目的和目标"。如果自然主义者否认任何地方的任何确定目标，那么他们已经超过了古代的赫拉克利特。赫拉克利特教导说，一切皆变，变化的法则除外；而自然主义者教导说，一切皆变，甚至连变化的法则也会变。

是否真的没有固定的价值法则呢？马克、英镑、日元、卢布、美元的价值在改变，音乐的风格在改变。中国音乐、印度音乐、非洲音乐、爵士乐、交响乐等，音乐的形式各不相同，而且每一种形式都在不停发生变化。因此，不存在什么固定的目的，是吗？但若没有固定的目的，我们拥有的关于人类历史的一切知识、我们对人类经验的一切分析，都是奇怪的，这些东西引导着每一种文明的聪明人的行动，就好像有固定的目的似的。尽管有很大的分歧，但当今的自然主义者和人格主义者都赞同[9]，人类的一切行为中至少有两个基本的、不变的目标。它们可以被称作理智与协作，或称作对真理的尊重和对人格的尊重，或称作理性和爱(在《新约》中的说法是"逻各斯"和"阿伽派")。我们发现它们作为固定的目的以不同的名称出现在柏拉图、印度教、犹太教、基督教、伊斯兰教、伏尔泰、孔德、康德、马克思那里。如果你否认了其中的任何一个，你就否认了价值的一切可能性。如果不遵守经济法则，或者无视人的需要滥用金钱，那么金钱将失去它的价值。如果不按照美学的和谐法则谱写音乐——可听的音乐符合数学规律——那么它就不再是音乐。如果音乐对任何地方的任何人都毫无意义，那么它也就没有价值。价值就是某些人感到快乐这一事实。

固定的与变化的之间的区别引出价值和理想之间的重要区别。理想是一个可能被实现的目的，一个被我选择为好的目标。理想无非就是价值的一个定义。它可以定义一个可能的价值，也可以是极为异想天开的，以至于定义一个绝对没有可能实现的价值。另一方面，价值绝不仅仅是一个定义，它是一个已经实现了的理想的经验。价值是在人生中贯彻的一个理想的计划。人类必须合作是一个理想的准则；黑人与白人、外邦人与犹太人、日本人与中国人之间的合作就是价值。

由这一区别可以作出若干重要推论。

　　第一个推论是：理想不是价值。对合作的理想进行思考不是合作的价值；如果这种思考过于虚幻和抽象，那么它甚至有可能成为有价值的合作的障碍。理想可以成为价值的敌人。人们可以争论说，对一个无法实现的理想进行思考至少具有思考的价值，但即使是这种价值也需要这种理想确实呈现在某人的心灵中。一个写在辞典、《圣经》、教规、宪章、条约里的理想不具有任何内在的价值，直到它在个人的和社会的经验中"起作用"，这是我们已经说过的。

　　第二个推论是：并非所有理想都一定是真实的或有效的。如果读者按自己的喜好制定一个世界和平的纲领，那么当他再次考虑一下这个纲领时就会发现其中包含着大量不公正和冲动，或者包含着那么多的无政府主义的自由，以至于它已经成为一个很不合理的理想，因此必须当作虚假的纲领加以拒斥。就像我们在对感性世界作科学判断时会犯错误并受制于幻觉一样，我们对理想的判断也会出错，并且受制于源于我们的传统、种族、经济地位而产生出来的错觉。但是有谁会因为科学家有时会犯错误而放弃科学呢？又有哪个有思想的人会因为理想主义者有时会犯错误，或者因为理想经常需要修正就放弃理想呢？在理想的田野里追求真理甚至比在科学的田野里追求真理需要更多的韧性，除非科学知识不断受到奴役，服务于战争、种族主义、狭隘的民族主义，以及个人的贪婪等错误的理想。

　　第三个推论是：一定要把正确的理想与错误的理想区别开来。准则[10]这个词已经被建议用来表示正确的理想。我们说过，正确的理想是绝对固定的，是吗？一切人类知识当然都需要矫正；但在人的知识范围内我们必须区别相对地不确定的东西和相对比较确定、比较根本的东西。我们有许多信念会被证明是错误的，但不会产生什么重大的差别；还有一些信念如果发现是错误的，就会引起生活的许多调整。然而还有一些信念极为根本，一旦被证明是错误的，就不可能进行任何调整，一切意义都会荡然无存。举例来说，理性和爱这些准则。如果理性不是正确的准则，那么一切科学都不可能；如果爱——对人格的尊重——不是正确的准则，那么一切价值都被消除，因为一切价值都是受到尊重的个人经验。因此，在人类知识的范围内，我们有理由把这些原则当作正确的准则来接受。尽管没有人是完全理性的或全爱的，理性和爱仍旧规定了前进的方向，只要人类不想毁灭自己，就必须永远朝着这个方向前进。同时我们也要指出，自然主义者反对自然中有固定目的的警告是有用的，它警告人们不要用教条主义的态度对待任何具体的价值，它要求用理性去检验一切价值，这也是一个健全的规定。

第二次世界大战是试图提出准则的重大时刻。著名的"四项自由"便是一个倡导性的人类准则表。它们是言论自由、宗教自由、摆脱贫困的自由和摆脱恐惧的自由。[11]不难看出，我们在这里努力使理性的爱(逻各斯—阿伽派)具体化；每一种自由都是对人格的合理尊重的一种表达。每个人都应当有说话的权利；每个人都有权按他的良心的启示去崇拜(或不崇拜)；每个人的基本需要都应当得到保障；每个人都应当免除被抢劫与被侵犯的恐惧。这确实是一套正确的理想，但尚未实现，哪怕它被印在一分钱的邮票上。这些作为倡导性的目标的自由，以及以此作为每一个人、每一社会生活准则的世界，二者之间的差别生动地揭示了理想的准则与实际的价值之间的巨大鸿沟。它同样也指明了宗教的和世俗的教育者应当承担的理智的任务与实际的任务；对各地的立法者、执法者、司法者、公民来说也一样。

那么到底什么是言论自由呢？它必须受到理性的限制，因此辱骂、诽谤、中伤、猥亵和引发暴力的煽动都必须加以限制。什么是宗教自由？当某种信仰的教义蕴涵或宣称这种信仰是惟一崇拜神的途径时，这个宗教的信徒怎么能够真诚、平等地给予其他宗教足够的自由，并尊重其人格呢？各种宗教信徒，以及宗教的迫害者，需要好好学习自由的准则。摆脱贫乏与恐惧的情况又怎样呢？一种情况肯定是有某些个人或团体无视社会准则，欺凌弱小，为满足私欲残酷地欺压别人，并将这种无视法律的自由变成牢固的社会控制。另一种情况是对商品的生产和分配进行规划以便一切人的生存都能得到保证。还有一种情况是终结人对人的剥削，一切雇主、群体和国家都尊重自由。所有这些当然都意味着资本主义体系、殖民主义体系和民族主义体系，一旦执行起来没有人能够对其作出预见，但是每个人都可以看出对准则的承认与准则所需要的价值创造之间的区别。

然而进步极为缓慢，令人遗憾。这是为什么呢？因为界定准则和建立价值的理智的、精神的、实践的任务似乎比科学的和机械的发明、财富的积累或战争的破坏要难得多。人类已经选择了看起来较为容易的方式，但它却在导向毁灭。终有一天人将成为灵性的人。到那个时候他会聆听摩西、何西阿、耶利米、孔子、穆罕默德的教导；到那个时候，耶稣将成为世界的光，人们将承认登山宝训中包含着这个地上天国的根本准则。

（二）

人们发现价值的建立比投身科学、发明、财富、战争更困难。这样说并非想要否定人类的这四项历史成果，更不想将它们置于同一水平。倒不如说，我们的意思是取得这四项成果是非常困难的，然而这些困难都被克服了。人类已经将健康和生命祭献给科学、发明、财富和战争。但当科学得到发展，发明得到应用，财富得到积累，战争取得胜利以后，人类的精神却失败了。当保障所有人的个人权利，保障社会公正，保障机会均等这些任务隐隐约约地出现在我们面前时，除了一些先知、圣人、诗人、哲学家和改革家，几乎所有人都陷入绝望。他们说，要完成这些任务太艰难了，尤其是在当前这个极端缺乏的独特环境中，这个任务是史无前例的、不现实的，更不要指望那些最慷慨的慈善家赞助那些为建立价值从事着更加艰苦工作的人。

有些人——但不很多——不为将准则的世界转变为生动的人类价值的语言做任何努力，却已经找到了自鸣得意的体面借口。尽管存在着人对人的非人道主义方式，但仍有许多人认为这方面的工作基本上都已经完成，剩下的只是承认和评价这些成就的细节。许多神学家——不仅仅在过去——含蓄或明确地宣称，由于耶稣已经支付了一切赎价，由于上帝已经预定了某些人得救，某些人受难，因此人们的任何作为都不可能使得救者和受难者的状况有一丝一毫的改变。欧洲的神学家经常嘲笑美国人的"行动主义"，美国人相信人类能够而且应当为改善这个世界的状况做某些事情，但是最近甚至连超越加尔文主义的巴特也提出一个倾向于采取行动的看法。有人怀疑说，使他变得实际的并非他的神学，而是战争的逼迫。[12]

可以承认，宗教领导人要对人类与价值世界的贫困作斗争的失败承担一部分责任。但也必须同样坦率地说，科学家也要承担一部分责任。有些科学家说，科学已经为人类提供了手段，可以在神奇的战后世界得到像《财富》杂志令人目眩的广告所刻画的那样的幸福。科学已经付出了代价(他们忘记了耶稣)；科学也已经保证人类得到了补偿。然而与此同时，各个研究领域的许多科学家都采取了"客观性"的态度，认为陈述事实是科学的责任，评价它们则是科学的罪恶。不可否认，想要无偏见地发现真理，这样的客观性态度是人类思想的一个有用的、必经的阶段；但若认为任何人或任何社会都必须生活在这种客观性的模式中，或者说要为这样的客观性而生活，那么这是一种短视的和片面的人格观。由于这个问题对宗教与科学极为重要，因此需要更加充分的探讨。

科学与价值世界的全部联系处在一种混沌状态。伯纳德·罗素清楚地阐述了他的观点，他既是科学家又是哲学家，还是一名宗教学者(尽管非常冷漠)。在他那部论宗教与科学[13]的最系统的著作中，他不止一次地告诉读者，科学根本不处理价值问题。在这本书和其他著作[14]中他提出这个理论：科学与事实有关，价值与欲望有关。既然我们的欲望与事实无关——也就是，不能说明事实为何物——那么科学与价值无关。人有权利在事实的范围内设法实现他的欲望；当事实阻碍他的欲望时，他甚至可以蔑视事实，就像罗素在他那篇被人们大量引用的论文《自由人的信仰》中提到的那样。但是科学不能产生准则，也不能解释价值。

另一方面，像普林斯顿大学著名的生物学家 E. G. 康克林这样的人强烈反对[15]科学不能解决价值问题的观点。他讥笑科学与价值无关的观点并谈到"科学的伦理"，但没有暗示像物理学或生物学这样的科学如何建立行为准则。

美国科学进步联合会的秘书长 O. W. 考德威尔在该会的公报中提出了一个与此不同但却较为有节制的观点。他说：

当 E. E. 斯洛森博士和我都用"科学再造世界"作一本书的书名以后，这种提法得到广泛的赞誉，并被更多人采用。科学过去似乎是创造一个新世界的主要因素。但是这个标题现在已经不适用了，并且确实在起误导作用。比科学更广阔的是整个人类的成就，科学只是其中极为重要的组成部分。恰当地使用科学的重要性远远超过已经建立和组织起来的被称作科学的知识体系。按照科学知识对人的最终影响才能说明科学知识的增长是有益的还是有害的。使人类生活得更好是科学发现的价值目标。这样的目标如何能够与摧毁人和物的科学保持和谐呢？

……

必须要有一个科学的新时代，那些在社会中促进科学发展的人必须为恰当使用知识承担起他们的全部责任。这样做并不会推延科学的发现、发明和科学事业。必须要有一种空前的理解和忠诚的服务导入这个混乱的、被误导的社会，它急需澄清观念，把使人类生活得更好当作持久的原则和方法。这是一个研究领域，一个虽然混乱但却要求在其中工作的具有最严格等级的工作者具有充分的能力、技术和持久的忠诚。这种工作者需要接受的教育甚至比从事一般科学研究的工作者更加广泛。从这种研究中得到的回报，其意义可能会超过那些所谓"纯科学"。[16]

从考德威尔教授的深刻论述中，我们发现了比康克林关于科学具有无所不包的适用性的信念更加广阔的东西，比罗素的理论更具有建设性。考德威尔对科学的理解与罗素接近，认为到目前为止科学还没有找到"使人类生活得更好的准则和途径"——即价值问题。罗素认为价值只是欲望，因此放弃了价值研究，而考德威尔聪明地诉诸宗教、伦理、美学、哲学，为人类提供"更加广泛的人的教育"。他明确地提出准则应当引导科学的使用，并指出科学的工具性价值是无用的，或者比无用更糟，除非能够用它们来为真正的内在价值服务。

人所需要的不只是科学，也不只是欲望的满足，而是用科学为经受了理想准则的考察净化和批判过的欲望服务。科学研究事物是什么和如何可能，但是物理学、化学、地理学、天文学，甚至心理学和社会学，加在一起都不能依靠其自身或用它们自己的方法揭示可以让人为之生和为之死的一个单一的理想。士兵用物理学和化学的方式死去，而不是为它们去死。简·亚当斯（Jane Addams）和约瑟夫·戈培尔（Josef Goebbels）同样可以使用心理学。一名小政客和一名救世军少女可以使用同样的社会学。但是亚当斯小姐和戈培尔博士、政治家和宗教工作者，为之生和为之死的准则规范却不能从心理学或社会学中找到。一切准则当然都是心理学或社会学的事实，但是用来建立事实和原因的科学方法却不能决定哪一种理想是正确的，哪一种理想是错误的。只有诉诸统一包容的理性，亦即诉诸哲学及其对真、善、美、信仰准则的探索才能做到。[17]

苏格拉底看到生理学的知识绝无可能解释人类行为的产生，于是转而研究善，并试图劝说人们寻找生活的理性准则。[18]希腊人给苏格拉底喝了毒药，就像罗马当局把耶稣钉死在十字架上一样。伊曼努尔·康德讲授关于纯粹实践理性的首要性学说，这是在用他自己的表达方式指出：我们研究科学或做其他任何事情的惟一依据就是发展人类品格。康德不是殉道士，但他的核心学说却消亡了。有些注意到它的人得出结论说，康德的意思是实践比理性更重要；还有一些注意到它的人只吸取了康德正式的实践理性学说的缺陷（这些缺陷确实存在）。但几乎所有人都忽略了它的主旨——善的生活是对选择范围内的理性的忠诚，这种忠诚比忠诚于感性王国中的理性更加高尚，更加合理。

思考伦理和宗教比思考科学更高尚、更艰难，这是另一种困难。按照康德的看法，科学惟一可以证明自身的地方是它可以用来支持和表达善良的意愿。约翰·杜威和康德的观点一致，认为"在某种意义上，所有哲学都是道德的分支"[19]。德国人海因里希·里科特(Heinrich Rickert)也表达了同样的观点，甚至说"逻辑学是思想的伦理学"[20]。但是哲学家们对理想准则的必要性的承认几乎被大多数人在日常生活中忽视。尤其是要把这个世界变成光明的世界，确实要有这样的改变。有许多人，甚至伟大的思想领导人，对进步感到绝望，认为上述观点太古老，或者是非基督教的，这样的人数量惊人。对这种问题我们只需要作出一个相关的"存在论的"回答：选择绝望，人会阻碍进步；选择聪明的行动，人会为进步作贡献。

（三）

任何人只要回想一下经验就会明白价值的生活是冲突的生活。这样说不仅是因为准则很难实现，不仅因为难以决定什么是正确的准则与价值，不仅因为选择了有冲突的价值的人之间存在着真实而且残酷的差异；也不仅因为价值的实现在某种程度上取决于自然和经济秩序中的有利环境；而且因为每个人的个人经验都有激烈的冲突。既有善又有恶，既有价值又有非价值。无论每个人怎样定义价值，都包含着价值与非价值的关系。如果理性是一种价值，那么非理性就是一种非价值；如果爱是一种价值，冷漠或仇恨就是一种非价值。无法区分善恶者要么认为一切事物都没有价值，要么认为一切事物都有相同的价值。这两种极端的看法都有悖于每一位热爱生命胜于死亡、热爱食物胜于饥饿、热爱美好胜于丑恶，或有任何偏好的人的经验。

价值是满足，但任何满足者都会遇到不满意的事。价值是快乐，但任何感到快乐的人也同样会感到悲伤和痛苦。价值是实现了的目的，但任何实现了目的的人也会经历目的受挫。价值是有序，但任何经历过有序的人也同样会经历混乱。这并不意味着善由于某种逻辑必然性，需要或蕴涵着恶；品尝一颗好苹果在逻辑上也并非需要品尝烂苹果的经验。因此，这种说法并非是在宣称某种宿命论的必然性，即有善必有恶。这样的看法只是简单的经验观察。没有人会在任何时候都感到满足，也没人会永远快乐，永远成功，永远有序。

如果我们观察典型的准则，那么价值与非价值的对立就会变得更清楚。我们已经提到，爱和理性在实际经验中与仇恨、冷漠和非理性相对。理性—爱这种典型形式假定在共同的人类思想中是真理、道德、美学和神圣的准则。当这些准则在经验中实现后，就产生真正的知识，真正的善，真正的美，真正的崇拜。但是知识的欢乐也要面对无知和错误；人是善与道德方面的恶的综合体；美的实现了的目的伴有被称作丑陋的困顿；有信仰的人同样也会流于不敬或亵渎。

破坏人类价值统一与和谐的恶产生于不同的根源，但大体可以分为有意的与无意的两类。有意的恶是选择产生的结果；无意的恶是没有人的选择的结果，或尽管有选择，但仍不得不为之的结果。有些人，比如众所周知的苏格拉底，认为人绝不会自愿地选择作恶。对一般的经验来说，这个看法是错误的。人们经常回避承认那些需要经过巨大的劳顿和痛苦才能实现的价值。人们会杀人，会发动战争，否则的话那些自觉的毁灭也会成为有价值的了。蓄意犯罪是一种真实的经验。德国人称之为"破坏的快感"(Schadenfreude)，只因为对做坏事的钟爱。波(Poe)称之为"邪恶的捣蛋鬼"。任何说明作恶是快乐的并且会被当作善行的尝试都无法解释这样一个事实，所有这些罪恶都反复被那些知道它们是罪恶但仍要作恶的人所选择。道德方面的恶都是有意的，无意中犯下道德上的错误是不可能的，一切有意的恶都是道德方面的恶。

然而，有许多恶是属于无意的这一类的。人类的许多无知和错误要归于超出他能控制的环境。人以外的自然秩序中有许多丑恶存在。崇拜在很大程度上是一件教育和传统的事，就像它是出于选择一样，而不敬和亵渎经常是由社会决定的，而非仅仅是由于自由选择的态度。悲伤、痛苦、困顿和混乱的经验似乎产生于事物的本性。因此无意的恶经常被称作自然的恶，尽管"自然的"这个术语比"无意的"更不生动和精确。

就我们思想的当前阶段来说，我们并不试图为价值与非价值之间相互关联的这些事实提供任何解释。只要弄清价值和非价值是人格及其与自然的关系中固有的也就足够了。

（四）

按照人在追求价值中的冲突、人的困顿、恶的诱惑来看，本章称作"价值的世界"是否确切似乎是可疑的。世界是一种秩序，世界是一个宇宙，世界构成了一个整体。由于价值只存在于人那里，所以一个价值的世界也只能存在于一个有着良好秩序的完全整合在一起的人身上。而真实的个人和真实的社会并不呈现出"价值的世界"这样的表达法所蕴涵着的有序的景象。那么，没有"价值的世界"吗？

日常经验肯定不是一个价值的世界。它是一片混沌，是欲望的冲突。如果你倾向于酗酒，某个群体中的许多人会把你谴责为卑鄙无耻的；如果你在酒精中发现了细微的价值，会有另一个群体的许多人更加猛烈地谴责你。资本主义体系中的经济生活是战争。宗教信仰会引起激烈的对抗。上帝将人分为不同种族(尽管"种族"一词是在模糊的意义上使用的)，而种族差异存在于人类当前许多悲剧式处境的基础之中。人格的、经济的、宗教的、种族的、国际的混乱事实是现代生活明显的特征，无须对人类处境进行更全面的探究来加以证明。我们还需要四处张望吗？看看你自己，这就足够了。

宗教的问题，法律的问题，政治的问题，道德的问题，哲学的问题，科学的问题，全都是一个问题。这个问题就是：如何使宇宙摆脱混沌状态。

当混乱威胁人，把人淹没时，人有各种方式创造一个价值的世界。他可以诉诸暴力，用武力创造必要的条件来支持他的价值。在一定的意义上，武力必然进入所有的人类关系，使用暴力对于抑制犯罪来说似乎是必要的。但是一个价值的世界不能只依靠暴力来维持。当人隐约地感到暴力的自杀性质时，便会在冲突着的力量中寻求一种妥协的方式，即至少满足施暴者的一部分的欲望。历史证明这种方式只是在拖延算总账的时间；逻辑表明这样做是自相矛盾的，是在否认价值的基础上建立一个价值的世界。这样说并不意味着妥协总是自毁性的和不合理的；倒不如说它的意思是，凡是不以可能最好的价值原则为坚定基础的妥协都是对价值的背叛。

只剩下一种建立价值世界的方法。这种方式在柏拉图那里被称作"说服"，在基督教那里被称作"皈依"——通过精神的力量来改变人。这是理性之爱在教育中的应用。这种方法的依据是每个人心里的至善，诉诸他的正义感和思考能力。民主制、基督教和世界的未来取决于共同的准则，所有人都可以应用这些准则来实现价值。因此，价值的世界确实存在于遥远的未来；但是准则的世界却可以被每个普通人在某种程度上把握。未来的希望在于这种对共同准则及其应用的不断增加的认同感。

（五）

与那些初看上去冲突的哲学、宗教和伦理学理论相比，人们对准则的世界已经有了较多的认同。即使那些想用种族和民族这些贬值了的货币来取代人类的兄弟情谊的人也颂扬爱的准则——尽管是用一种可悲的不健全的方式。甚至那些坚持用无理性或超理性的方式决定价值问题的人也经常尽力把他们的观点解释成合乎理性的。科学、音乐、崇拜是国际性和共同的。人们到处都在用这种或那种方式，向真、善、美、神圣的准则献祭；到处都有作为准则之准则的理性之爱，尽管有变形。圣保罗称之为"在爱中言说真理"。

准则的世界对人的应许是美好的，但也是危险的。存在着一种抽象的危险，人们可以对准则进行思考，但从来不加以应用。存在着一种自鸣得意的危险，人们可以确信自己关于准则的知识是适当的，他所属的那个团体的标准不需要矫正。自然主义者在否定自然目的的确定性时，就是在痛斥这种危险。也还存在着一种激进主义的危险，人们会坚持应当完善而又直接地应用准则。还有犬儒主义的危险，人们可以在嘲讽的外表下隐藏他们的绝望。

上述危险表明建立价值世界是一项永久的任务。自然展现出一位正在受苦的上帝，人格展现出一个正在犯罪的人类。但是对受难和赎罪进行控制的任务是永恒的神圣的目的所要达到的目标——健康、快乐、成长的法则是这些目标中的准则。这种看法在现代社会并不流行。

三、一个世界：人格主义

无论何种文明，只要到达反思阶段，就会有唯物主义者和唯心主义者之间的冲突，或者用比较现代的术语来说，自然主义者和人格主义者之间的冲突。在希腊有德谟克利特和柏拉图；在印度有唯物主义的查瓦卡（Charvaka）体系和唯心主义的吠檀多体系[21]，乔达摩是一位自然实证主义者，但他的后期追随者中有大乘派的唯心主义者；在中国有唯心主义者陆象山、王阳明和原始的自然主义者庄子[22]；在罗马，卢克莱修写了《论自然》，而西塞罗写了《论神性》；在德国，有唯物主义者费尔巴哈反对唯心主义者黑格尔。如今在美国，约翰·杜威是一位伟大的自然主义的领袖，而 W. E. 霍金是一位伟大的唯心主义者。我们看到，纵贯各个时代，人一直生活在两个世界中，尚未达到统一。人的世界仍旧是分割的——这种分割不仅存在于战争及战争的后果中，而且也存在于大多数虔诚的真理的探索者中。

传统的观点把唯物主义者和自然主义者视为缺少崇高志向的人，认为他们总是试图剥去事物崇高的一面，贬之为卑贱与低劣。而仅仅唯心主义这个词就表明他们高举的旗帜是事物的原因，尽管他们的思想可能是不切实际的，但他们是这个罪恶的世界中仅存的理想的保护者。这种传统并非全无根据。当人们希望以灵魂为代价而沉溺于肉体，以他人为代价而满足个人私欲时，作为一条定则，他们必定会转变为某种形式的唯物主义，作为他们过一种邪恶生活的最好借口。当他们想要背叛人的更高的天性时，他们很少诉诸唯心主义或人格主义。当这种情况发生时，比如阿道夫·希特勒把自己说成"宇宙创造者的工具"，他的目的也在于说服民众，而这些反叛理想的民众本身也是唯心主义的，是"上帝的作品"，这是希特勒说过的话。[23]

在当代混乱的斗争中，近代的自然主义者热诚地宣称他们对价值的忠心。按照传统的或不加批判的说法，古代的德谟克利特是一个有着高尚道德理想的人。奥古斯特·孔德为自然论的实证主义辩护，同时宣扬秩序、进步和爱的社会理想。共产主义者宣传辩证唯物主义，并且为了消灭剥削做了比许多唯心主义者更加有效的努力。历数美国最重要的自然主义者，如麦克斯·C. 奥托、劳伦斯·西尔斯、欧文·埃德曼、罗伊·伍德·塞拉斯、西尼·胡克和约翰·杜威，同时也就是在列举美国为实现更美好的世界而奋斗的高尚斗士。最近有 15 位自然主义者联合起来提出了他们的纲领，他们选择了《自然主义和人类精神》作为纲领的标题，似乎表明了他们最关心的问题是灵性生活在自然中的地位。

今天，在自然主义者和人格主义者之间不存在关于人类和社会价值的有效性的真正分歧。两个阵营都不想低估或摧毁价值。理想是否有效已不是问题，但这个问题有了其他形式。人们问道：我们如何才能协调我们对自然的看法和我们已接受的价值？我们应当为之献身的价值有没有什么范围？比如，有没有崇拜、祈祷、与上帝的神秘交际的位置，有没有为神圣的目的献身和信仰永生的地方？对第一个问题自然主义者没有清楚统一的回答，而对第二个问题也只是给出了一个模糊但却基本上否定的答案。自然主义的这种不能令人满意的状态可以从下列现象看出：桑塔亚那称杜威的自然主义是"半条心的"，杜威说桑塔亚那的自然主义是"断了脊梁骨的"[24]；上面提到的那次题为"自然主义和人类精神"的学术会议；罗伊·伍德·塞拉斯和西尼·胡克[25]之间的激烈争论。一个思想派别中有不同观点确实不会让这个学派名誉扫地。基督徒对许多事情有不同看法，但一切基督徒都追随耶稣。而自然主义者的观点有如此巨大的差别，以至于所有自然主义者都不会接受任何共同的看法，但拒绝相信一位有人格的上帝除外。我将要论证的是，人格主义要比任何形式的自然主义更加清晰真实地对待经验，更加合理地解释价值。

在最广泛的意义上，人格主义是这样一种信念，有意识的人格既是最高的价值又是宇宙中的最高实在。在此意义上，一切有神论者实际上都是人格主义者，无论他们是经院哲学家、巴特主义者、宗教实在论者，还是唯心主义者。甚至希特勒也是一个邪恶的人格主义者；他使人格——"雅利安人"类型的——成为最高的价值，甚至是最高的实在。

但在这种表面的一致下，还有重要的不一致之处。他们面对这样的问题：理性是对真理的检验吗？所有的实在都有人格吗？有些人格主义者怀疑理性，把对理性持有信心视为有罪的傲慢和胆小的懦弱。有些人格主义者拒斥唯心主义的形而上学，以及一切实在都有人格这个重要假设。本书站在那些为理性辩护的人和唯心主义一边，其根据就是一种合理的、唯心主义的人格主义比自然主义或新超自然主义更加接近经验和人的合理向往。由于和自然主义的冲突比与新超自然主义的冲突更加根本，更加普遍，因此我们把重点放在前者。新超自然主义是混乱的真理，自然主义是混乱的错误。

（一）

因此，在下面的讨论中，我们所说的人格主义表示这样一种信念：宇宙是一个有意识的存在者的社会，物理学家所说的能量是上帝行动中的意愿，不存在完全无意识的或非人格的存在者。任何存在的事物都是一个有意识的心灵，或者是一个有意识的心灵的某个阶段或方面。用宗教的话语来说，宇宙是由上帝及其家族组成的。自然是神的经验。

人格主义有时候被当作一种对自然的客观实在的否定。真理迈进一小步就会变成谬误。人格主义设定了科学的有效性和自然的客观实在；但人格主义者相信他们能够比自然主义者和实在论者更加清晰地定义实在。我们生活在冲突、斗争、价值和生活见识之中。按人格主义的观点，一切冲突和知识都在于人和自身之间。我们惟一的经验是个人的经验；我们惟一的环境是其他人格。冲突的领域是人格。胜败都发生在这个领域。

这种人格主义的形而上学是当作一种理性的信仰提出来的。这并不是说这是惟一可以考虑的观点；自然主义和其他体系也是可以考虑的。人格主义并不想假装为已经得到了绝对证实的东西。任何一个懂得绝对证实是什么意思的人都会假定，除非在那遥远的、不确定的某一天，一切可能的假设都已被证实，一切可能的情况都已考虑齐全，完善的推论已经进行到底（假如它有终结的话），不可能为任何事物找到绝对的证实。说得谦卑一些，人格主义是作为一种合理的信仰提出来的，是一个迎合经验的检验而提出来的有用的假设。说得不那么谦卑，但仍旧开放地说，人格主义比当今流行的，对有生命力的宗教产生负面影响的自然主义更加合理，更加符合经验。

（二）

现在让我们更加仔细地考察人格主义对自然主义的挑战。

第一，人格主义比自然主义更加具有经验性。自然主义倾向于忽视或否认所有经验的最根本特点，即经验是人[26]的意识。人是惟一直接有经验的实在。信仰自然、上帝或其他人的所有证据都是在人的意识中找到的。自然赐予我们的一切和从我们这里得到的一切都是人的意识。每个断言无意识和非人的事物存在的人都是在虚构某些在经验中缺乏证明的事物。他诉诸传统、本能或"动物崇拜"，这是桑塔亚那的说法，但却不考虑经验。引用一句汉斯·瓦辛吉（Hans Vaihinger）的话："唯物主义无论如何不愿依靠纯粹的经验。"[27]我们经验的处境全都是有意识的处境；如果我们希望相信有无意识的处境存在，那么我们这样做是在冒险而无经验的保证。当然了，许多我们没有意识到的事物是存在的，但真理并没有为这种未被意识到的事物——神的或人的意识——提供任何证据。

第二，人格主义比自然主义的范围广。可以承认，现代的自然主义比古代的唯物主义范围广。唯物主义把实在归结为原子在空间的移动。它甚至没有给感觉的生动性质留下一席之地，更不要说理想和价值了。尽管进化到现在这个水平的自然主义比从前贫乏的唯物主义丰富，尽管它的代表人物认为意识和价值都是自然的产物，然而唯物主义者不愿意把心灵和价值当作自然的证据。自然主义者从科学中得出他们关于自然的定义，有意将人格和价值从思考中省略，而将注意力集中在物理的对象，尤其是生物有机体上。因此，带着他们所有良好的意愿，自然主义者把人格和价值排除在他们的数据之外，或者至多将它们当作生物现象来研究。实际上，自然主义几乎完全像旧唯物主义一样，将经验削弱为它的空间属性。而另一方面，人格主义者把人格和价值当作实在的最根本线索和解释一切感性观察的基础。因此，人格主义比唯物主义范围更广，更加真实。而自然主义是对遗忘的赞同。

第三，人格主义比自然主义更具有社会性。经验的结构是社会的；人格主义和自然主义在这一点上意见相同。但对自然主义而言，社会和社会关系是某个非社会性的实在的显现。而另一方面，对人格主义而言，实在是彻头彻尾社会性的。每一个人经验中都包括某些东西，这些东西并非由其自身发明或创造，而是来自他与其他人的相互作用和交际。对人格主义而言，社会范畴是最基本的。尽管神圣的人格的存在并不一定需要其他人格的存在，但其道德天性是爱，而爱需要友情。因此，上帝也不是孤独的、自得其乐的心灵。上帝是爱，是"伟大的伙伴"。因此，人格主义的哲学把自然本身解释为上帝和其他人进行社会交际的领域。这就不仅给人格主义添加了比自然主义更加宽广的适用性，也给民主制的社会哲学提供了更加深厚的基础。如果宇宙是一个相互作用的人格的社会，每一人格都是部分被限定的，部分自由的，那么民主制就是一种"在与'无限者'协调中过一种政治性的生活尝试"。

第四，人格主义和自然主义一样具有科学性。人们假定自然主义的巨大力量在于它严格地坚持科学；但若自然主义者声称只有他们才忠于科学，那是完全错误的。每个人格主义者都尊重科学，信赖物理学、化学、生物学、心理学和其他一切科学的成果，并将它们当作通过合理的方法得到的可信的结果，是现今研究领域中所能得到的最好的知识。人格主义者和自然主义者在这一点上的差别不是自然主义是科学的，人格主义是不科学的。它们间的差别倒不如说是，自然主义者似乎断言科学是人类能够知道或希望知道的一切。科学是知识，科学是哲学，科学是宗教。还有，自然主义就是拉尔夫·巴通·培里所说的"科学崇拜"。

现在需要考虑一下促使人格主义者拒斥这种科学崇拜的原因。科学是对现象及其可证实的普遍法则的描述。人格主义者和大多数不接受自然主义者的哲学家都相信有些问题是科学或科学的综合体无法提出的，但只要人的心灵开始理解它本身并且透视科学，这些问题却一定会提出来。这样的问题有：什么是科学的前提？它把什么东西当作不证自明的来接受？如果科学有所省略，那么被省略的是什么？在和人类其他兴趣和活动的关系中——比如社会生活、艺术和宗教——以及与意识的关系中，科学处于什么样的位置？什么是自然、结构、标准和知识的基础？我们为何能够判定真正的善、正义、美、神圣和真实？我们该如何把科学的成果向他人叙述，并将其与人类为之奋斗的正确目标联系起来？我们该如何正确定义被我们所有经验——科学的和超科学的——揭示出来的整个实在？有些科学家反对提出这些问题，因为他们不能用实验或因果关系的解释来回答。有些科学家断言不存在关于善或上帝的知识。但随着认知、质疑、评价和崇拜等经验的继续，仅仅因为它们不能用科学的方法加以证明，或因为自然主义者不想讨论它们给这些经验打折扣是武断的。

自然主义者就是那个把经验和那些不能用科学方法加以处理的问题搁置的人，或者至少是加以简化。在人格主义者看来，这种做法似乎有悖于热爱真理、自由探索和经验主义这些科学本身的基本精神。尊重科学是一回事，将科学视为人类追求真理的惟一途径是另一回事。前者对有理智的生活是最基本的，而后者带来的结果是排它的，教条主义的，狭隘的。

一个在德国的美国学生曾经评论说：德国人好像认为整个宇宙似乎都能在德国的科学实验室中发现。德国人似乎忘了实验室的方法不能回答这个问题：什么是善？

人格主义者和自然主义者对科学的解释有另一个不同的方面。自然主义者把有意识的人格当作本质上无意识、无人格的宇宙的微小的、偶然的产物。自然主义者认为这个观点基于他们对科学的理解。原子、电子、质子、能量场以及其他一些最基本的东西难道不是无意识的实在或事件？然而，即使是人格主义者也必须承认科学并没有把心灵或人格归结为自然。在这一点上一个富有生命力的问题产生了：为什么科学要对宗教和形而上学这样的重大问题保持缄默？为什么科学从来不讨论这个问题：宇宙是一个其他心灵的王国还是一个无心灵的物体的王国？答案很清楚：科学的方法把一切关于自然的物质和能量的源泉问题精心挑选出来，以便把自身局限于对可检验的规律的观察与实验。

在这一点上，人格主义者要求人们注意科学的某些基本的预设。自然的世界存在的一切证明都是在人的有意识的经验中找到的。一切实验性的观察、对实验的一切解释、构成科学的一切知识，都是在人的有目的的、有意识的经验中找到的。经验表明，"物理能量"的惟一证据是通过观察有意识的个人经验的类型变化找到的。衡量了这些科学的预设，人格主义者提供了这样一个假设，总是在意识和对人的影响中显示自身的能量本身便是一个有意识的和人的动因。科学中找不到任何东西可以证明或证否这个假设；然而，它与所有科学的事实与方法一致，而且可以接受检验，即使不是通过科学的试验，也是通过它组织和解释个人生活的全部证据的能力、一切证明的能力——即个人生活的整体、个人生活的价值和目的。

换言之，人格主义的信念是，一切自然的能量都是一个宇宙心灵的活动，我们的价值经验着的这个心灵是永恒的上帝。每一条自然法则都是上帝的法则，每一自然的能量都是上帝的行为。自然主义者可以在这一点上进行反驳：如果愿意，你可以称之为上帝，但除了给自然施洗你又做了些什么？称之为上帝对你有什么好处？对这些经常重复的挑战，两个简单的回答就足够。第一，我们得到了一个完整的世界；据此我们可以把自然同我们的理想价值联系在一起考虑。如果自然是行动着的上帝，我们便有理由相信人的价值是上帝的目标，即使自然灭亡了，上帝完全改变了他的行动方式，人格与价值仍会存活。爱是"创世的终极法则"。第二，我们获得了宗教的基础。宗教本质上是崇拜、祈祷，及其在生活中的成果。针对无意识的自然体系的崇拜和祈祷不仅不能令灵魂感到满意，而且是不合理的。因此，大多数自然主义者要么不祈祷，要么祈祷；但若他们祈祷了，就只能使用理性的语言和采用理性的态度，而仅当自然是有意识的、有人格的上帝的行为时，他们使用的语言和采取的态度才可能是理性的。一个做祷告的自然主义者是不正常的。在结束关于这一要点的讨论时，我们可以再次重复，人格主义的信念与科学精神完全和谐。如果自然就是行动着的上帝，那么不需要对任何科学规律或科学方法进行修改。但是人格主义者认为，科学不是全部真理，生活包含的内容大于科学。

我们已经相当充分地论证了人格主义与自然主义同样是科学的。现在我们还要加上第五点：人格主义比自然主义更具有宗教性。自然主义者确实经常（并非总是）可以感受到为精神和社会价值献身的崇高，也可以经常体验到对一切存在之源的感性的、神秘的崇拜。不可否认，当自然主义面对人的生活和思想时，它可以是宗教的，比如亨利·尼尔森·维曼称自己是自然主义的有神论者。他是虔诚的，神秘的；他献身于基督，献身于基督教的教堂；他在一种超越他自身的力量中找到了他的一切价值的基础，这种力量他称之为上帝。那么他为什么是一个自然主义者呢？因为他的上帝是自然界的非人格的能量的无意识的秩序，而不是永恒的、有意识的超越自然的精神。

在这一点上，任何人都会遇到障碍，无论他有多么高尚。一个被限制在自然中的无意识的上帝不能与一个涵盖自然而又超越自然的、有意识的、人格的上帝相提并论。用感觉揭示的自然界是神奇的；但用人的理想的经验揭示的精神世界是高尚的。仅在自然中发现上帝的人限制了精神的作用。自然主义在一定意义上可以对推崇精神、贬低自然的宗教禁欲主义起到纠偏的作用。然而在美国，这样的纠偏没有必要。禁欲主义并不是一种全民的危险。在印度可能需要反对禁欲主义。但斯瓦米·维夫卡南达（Swami Vivekananda）也许做得太过分了，他在"超越感觉的局限性的斗争中"[28]发现了宗教的真正病菌。然而印度的哲学家似乎比美国的自然主义者更贴近宗教的本质。仅仅在自然中看到上帝的人能看到的东西比寻求精神的集中、掌握和发展的人看到的要少得多。从中国圣人孟子的话中甚至可以得到更加深刻的启示。他说："尽其心者，知其性也；知其性，则知天也。"[29]孟子建议说，如果我们彻底地探索我们的感觉和我们的灵性生活，神就会向我们显现它们。

人格主义建立在自然与精神统一的信念的基础上。这样的信念开辟了一条在奥秘的、伦理的、理智的社会的最高水平上与上帝合作的道路。它为我们提供了一个可以信赖的上帝，能够理解和满足孤独的灵魂和整个世界这个大社会的需要，无论是最卑微的人的还是最聪明的人。历史上的宗教经常搁置形而上学和科学，不加探究，而现代人格主义正在处理许多过去从未触及的问题。不管怎么说，人格主义的上帝比任何自然主义的上帝都更加接近先知运动的公义的上帝，更加接近耶稣的天父。当然，仅就此而言并不能证明人格主义的正确；但若可以用其他理由证明人格主义的正确，那么这一事实可以成为一种巨大的宗教优势。一个充满爱的上帝，一个把人类从精神的罪恶和贫穷中解救出来的上帝，一个与人类在历史中合作的上帝，一个寻求与人交际的上帝，这才是值得人类为之献身的上帝。

（三）

人格主义比自然主义具有更高的综合性。我们已经试图表明，人格主义比自然主义更加广阔，更加连贯，更加综合，更加客观。现在是对人格主义的自然观作出更加准确的表述的时候了。

人格主义排除了很多选择。它排除了怀疑论，用理性的信念来加以替代。它排除了物质世界幻觉说，一切纯粹主观的哲学，用坚信自然的客观存在来加以替代。它排除了二元论，尽管它发现人与人之间以及每一人格中有巨大的多样性，但它用这样一个公设来替代二元论：一切实在，自然与精神，都是一类的，也就是说都是个人的意识。它排除了中立主义，亦即认为自然既非物质亦非精神，既非善亦非恶的所有观点，肯定自然表面的中立性只是一个正义的、人格的上帝的公正性。它排除了泛神论，当它把一切物理的自然全都包括在上帝之中时，它清晰地区分了人与上帝的区别，拒绝承认人是上帝的一部分。

在人格主义看来，自然是一个心灵，但不是一个完整的心灵。整个自然都只不过是来自"神圣人格"的多棱镜的无限多样性的一道闪光。如 A. 塞斯·帕特森所说："一个聪明的有神论者不可能比一个神圣的力量的永在劳作更好地理解自然界。"[30] 把自然称作神圣力量的作品是为了强调人格主义的观点，无论上帝在自然中的作品有多么神奇，上帝超过他在自然中的所有作品的总和。

人格主义者为什么要相信自然是心灵呢？首先，这是因为有关自然的一切证据都是个人的意识[31]；第二，因为我们相信自然的客观性主要是因为它抗拒我们的愿望，但也对我们的愿望作出回应；第三，因为自然是按照数学来建构的；第四，因为自然表达了目的。这些思想线索导致这样的假设：自然是有意识的、理性的、有目的的意志，简言之，就是人的经验。

为了更好地理解人格主义的观点，必须明白它的一个重要推论。依据人格主义，自然在心灵中，而非心灵在自然中。自然在"神圣的心灵"中；自然是上帝的作品、行为和经验。在上帝居住的东西之外，或在上帝对之作用的东西之外，不存在任何事物。上帝是它自身存在的组成部分。对人的心灵而言，这种状况就不那么明显。作为我们的关于自然知识之基础的感觉显然存在于我们自己的心灵中。我们的心灵就好像存在于我们的身体中，因此心灵镶嵌在自然中。然而心灵存在于身体之中这种流行看法是不准确的。如果心灵存在于身体中，那么它应当在身体的"某个地方"，难就难在这里。搜索身体，找遍神经系统和大脑，你能找到的都是身体。你会发现神经、肌肉、灰质。但你在任何地方都找不到有意识的人格。原因在于心灵不是身体的一部分，也不位于身体的某个地方。心灵实际上就是我们经验到的那个东西，是个人的意识。我们把这种人格正确地判定为依赖于自然的，因此部分地是大脑的产物，部分地是大脑的一种刺激和引导。因此，心灵与它所依靠的身体相互作用，这对人格主义者来说意味着人的人格与它依赖的"神圣人格"相互作用，因为身体在自然中，自然是行动着的上帝。大脑是处在创造人的人格的连续行动的某一点上的行动中的"神圣人格"。意识不在自然中，但是位于"神圣心灵"之中的自然是上帝创造人的心灵的方式。

如果采取相反的观点，即认为心灵位于自然之中，会导致一种束缚感和精神比自然弱小的错觉。杰出的阿根廷哲学家弗朗西斯·罗梅洛（Francisco Romero）根据这些理由认为精神是自然最后的、最弱小的产物。柏拉图认为自然本质上是非精神的，并把身体说成是一个坟墓，灵魂总有一天会离开这个坟墓。摆脱了这些观点的束缚，我们可以看到，上帝不仅比一切自然都要伟大，而且一切自然都处于上帝之中，并受到"神圣精神"的控制且为之服务。

这就导致对术语的另一处修正。过去，哲学家和神学家经常说上帝存在于自然中。这样的用语意味着自然是上帝以外的某种东西，自然是上帝可以进入并在其中居住的东西。但人格主义引出这样一个洞见，自然对上帝来说不是外在的，而是上帝的人格的某个领域。因此，说自然内在于上帝比说上帝内在于自然更加合理。当思想存在于"自然之中"时，它已经存在于"上帝之中"了，思想只需要明白神圣存在的含义就行了。

鉴于经验的巨大范围，心灵必须选择它的方向。它必须选择，是把上帝贬低到感性的或无意识的水平，还是将自然提升到精神的水平。人格主义者的选择是把自然提升到精神的高度，由此得到对二者的洞见。把精神限制在自然中是自然主义者的选择，从而使他对二者的理解受到约束，他最高可以抵达个人经验，但却是不可理解的。我们可以用柏拉图的《会饮篇》中的狄奥提玛(Diotima)的话来加以简述，人格主义者决定"把灵魂的美丽看得比肉体的美丽更珍贵"(210C)。肉体之美，说得顶差，是无意识的自然的神奇的偶然产物；说得最好，是神圣目的不完整的幻象。在两种情况下，灵魂都是理解肉体之美的关键。人格主义超越了自然主义。

（四）

现在我们该问，人格主义对自然与价值的问题能够带来什么样的启发。与笛卡儿和其他所有二元论者不同，与怀特海的观点一致，人格主义者拒绝"自然分叉"的观点，认为宇宙本质上是一种存在的秩序，一种人格的秩序。人们一般所说的自然、作为自然一部分的人的机体，以及人和动物的意识，在某种意义上都是本质上是人格的那个相互作用着的秩序的表现。离开了神圣的人格，自然不能有任何种类的存在。自然位于神圣的人格之中，作为它的有意识的经验的一部分。神圣人格的统一体中包含着"所有天堂的唱诗班和世界的饰物"，展现着有机的和无机的物体的无穷多样性。我们已经反复表明，自然作为上帝的永恒存在的内在部分存在于上帝之中。

依据这条唯心主义的第一原理，人格主义者能够得出结论：自然从属于价值。任何心灵中的任何东西都可以从该心灵以及与之相关的其他心灵的目的和理性价值中得出其最终意义来。自然与价值的关系很容易遗忘。科学依赖于对价值的暂时遗忘。由此产生的一个结果是，科学与现代文化零碎地看待上帝，在某些部分没有发现上帝就说根本没有上帝。处在热中于把握世界的气氛中，人们必定需要忘记上帝。霍金和神秘主义者已经提出了替代的原则，这种现象可以视之为钟摆式的来回往复，一端是对上帝的关注，另一端是对世界的关注。有宗教信仰的男女必须轮番拥有玛利亚和马大的两种品质。但是钟摆不能自己摆动。个人的意志行为可以使用某种力量使之停顿。这就是现代文化中发生的事情，在某种程度上也是现代教会发生的事情。它变得越来越世俗化，越来越具有世界性，越来越采取自然主义的立场，在许多方面实际上已经成了无神论。在远离上帝的那一点上，这个钟摆已经僵化了。

有些人把当前这种极度的摇摆视为衰落和死亡的标志。他们是毫无希望的宿命论者。施宾格勒就是这些对衰落作预言的先知中的主要人物，尽管在他临终前不久，他从德国的民族社会主义的兴起中看到了虚幻的希望。研究历史、心理、宗教和哲学的学者可能更加同意拉尔夫·泰勒·弗留耶林在他的《西方文化的幸存》和《创造性的人格》中陈述的观点。他认为，意志是"人格的最高行为"[32]。最近的一些神学作者很好地强调了"决定"的重要性。由于自然（在人格主义者看来）处在人格之中，那么自然就要服从意志：人可以决定它们对待自然事件的态度，也可以在有限的范围内选择对自然的对策。如果神的选择不预言、不配合、不跟随人的每一个选择，那么人的选择确实是空洞的，无效的。但分享人格主义者的这种信念的人没有一个会把任何历史阶段视为终极的，或者把绝望和死亡的气氛视为最后的宿命。人和他的价值是这个大宇宙的极其微小的一部分，但这个伟大的宇宙是有创造力的，有目的的，承担着保存和使价值增长的重任。由于抛弃上帝，我们产生了绝望，并虚构了宇宙的毁灭。但是上帝不能被消除。遗忘不能摧毁实在。

在这场讨论中，我们的思想从对上帝的信仰发展到对价值的坚信以及价值对自然所具有的优越性。这是一个形而上学的顺序：上帝是第一位的。这不是一个心理的或发展的顺序。人起初是一个无知的婴儿。在能够思考上帝之前，他体验到缺乏以及缺乏的满足，体验到欢乐和爱。随着他的成长，他知道别人也经历了欢乐和爱，同时也有痛苦、悲伤和罪恶，通过高峰的和深沉的经验而信仰了上帝。日月星辰庄严的美丽、生命的异常形式、泥土中的蛆虫、怪物、巨兽、人、正义感、献身之爱、在神秘的异象和启示中意识到神的临在，所有这些都是人类经验中指向上帝的价值。D. C. 麦金托什和其他人假定人格主义者信仰上帝只是因为他们希望这些价值得到保存。[33]实际情况并非如此。人格主义者把人的大多数理性的价值视为上帝的力量在目的层面上的展现和启示，正如他们把感觉视为上帝的力量在自然层面上的展现和启示。

当人格主义者从自然转向上帝，从价值转向上帝时，他正在追随理性的路线。人的经验从混乱中开始，而且也经常处于混乱状态之中。但是所有进步——一切宗教、道德、政府、科学、发明——都是从混乱走向有序，或者用古人聪明的说法：从混沌到宇宙。大地最初是"空虚混沌"。然后，"上帝的灵运行在水面上"，然后就有了光，自然的秩序产生了，神圣的理性战胜了混沌。当今世界至少受两种混乱之苦：理论的混乱和实践的混乱。理论想用它的抽象性把原本是一体的东西分开。实践却又匆匆忙忙地把原本分开的东西放在一起。人格主义的哲学寻求理论与实践的统一，康德称之为"实践理性"，借助于它我们全面观察事物的可能性才可能增长。因此，自然被视为精神性的价值的工具，精神性的人格被视为一切事物的真正实在和一切事物努力的目标。

（五）

此处叙述的人格主义与贝克莱、洛兹、鲍恩这些人的思想非常接近，也和莱布尼茨、康德、黑格尔、霍金、怀特海的观点有关联，而且在这里提到的哲学家只是一小部分。然而，并非只有自然哲学才为价值，因此也为宗教找到了地位。事实上，其他某些可供选择的体系也被广泛接受。然而人格主义的正确并不取决于盖洛普民意测验中的多数票；而是取决于以经验为证据的理性考察。在上一章中我们以这个标准检验了自然主义的观点，发现它缺乏说服力，而这一点正是自然主义者所声称的他们的体系的一大优点。把人格主义与其他主要的宗教哲学作一番简要的比较，或许能够进一步理解人格主义。

唯心主义的大多数批判矛头都指向绝对论，并假定自己因此而驳倒了人格主义。人格主义者赞同许多批判绝对主义的观点，但他们相信这些批判是简陋的、不准确的，无法用这些反绝对论的观点来清除人格主义。

让我们观察得更仔细一些。唯心主义的绝对论是这样一种学说，它认为整个宇宙是一个完善的、无所不包的心灵（或至少是一个与心灵相似的统一体）；一切事物，无论自然中的事物还是人类个体或社会中的事物，都是这个绝对心灵的某个阶段、某个方面、某个进程，广义上说，是它的一部分。这种观点本质上是泛神论的，尽管绝对论的解释者，比如黑格尔，并不在乎被称作泛神论者。绝对论因其自身的逻辑体系而要诉诸思想家和圣贤，"我是葡萄藤，你们是葡萄枝"，这句话清晰地表明了这一思想。因此，绝对论似乎是逻辑和宗教的共同结果，印度宗教和基督教都深受它的影响。当一个人读《伪狄奥尼修》时，他很难知道作者是在印度、巴勒斯坦，还是在阿提卡。绝对论制造了一个精致的思想体系，对自然哲学作出了永久有效的贡献。对所有绝对论者来说，自然是神的经验——无论这里说的神是某些印度教徒所说的神的"游戏"（lila），还是神的创造意志，或是神的知识。物理的自然作为神的经验的某个方面存在于神之中，这是人类心灵最崇高的观念之一。科学或哲学中没有任何东西会对此提出严肃的质疑。这个概念使神贴近人，并打破了自然与宗教之间的人为的障碍。

关于绝对论者的自然哲学，我们无须再提出严肃的问题。但当我们回过头来考虑人格和价值的根本问题时，一种迥然不同的景象显示出来。人们意识到了理想的准则，也意识到这些准则并未完全实现，甚至还会有人故意批判这些准则。谬误、缺陷、道德罪恶，都是人类经验不可否认的事实。绝对论者（如罗伊斯）会说："是的，它们是事实，但是呈现在绝对者中的谬误、缺陷、道德罪恶业已克服。有缺陷的成为完善的，罪恶被征服。"人格主义就是在这个地方提出它对绝对论的批判的。人格主义者会对绝对论者说：

> 如果谬误和罪恶已经在绝对中被完全克服了，那么它们就不会存在于绝对中，就像存在于我这个凡人身上一样。在我身上，谬误确实被当作真理，罪恶确实被当作善良。在我身上存在不可能像我所经验到的一样存在于绝对之中。我是无知的，但这并不代表绝对者也是无知的。既然我的一生都具有某种程度的不完善，那么我的人格就不可能存在于上帝之中作为他的一个部分。

"多元论的"人格主义者认为，宇宙是一个人格依赖"最高人格"的社会，但宇宙并不是"最高人格"的一部分，这里蕴涵着一个结论性的逻辑论证，可以用来反对一切类型的绝对论。说人是不完善的，但却是完善的神的一部分，这个命题中蕴涵着一个不可消除的逻辑矛盾。但如果说不完善的人与完善的上帝生活在一种社会的相互关系之中，上帝知道人的不完善性及其原因和治疗方法，那么就没有矛盾了。

绝对论在宗教方面也有缺陷。绝对论好像能够与神秘的上帝的同一感保持和谐，但在这种时候它给宗教的其他方面带来了危害。如果灵魂与上帝的存在合一，那么人的责任和作为人的道德生活也就终结了。因为只有上帝才能对上帝负责。取消道德方面的努力也就砍掉了先知型宗教之根，摧毁了宗教与人类品性之间的联系。还有，绝对论的人与上帝合一的观点甚至使神秘经验也成为毫无意义的，因为绝对论者认为人本质上与上帝合一，无论他有无在神秘经验中实现这种合一。与上帝交际或合作的观点也会变得无意义，除非至少有两个人格在交际或合作——上帝和人。绝对论初看上去似乎非常有利于神秘经验，但它既摧毁了这种经验的动机，又摧毁了这种经验的意义。然而，人格主义及其基本的社会哲学发现了目的合一、崇拜性的交际、神与人之间爱的协作的深刻意义，在这个时候重新为一切人格获得了独立性与尊严。[34]

从1910年开始，有一种类型的哲学日益流行起来，这种哲学一般被称作实在论。不幸的是，术语在不同的语境中在不同的意义上被使用，因此实在论可以被定义为这样一种信念：自然由完全无意识的、无人格的、无精神的实体或过程组成，或者自然包括这些东西在内。自然主义、唯物主义、新实在论和形而上学的二元论，或多或少都是实在论的哲学。以某些形式出现的实在论也许是最自然的思维方式，现已成为一种时尚。人，作为一种思维着的存在者，被设定为面对一个不思维的事物的世界。人格主义反对这种形而上学的实在论的一切形式。任何想要理解人格和价值与自然之间关系的人，或者任何对哲学的发展有兴趣的人，都必须考察实在论。

实在论不一定是自然主义的。新经院哲学和新实在论都敌视自然主义和唯物主义。由于新实在论高度专业化，远离思维的一般方式，因此我们建议有兴趣的读者去阅读拉尔夫·巴通·培里的著作和后来的 E.G. 斯波尔丁的著作，而在这里我们粗略地谈一下新经院哲学。

"新经院哲学"这个词马上就会使人想起许多伟大的名字，比如墨西埃大主教、伊提那·吉尔松和雅克·马里坦，他们为我们这个时代解释了亚里士多德和圣托马斯的实在论哲学。经院哲学家骄傲地称他们的体系是"永恒的哲学"。这种骄傲是有理由的。托马斯主义是一个巨大的综合：一种深刻的理性主义的有神论是它的真理的高峰。这个体系实际上与人格主义有很多共同点，以至于现在有很多经院哲学家称自己为人格主义者。托马斯主义有效地援助了反对自然主义和主观主义的斗争，而这些主义在动摇许多当代人的思想。

然则，由于我们当前讨论的目的，我们关心的不是经院哲学的功绩，而是它与人格主义的根本区别。这种区别在于它的实体学说。根据经院哲学的观点，存在两种本质上不同的实体，尽管它们相互联系在一起，即物质的实体和精神的实体。由于人们设定实体的意思是自身存在的东西，因此这一观念来自"从不稳定的平衡开始"。但只有不考虑上帝时，物质和精神才能被当作实体。但是上帝永在。为了说明这一点，圣托马斯把上帝称为"超实体的"。笛卡儿更加明确，他追随苏瓦兹区分了完全的实体与不完全的实体，认为灵魂和肉体都是不完全的实体。然而"不完全的实体"几乎无法认为是自身存在的东西，所以它实际上与实体的观念相矛盾。所以斯宾诺莎很自然地得出结论：上帝或自然是惟一的实体。同时洛克指出经院哲学的实体概念是无法定义的，它指的是"我知道，但不知道是什么"。

对这个问题，人格主义提出的批判有两层意思：（1）实体的概念，即使是精神的实体，是实在论的；它超越了一切能被经验的事物，转而诉诸一种隐藏在经验下或远离经验的、永恒的、独立的东西。人格主义者认为这种实体是无法证实的；经验中找不到与它相似的东西。（2）经院哲学断言物质实体的存在，这种看法在常识的意义上可以接受，但物质实体在自然中甚至比精神实体更无法证明，更加虚幻。一切证明都出现在有意识的经验中，也只有在有意识的经验中才能找到真实的证据。人格主义由于驱逐了传统的实体观念，从而避免了坠入经院主义的语词之网，在个人的自我经验、记忆、预见中找到了通向独立性和永恒性的钥匙。通过把自然解释为与人类相互影响并支持人类的"宇宙人格"的经验，人格主义者避免了"分割自然"，避免了两种完全不同的实体如何相互作用的奥秘。经院哲学的实在论发明了不可经验的实体来解释经验。人格主义认为，"永恒的人格"的经验可以解释和补充人的经验。

形而上学二元论的一切形式，甚至是似乎最有可能成立的形式，如 J. B. 普拉特和 D. C. 麦金托什的观点，都是在发明一种不能被经验的东西来解释可以被经验的东西。当然，人的经验靠自身不可能是完整的或合理的。经验必定有一个客观的来源：但是实在论的教条并没有清楚地说明经验的客观起源必定是一个在各方面都与任何经验完全不同的存在者的序列。人格主义的命题是："我的"经验要用其他经验的存在来解释，无论是人的经验还是神的经验，这些经验构成了一个相互交际着的人格的社会。最近有位作者强烈要求说，他需要物质来保持他的心智健全，这时候读者感到纳闷：无意识的物质怎么能够维持有意识的经验，尤其是健全的思想呢？无意识的事物这个观念的惟一价值就是帮助心灵建构影像，强调客观性。但是影像不是思想，其他心灵是客观性的最合理的种类。

实在论的其他形式，比如物理学的实在论（自然主义）和新实在论，都属于这种批判的对象，但在这一点上我们不需要再作详细考察。所谓宗教实在论无非就是一个强调人的宗教经验的对象的术语，在这一基本点上与人格主义完全吻合。

实在论一般说来是一种区分心灵与非心灵的尝试；现代世俗的

实在论者倾向于使非心灵成为宇宙最伟大、最有力的部分。在这样做的时候，实在论者使心灵本身成了它所处的这个世界的外来户。如果非精神的秩序是理智的，那么心灵就是一片混沌与神秘。如果人格的秩序是理智的，那么物质就是一片混沌，除非物质的意思是完全未被经验的、非人格的、非精神的东西。一旦看清麻烦始于物质观念的纯粹虚构和无法证实，我们就能够明白实在和被我们称作物质事物的法则如果被称作神圣经验的恒量，而不是称作无意识的实体或事件，就能得到更好的描述。

绝对论和实在论都敌视人格主义，但与正在蚕食我们文明之精髓的——在社会与政治哲学中、在神学中、在现实生活中——猖獗的无理性主义相比，它们的危险要小得多。当人们不再为自己的希望提出一个理由，当人们不再用结果来检验自己的信仰，他们就会屈从于各种幻想和由其自身的本能所激发出来的魔鬼般的欲望。当人们不再听从理性的约束时，性、迷信、暴力、极端宗教、自然主义者的放纵等，都会像洪水一样冲破理性的闸门。幸运的是，绝对论者、实在论者、人格主义组成了一道共同的防线，抗击这个现代的敌人，这个敌人自古到今都存在。

一切文明都建立在法的基础上，道德法与民法，二者都是理性的。宗教建立在正义和上帝之爱的基础上，二者也都是理性的。在理性被摧毁之处，我们有了最坏的迦南地的宗教和印度教中最堕落的派系这样的可耻现象；我们还有神道教和纳粹主义这样狂热的民族主义，有着征服世界的疯狂计划。上帝确实高于人，而且它的行为方式很神秘。塔西佗在他的《日耳曼尼亚》中说，日耳曼人"用诸神的名字称呼他们抱着敬畏之心所看到的神秘的事物"，这样说的时候，他并没有把古日耳曼人说成是绝对愚蠢的。然而，当他们投票（仍旧按塔西佗的说法）选举"是抱着神圣感和敬畏感而相信神的行为，还是去理解它们"的时候，他们便向愚蠢迈进了一步。当他们坚持"神圣的无知"时，这种愚蠢也就圆满了。无知也许是必然的，但绝不是神圣的。凡是在信仰驳斥理性之处，——无论是在德尔图良最极端的言论中，还是在中世纪的双重真理论中，或是在克尔凯郭尔和卡尔·巴特对傲慢的理性的反抗中，或是在纳粹对理性和真理的蔑视和对幻想的颂扬中——都能看到对心灵整全性的攻击和对人格统一性摧毁。

需要再次强调的是：上帝是真理的上帝；人格只有献身于真理，方能达到顶峰；人类冲突着的利益主张需要在理性的最高法庭上得到审判。诉诸理性就是诉诸上帝。《新约》中的上帝本质上是"逻各斯"与"阿伽派"，即理性与爱，或者用更好的表达法，理性的爱。建立在这个基础上的人格主义可以对所有种族和人类信条发出共同的呼吁。建立在非理性主义基础上的任何宗教或社会只能产生门派纷争或地区冲突。人格主义尊重人格，并弘扬人格，这样做不仅作为个人和社会的理想，而且作为建立一种合理的、鼓舞人心的自然哲学和价值哲学的线索。人格主义不是科学，但它是一种健全的科学哲学。人格主义不是宗教，但它是理解宗教经验和宗教启示的入门。人格主义者不能断言人格主义是惟一可信的哲学；但他可以把人格主义视为一盏明灯，可以在这个世界上用来照亮思想和生活的许多黑暗之处。

注释

[1] 参见《哲学月刊》，第 30 卷(1933)，617～628 页中的"既定的无知"。亦见本人对它的评论，参见《哲学月刊》，第 31 卷(1934)，263～268 页。

[2] 此处"经验"用作"意识"的同义词，但最好还是当作一个更加具体的术语。

[3] 参见威廉·斯特恩：《宇宙多重性》。

[4] 此处"爱"和"恨"这些术语源于布兰兹·布伦坦诺的《价值论》。

[5] 参见他在 P. A. 席尔普编的《伯特兰·罗素的哲学》(埃凡斯顿，西北大学，1944)中给评论家们的答复和《我相信什么》(纽约，E. P. 达顿出版公司，1925)。

[6] 参见《人文学》(纽约，牛津大学出版社，1943)，Д，39 页。

[7] 这是荣格的书的题目。

[8] 参见亚伯拉罕·艾德尔论述"自然主义与伦理学理论"的优秀论文，见科苛朗(Kirkorian)主编：《自然主义与人类精神》，65～95 页，尤其是 76 页。

[9] 在纽约召开的关于科学、哲学和宗教的研讨会上(始于 1940 年)，这种一致性非常明显。

[10] 这个词还有其他含义，尤其是在统计学中。然而，与逻辑学、伦理学、美学、宗教哲学这些"准则的科学"相连的"准则的"这个词的已有用法，把"准则"当作有效的来理解。参见布莱特曼在《哲学和现象学研究》第 4 卷(1943)上发表的《价值，理想，道德和存在》，219～224 页。亦参见杜威发

表在伯德温的《哲学和心理字典》上的《准则与规范》。

[11] 这四项自由是罗斯福总统在 1941 年 1 月 6 日的国会讲演中提出来的。

[12] 参见卡尔·巴特：《教堂与战争》，纽约，麦克米兰公司，1944。

[13]《宗教与科学》，纽约，亨利·荷尔特出版公司，1935。

[14] 例如，在《我相信什么》和他给在席尔普的评论家的答复《伯特兰·罗素的哲学》中。在 D. D. 朗斯编《二十世纪的哲学》中，他又说甚至"好哲学"也没有实践结果，在价值上无意义。（227 页，纽约，哲学图书，1943）

[15] 参见 E. G. 康克林：《人类，真实和理想》，2、3 页，纽约，查尔斯·斯克利勒父子出版公司。

[16]《战后的教育》第二部分"科学"；《美国科学进步联合会公报》Ⅲ，1944(1)，2、3 页。

[17] 这显然是在反对下列观点：人类学和社会学通过对各种不同文明和群体的描述提供了准则的标准。这种观点没有告诉我们什么是真正的理想，而只是完全驳斥有任何真正的理想的观念。能干的 A. M. 邦格在他的论文《认识论的危机?》中又提到孔德主义的观点：伦理学是"社会学的一个分支"，参见 Minerva，Ⅰ（1944），40 页。

[18] 参见柏拉图：《斐多篇》，97B－100B。

[19] 杜威：《经验与自然》，33 页，芝加哥，Open Count 出版社，1925。

[20] Logik ist die Moral des Denkens.

[21] 参见 C. A. 摩尔：《哲学——东方与西方》，15 页，普林斯顿，普林斯顿大学出版社，1944。

[22] 参见上书，62～65、44～48 页。

[23] 参见 Mein Kampf，第 10 期，德国版，234、70 页。

[24] 参见《哲学》，第 ⅩⅫ 卷（1925），680；第 ⅩⅩⅣ 卷（1928），58 页。

[25] 参见《哲学》，第 ⅩⅬⅠ 卷（1944），533～551 页。

[26] 严格地说应当区分自我与人。自我是任何有意识的存在者，而人是一个能够依据理想准则判断自己的经验的自我。由于本书主要涉及人，因此这种区分就忽略了。

[27] 汉斯·怀因格：《奥尔斯·奥伯的哲学》，315 页，柏林，Reuther ＆ Reichard，1911。

[28] 参见 Swami Vivekananda, Jnana Yoga, New York：Ramakrishna-Vedanta center of New York, 1933, p. 4.

[29]《孟子·尽心上》。

[30]《论实在论》，257 页，Balfour 系列讲座。爱丁堡，W. Blackwood ＆ Sons,

Ltd.，1933，后来 W. Temple 在《自然、人类和上帝》一书中引用，266 页。

[31] 因此，让 R. B. 培里这样的实在论者谈论"自我中心的困境"是很不公平的。意识比困境好，意识是所有被赋予的实在的要素。

[32]《创造性的人格》，纽约，麦克米兰出版公司，1926。

[33] 麦金托什的观点参见他对布莱特曼《宗教价值》的书评，载《宗教》，第 6 卷，381 页，1926。

[34] 两个比较专门化的要点可以在注释中提到。人格主义的观点会被研究印度思想的学者当作在印度被称作"二元论"(认为人和上帝不同一)的一种类型，而绝对论要么有资格要么绝对就是"非二元论"。哲学家也可以正确地推论，人格主义的基础建立在对所谓认识论的唯心主义或唯心主义的认识论的一元论的否定之上，并接受一种彻底的认识论意义上的二元论。读者可以参照 E. S. 布莱特曼《哲学的介绍》，74~93 页，纽约，亨利·荷尔特出版公司，1925，以及他的《宗教哲学》，尤其是 347~349 页。毋庸赘述，印度教的"二元论"和认识论的二元论与人格主义排斥的形而上学的二元论毫无关系。人格主义认为整个存在，包括一切自然，都是一种东西，即人格经验；而形而上学的二元论认为意识和物质是两种不可混淆的相区别的事物。

选译自［美］E. S. 布莱特曼：《自然与价值》，第 3、 4、 6 章，纳什维尔，阿宾顿-科克斯伯利出版社，1945。 王晓朝、 贾维译。

《人格与实在》（1958）（节选）

一、价值世界[1]

（一）无价值的自然

柏拉图和托马斯主义者、康德和黑格尔、马克斯·舍勒和尼古拉·哈特曼——仅列举数人——都认为，存在一个真正价值的领域——即应该有的善的领域。洛采甚至认为，若不诉诸 Sollen（应该）的本质，我们便不可能知道 Sein（存在）的真正本质，即：若不知道应然（What ought to be），我们便不知道存在（being）。而诸如伊壁鸠鲁、卢克莱修、孔德和桑塔耶那等人，尽管在许多方面有深刻分歧，但一致认为没有什么终极的"价值领域"。然而他们还是坚持认为，价值经验（value experiences）是真实而又重要的，尽管Sollen（应该）派生于 Sein（存在）。

与这种认为价值重要的信念相对照，在现代思想中明显存在一种回避价值问题或认为价值问题无足轻重、不相干或认为它在实际中是危险的、误导人的倾向。这一现代倾向肇始于培根的命令：从自然中消除最终原因！培根当然有其用意。探寻自然中的统一秩序和次序，或探寻自然的功能关系——它可被称为现象的原因——至少暂时能够且应该与探求目的、意义和价值相分离。这便意味着科学应与哲学相分离——尽管若不诉诸最终原因的"应该"（should be）或科学的目的便无法述说这种分离。

这种分离引导许多思想家去发展 wertfreie Wissenschaft——价值中立的科学的思想。它还进一步导致了价值中立的自然（Nature）图景——［自然］是残酷的、无情的，或至少对人类珍惜或认为善的任何东西的命运皆漠不关心。类似地，关于历史的真理被认为是对事实的绝对公正的陈述。苏格拉底被判饮鸩，耶稣被钉死在十字架上；拿破仑被流放于圣海伦娜（Saint Helena），希特勒和墨索里尼毁灭了。然而客观的历史学家只能述说事实而无权过问苏格拉底和耶稣是否比拿破仑、希特勒或墨索里尼好，或者这些人的命运对人类历史是否有任何价值。

价值中立［说］在20世纪已走得如此之远，以至于发展出一个逻辑实证主义学派，他们断言，仅有的经验事实便是感觉事实，真理只关乎感觉且只能为感觉所"检验"（checked），而价值是纯粹情绪性的"胡说"（non-sense）。哲学（如果这个词还被使用的话）实际上被等同于物理科学；实验，寻求概括和预测感觉资料之变化的数学公式；而自然则完全成了非精神性的，并中立于任何为善或为恶的目的。亚里士多德认为自然绝不白做任何事情，与亚氏相反，这种现代思想认为自然做一切事皆是白做。①

尽管如此——伯特兰·罗素在其著名文章《自由人的崇拜》中那么鲜明地描画了这一点——至少有两个事实未被动摇。人实际上亲历价值，人对科学学科的忠诚——即使是对科学之实证主义的歪曲形式——便是精神价值的例子，这种学科既是严密的又是崇高的。如果在任何意义上人不是自然的部分便是自然的产物，那便必须承认自然产生价值，且与价值相容，尽管培根对自然之最后原因的消除是与此相反对的。为理解自然规律，人一开始必须忘却一切价值，但不可忘却科学真理的价值！无论如何，为能获得对自然的完全理解，人必然以记住他所合理地看重的一切而告终。如果他未能记住，那么他作为人和作为哲学家就都是失败的。

---

① 即自然做任何事都是无目的的。

（二）从自然到价值

如果自然只被看作物理化学研究的对象或完全给定的东西，且只为感性经验所了解，那么它确实是价值中立的。但如果这么认为，自然便是对经验和实在之广阔领域的抽象，且必须相对于广阔的经验而被理解。人类心智的伟大战争并不只是发现自然之价值中立的感性事实和这些事实所遵从的数学规律的斗争。精神的竞技场在价值领域。将知识限定于感性事实和应用数学的决定本身便是关于最高重要性的价值抉择。这一抉择认为，寻求确定的东西优于寻求不确定的东西。不带价值的自然是可证实的、确定的。感性事实是可观察的；基于实验和精确计算的预测是可证实的（至少是"可确认的"）。科学探究确定性和所有学科从业者的普遍共识。价值是情绪性的、含糊的，并且是不可证实的，众所周知，在不同的文化中存在关于价值的人类学的差异。[2] 然而，让我们再重复一遍，这一观点能被坚持仅当隐含的价值判断为真，即感性确定性和数学必然性比经验适当性和包容性好。这一判断恰恰要在价值竞技场中被击败。

对自然封杀价值的价值抉择本身在严格的学术领域远不是无价值的。物理科学之令人惊异的发展便是对它的最佳颂词。不管它在某些科学中如何有用，但这一抉择作为一种哲学原则则遇到了严肃的反驳。一种[反驳]便是所谓感性证实和检验的精确性只是一种虚无缥缈的心愿。它并没有什么主张。它预设完美的观察，无感觉畸变，完美的记忆，科学家之间的充分交流，完美的"信号"——它们中没有任何一个近似于逻辑必然性。[3] 当然，在经验协调的基础上存在接受这样的感性观察的充分根据。然而，赋予感性可证实性以它据称有的确定性却是没有根据的。

更严肃的[反驳]是这一事实，只诉诸感觉资料的抉择是拒斥或忽略或搪塞对实证主义理论不利的事实的抉择。菲狄亚斯和莎士比亚，琐罗亚斯德和达·芬奇的经验远不止感觉资料。事实上，人类中的每个人的经验都不止于感觉资料（sense qualia）和几何。而且不管如何最终解释，价值经验都与感觉性质一样具有客观的指涉。"和蔼是好的"与"残忍是坏的"和陈述"天空是蓝的"一样指涉陈述本身之外的某物。当然，后一陈述较容易检验和得到公认。但为了那实际上达不到的确定性而拼命限制经验和实在却是公然违背事实。事实是一切具体真理的基础。本书所述的形而上学研究却基于更强的适当性和包容性。这便意味着拒绝仅因为某些人喜欢他们认为具有更高确定性的感性事实而排除价值事实(value-facts)[这一做法]。[4]

人们认为由价值中立的自然到价值领域的思想运动是从相对较多赞同的领域到相对较少赞同的领域的运动。然而恰是有分歧的领域才挑战思想、需要探究并推动进步。这里我们所面临的基本事实是存在感性经验，存在价值经验，而且二者之间有某种联系。此一情境所引起的这些问题正是本章和以下两章要论述的。[5]

(三)价值世界定义

该给我们一直如此自由地使用着的价值一词下个定义了。[6]就最基本的意义而言，价值就是在任何时候为任何人所实际喜欢、珍惜、珍重、欲求、赞成或欣赏的任何东西。它就是享受一种可心的对象或活动的实际经验。

所以，价值就是欲望的活生生的实现。[7]但这些粗糙的东西远未穷尽价值经验。许多经验在某个经验层面上令我们愉快，但我们又在较高的层面拒斥或限定这种经验。这较多的层面就构成我们在与其他喜欢或不喜欢经验的关系中看待喜欢或不喜欢的任何特殊对象的观点。我们现在可分析它们的根与果实——看看它们在整个经验谱系中的位置。价值判断就根据这广阔的语境而被判定为"真"或"假"。

那么定义价值的人就必须区分粗劣价值(或价值主张)与已经检验过真正价值。他还必须像亚里士多德那样在价值(亚氏称之为善)领域区分出内在价值(亚氏之本身即善的东西)和工具价值(亚氏之有用的东西)。[8]内在价值便是我们通常称作目的的东西，而工具价值则是手段。内在价值或目的是我们因其本身缘故而珍惜的东西；而工具价值既可以是中性的，亦可是我们所讨厌的，亦可是我们所喜欢的。它作为工具的特征并不取决于与我们偏好的关系，却仅取决于它导致内在价值的实际因果性功效。就内在价值是经验到的事实而言，它们是作为因果情境中的原因或作为决定因素而起作用的，无论是现象的或形而上学的。所以，所有的内在价值都是工具，通常是其他内在价值的工具，有时也是被我们称为负价值或罪恶的工具。例如，亚伯拉罕·林肯的善恰是他之被约翰·威尔克斯·布斯刺杀的工具。

　　小结一下，价值主张的粗浅经验和负价值主张，与对价值与负价值的认知的区分，相应于方法的前分析与分析阶段。而真假内在价值的区分则属于提炼阶段（syhoptic stage）。前两个阶段处于描述层次：在此层次思想家只关心对价值经验的描述并给出描述性定义。第三阶段或提炼阶段则是包容性和一致性批判阶段，在此阶段对真理的注意更甚于对事实的注意，这是一种规范性的注意。事实或描述性定义具有这样的形式：评价的实际经验是 X 的经验。X 开始喜欢、偏爱或享受某种当前状态或条件或无论正确事实或经验关系所可能是的东西。而真正价值的规范性定义则具有不同的形式，即 X 的经验是这样一种经验，根据一致批判的观点我应该赞成这种经验。这种定义在哲学家中并不流行。其有效性尚有待于在以下讨论中展开的论述的检验。

（四）价值论

　　对价值的重视一直是道德、艺术与宗教关怀的核心。在西方它第一次成为苏格拉底批判性探究的主题。苏格拉底之后，柏拉图、亚里士多德和大部分古代思想家皆深刻地思考着"善、真、美"，而宗教研究者又在这三者之中加上了"神圣性"。在康德、黑格尔、像洛采那样的人格主义者、英国的道德主义者以及被克尔凯郭尔和尼采等人所觉察的正产生的文明危机的影响下，对价值本质的研究在 19 世纪变得越来越重要，至 20 世纪人们创造了"价值论"一词以囊括关于价值的全部理论——心理学的、社会学的、人类学的、伦理学的、逻辑学的、美学的、宗教的以及形而上学的——既包括描述的也包括规范性的。价值论的领域是宽广的，既无主题上的统一，也无第一原则上的统一。

　　价值论中的形而上学家的任务是提出一种统一的视角以观照这整个领域，并特别强调规范或应该（the ought-to-be）。从某种意义讲，卡尔·马克思在其著名的关于费尔巴哈的提纲中抓住了价值论的要旨，他说以往的哲学家只是以不同的方式解释了世界，但重要的是改造世界。马克思的意思是得有人发现应该如何改造世界，但在此处他没说，可他应该这么说。他没有也不能假设每一种改造都是为了改善。如果改造是改善，那么就必须先有关于改造的规范哲学以指导改造。马克思在这个提纲中忽视了这样一个事实，任何关于改善的知识一定源自关于事实和可能性的知识。或者不如说他在自己的理论中并未忽视这一点，但他在谴责别人时忽视了这一点。

那么价值论就包括了关于真正价值的理论或最宽泛意义上的关于"应该"的理论。什么是应该被做、被相信、被欣赏、被崇拜的？价值论首先必须是描述性的，但它若只是描述性的，就不能发挥其作用。它必须是规范性的，但它若只是规范性的或"规定性的"便同样不能发挥其作用。如果价值能以任何方式加以辩护的话，那么在它们能从完全的形而上学视角得以观照之前，对它们的理解和辩护便总是有缺陷的。

仅从"应该"出发而与"是"无关的价值论建设仍是没有基础的和无用的。它生活——毋宁将它定义为有生命的——在真空中。另一方面，完全依赖于形而上学的价值论则预设我们先于知道或经验那照亮现在的具体部分而知道那照亮缺席者的形而上学整体(metaphysical whole)。所有严肃的思考，特别是形而上学思考，都必须始于通明现在中的被经验到的情境，这种思考又总是部分的；但为了知道部分，你又必须始于某种关于全体的假设。我们概括性的科学与哲学假设重新解释部分；而我们关于部分的经验既检验又充实我们关于全体的观点。如在一切人类洞见中一样，在价值论中，关于部分和关于全体的知识一起生长。理解之箭来回穿梭。整体先于部分这一形而上学事实不能模糊了一切人类知识中部分在先这一认知事实。所以，价值论既不应被形而上学前概念所扭曲，亦不应被形而上学怀疑论所遮蔽。我们对真正价值的探求是经验的，但对充分的经验来讲理性则是具有实质意义的。

(五)价值标准

我们说价值论是对真正价值的探究，我们亦已暗示了区分真正价值与虚假价值的标准。可是某些现代思想家认为并没有什么标准；价值是纯"情绪性的"，关于情绪你只能说它之所是，而不能说它之应该或不应该；如果你谈论应该和不应该，你只是表达了又一层情绪。[9]简言之，这些思想家所信持的观点是，关于价值的真理和谬误只是关于人类情绪的描述的正确与不正确，但并无认定一种情绪确实比另一种好的有效理由。所以，对他们而言，不存在关于价值的规范性标准。

5a. 基本价值经验也有客观指称。　一种根本性的方法论分解将这种视角与人格主义视角区分开来。我们可以探讨这一答案并提出如下略有不同的视角[10]：价值的惟一内容——有意识的感情——确实无法为人们所共同察觉。约翰·杜威先生（更不用说逻辑实证主义者或经验主义者）宣称有意识的情感从经验报告（empirical report）的立场看是无意义的，因为它不可公开地证实，当他这么说时他是采取了一种异常的立场。公开证实之要求是一种理论要求，我们很难理解为什么允许一项理论要求去排除一种经验到的事实。我们感受到价值并不比我们感知感觉模式更可疑；甚至还可补充，说"我不幸福"与说"我看见一条绿色的蛇"，在社会中是同等地可理解的。如果排除了主观经验，公开证实本身便无以立足。当然，［人］所喜好的感情并不是自我辩护的。确知我喜欢一种经验是一回事，知道我们应该喜欢它则是另外一回事。价值主张并非总是可靠的。一种内在价值的经验并非总是真正的价值。未经确认和批判的价值当然不比未经确认和批判的感觉资料有效。但一切确认和批判皆植根于初始经验，在初始经验中价值经验与感觉经验一样有客观指称。

5b. 作为价值经验之定义的理想。　所以，（为展开以上业已提及的观点）价值理论的第一步便是对我们自己的价值主张以及关于他人之价值主张的报告的经验的、现象的观察。第二步便是定义（或分类）。从历史上看，价值定义的名称便是"理想"。柏拉图把它既称作"理念"又称作"形式"。[11]

作为价值定义的理想或理念是概念、本质、实质和实体，如果你愿如此称呼它。就我们所讨论的而言，理想有两个特点。（1）这种理想不是"价值"。托马斯·A. 肯姆皮（Thomas A. Kempis）机智地说他宁肯感到内疚而不要知道内疚的定义。合作当然比表达合作概念好。（2）确切地说，理想是一种工具价值而（除在当即定义的意义上而外）不是内在价值。理想的知识是产生价值的手段；它只是潜在的价值而非实际的价值。

然而此一说须经进一步的讨论而加以限定。理想的知识对每一个珍惜这种知识的头脑来说都是内在价值。关于善的理想的知识就是知识—价值(knowledge-value)的例子，尽管它不是善价值(goodness-value)的例子。所以，善之定义的知识也是知识价值，但不是审美价值。于是理想的实际知识可被当作内在的理智价值(intellectual-value)，但在理想定义的领域中被当作只拥有工具价值。道德理想的知识不比正餐之定义是丰盛的饭菜更道德。

5c. 规范和理想之区别。 价值理论的第一步和第二步已得到阐明。如果第一步是决定价值，第二步是表达理想，那么第三步便是确立规范。理想是任何价值主张的定义，不管这种主张是可靠的还是不可靠的。规范则是一种特殊的理想。它是应该得以实现的理想——命令性的理想。有各种可能价值的理想，即任何价值都可定义。但并非每一种价值都应该得以实现。

鲍桑葵(Bosanquet)恰当地称我们的价值经验为"主张和反主张的世界"。实现我们的一切理想是不可能的，而且如果可能，也是不合理的。每个个人和每个社会的经验喜好，若未经外在和内在力量的规范和组织，便处于冲突和混乱之中。柏拉图为理想与规范之间的关系所困扰。他在写《巴门尼德》时尤其是这样。他隐含的假设是，理念，即普遍定义，是规范。在对话(130B—D)中苏格拉底被描写得相当确信存在正义、美和善的形式(forms)。但是当巴门尼德迫使他[说明]诸如头发、烂泥和污物一类荒谬、讨厌而又毫无价值的东西时，苏格拉底便辗转不安且似想逃离，"因为害怕陷入某种无意义的、令人极难忍受的深渊"。"仍然年轻的"苏格拉底尚昧于理想与规范之区分。他肯定了这种区分，但这仍困扰着他。

规范是一种"命令式"理想，如 W. 科勒(W. Kohler)所说的。或可说命令性的规范因其内在一致的合理性而区别于非规范性理想。那些在内在一致的组织和活生生的实际价值经验中有根基和果实的理想便是规范性理想或规范。通过规范对价值主张的批判、系统化和发展，便导致由价值主张到真正价值的实验。价值主张是彼此冲突的。而真正价值则是合作与和平发展的过程。冲突和强力是工具性的，和谐和一致是内在性的(intrinsic)。

5d. 从价值经验到价值规范。 或许人格主义价值概念和标准的基本框架已基本成形。诸如"我正经验到一种感性情绪"和"我正经验到一种价值"这样的命题都是纯粹的关于直接经验的实际报告。但有另一种对不同秩序的实际报告，例如我们说："我判断我的观察与根据牛顿万有引力公式作出的预测相符合。"这里观察者所做的并不只是观察，他还思考了他的观察与一种契合理论之间的关系，理论与观察之间的完全一致便是对真理的检验；如果出现了不一致，那么或许观察不精确从而需要重做，或许理论需要修改。总之，不一致就是错误的信号和重新思考事实和理论之整个体系的命令。[12]

过去的价值经验同样会促使思想去表达价值的规范理想，即应该是什么的定义。于是喜爱和偏好的具体经验出现了。这种价值经验或者符合规范性理想或者与之相矛盾。如果相符合，那么价值全体（和谐的具体经验和规范）便确认了所述经验的真正价值。如果在经验和规范之间存在矛盾，那么某个地方便有错误，正如在感性观察与理论之间出现矛盾时一样。或者具体评价是错的，或者规范是错的；理性便要求或者修正具体评价，或者修正规范。只有这么一个警告：具体事实和概括性理论都必须考虑。

在传统语言中，在价值经验中发现真理时，经验与理性都必须得到尊重。在现在理论的语言中，必须在融洽的关系中去看待敞亮的在场和照亮的缺席。二者都必须考虑，且都可以改变。改变的可能性并不意味着任何给定事实或理性法则都可以替换。它只意味着可在新的语境中看待事实，可根据思想去考虑新事实，或由意志去创造新事实，理性的运用亦可通过更具批判性和包容性的假说而得到改善。价值的标准和事实的标准一样，是经验融贯性（empirical coherence），它禁止任何静止不变的科学或哲学，因为它要求探究生长的可能性。[13]

将适切性标准最简单且最早清楚地应用于价值领域的或许是柏拉图在《斐多篇》256c 中关于同性恋问题的讨论。柏拉图对这一希腊习俗的最后判断是，"这是错误的，因为它不可能被全身心地去做"。诉诸全身心便是诉诸根据全部思想而看见的全部经验——简言之，是诉诸经验适切性。

"陷入情网"这一常用词组为再次说明经验适切性在应用于价值

经验时意味着什么提供了很好的例子。这个词组意味着不顾理性和结果而为一种情绪放弃了慎重、判断和本质理解。相反，真正的爱，无论怎么情绪化，都是一个人对另一个人的"全身心的"承诺。"产生了爱"（rising into love）这一词组是远比那个旧词好的描述，因为真正的爱意味着对成长的人格和对较高规范之忠诚的评价。

5e. 发现真正价值的实践艺术。 在继续讨论之前我们至少可指出一个在价值经验中发现融贯性（coherence）的实践问题。我们业已说过，价值主张便是经验到的喜好（experienced likings），而真正的价值便是在立即直觉到的价值依照理性规范被审查过后我们应该实现的东西。只有那些被直觉、选择和赞成的东西才是成为规范或"应该"的东西。但这也意味着在实践中真正的价值经验在发现时是自我规范的，在实现中则是一种创造性的欢欣。正如没有足够知识和实践的画家和音乐家不会作画和演奏一样，不基于知识和合理控制的价值就不是真正的价值。其创造性为戒律所窒息的人们可以以弹钢琴为生，但他们绝不可能创造音乐。

在道德和理智价值领域，这一真理更加明显。存在真正价值的标准，但不能像使用检验直尺一样外在地、机械地运用它。它的运用在寻求对比和实现中的变化时是"流血、流汗且流泪的"（blood，sweat，and tears）——那便是黑格尔在说到"否定的严重性"时心中所想的。其结果是满足人际关系与环境关系时丰富发展着的人格（personality）。这当然不应被当作一种安详的乌托邦乐观主义的陈述。就价值主张为一切价值规范所成功约束而言，它是对经验的描述。[这些]既不断言也不蕴涵人类经验的每一瞬间都被如此约束，或在实践中都能够被如此约束。许多经验都日益遵循规范则是实际的事情。[14]

（六）规范的客观性

以上已论及并运用了价值经验与规范之间的相互关系。让我们再稍作深入探讨。

6a. 价值经验在时间上先于规范。 价值经验在时间和心理学上先于规范知识。价值经验提供了关于规范的合理假说奠基于其上的资料（data）。规范知识随着价值知识的增长而增长。仅当经验价值的

自我通明在场时，价值才有其存在。我的欢乐和我的知识，我的崇拜和我的道德只存在于我中，而非在社会中，非在上帝那儿，也非在某价值的超验世界中。

这一点既适用于虚假价值，也适用于真正价值。例如奴役和自由，权力和真理，炫耀与谦卑。但无论在何种情况下，喜好和享受都存在于经验者的通明在场之中。那么一切价值都是内在的、私人的、主观的、个人的经验——这并不意味着它们之出现对经验者的依赖更甚于颜色和声音。

规范都是公共的。[15]当一个人将一个规范当作真的提出时——逻辑规范、正义规范、美之规范或爱之规范——他是在断言它是可合理捍卫且有经验根据的。他是以苏格拉底的方式要求他人出于理性而接受规范，或表明批判、修正或拒斥规范的理由。所以，在某种意义上讲，规范是客观的。然而这种客观的规范最终须被表达，它们便构成判断一切价值的真正标准（the true standards）。

6b. 规范的客观性在逻辑上先于真正价值的发现。 人类的实际规范知识当然总只是与真理的大致近似。然而，如果没有价值和理想，那便连对规范真理和实践之最粗略的近似也没有。如果不承认（用厄班的话说）存在客观有效的规范，那么经验便是无目标的摸索，最长的试错序列（series of trials and errors）也无望到达或趋近真理。即使在这样的事态中也仍然存在一种摸索方式比其他方式好的隐秘信念或希望。

如果必须预设规范，且必须预设它是客观的——即对一切都是理想地真的——那便尚有这么一个问题：它们的客观性是由什么构成的？是纯粹的逻辑有效性吗？那么规范就是人类评价逻辑上正确的规则。可形而上学问题仍未解决。我们一定会问，这些规则在有效思维中存在的原因是什么？它们指涉什么客观实在？只指涉人类经验吗？

6c. 如何形而上学地思考客观性。 柏拉图以某种方式把规范和其他一些（重要的）共相都当作实际上外在于人类和神之心智的客观理念或形式。这一假说使得共相和规范的指示特征很生动。然而不幸的是它强迫思想以割断与其具体的经验基础联系的方式而将抽象的东西具体化。在经验中，规范是为人所知的原则，并作为创造的契

约而被承认。如柏拉图自己在《智者篇》所暗示的，在宇宙心智的范围里给这种规范以生命岂不更好？让我们给我们所想的东西一个初步的陈述。

价值作为人类经验不是客观的；由对人类价值经验的一致批判而发展出来的规范是客观的，是对所有人都有效的。我们主张，它们的客观性便存在于这样的事实中，宇宙心智知道它们是规范，或者不如说，宇宙心智知道它是人类仅当遵循着它们生活才应该实现一贯的价值实现的目的。既然规范是合理的真理，那便意味着它们最终既不能被人类心智也不能被宇宙心智所改变。人类知识及其应用可以是创造性地、不可避免地变化的。但规范在任何可能时间的任何可能世界中都保持着它们坚固的逻辑结构和有效性。它们规定着它的可能性和目标。用怀特海的话说，它们是"永恒的客体"。

6d. 价值、规范与存在之关系重述。 上一部分所采取的本质立场可以支持一种重述价值与存在的古老问题的观点。[16]但还需要一个定义，那便是存在的定义。存在意指在时空秩序中或只在时间秩序中出现的一切。物理现象出现在时空之中。心理现象则只出现在时间中。所以我们既可以说物理存在也可以说心理存在。

根据以上定义，没有什么物理存在者是内在价值，但所有的价值都是心理存在者。另一方面，理想象一切定义一样是实存(subsistent)。但理想并非是与存在无关的实存，因为每一个理想都定义了价值，而价值是实存。一切规范都是约束存在的实存。每一个规范都是一种"应该"。

但这并不意味着价值、理想和规范是远离真实存在的本质世界中某种"悬而未决的"东西。仅当存在被限定为物理存在、否定心理存在是存在且仅当规范的命令本质被否定时，这种观点才能得到辩护。规范的全部意义便是它们应导致存在的转变，即处于个人和社会关系中的人的转变。应该补充的是，只有充分利用物理和心理存在所提供的手段，才会出现这种转变，尽管这一点很明显。规范并不是虚有其表的天使般的存在，它们是现实世界中的工人，因为它们代表着人们根据它们转变自己生活的远见(vision)，当它们为真时，它们便与人类经验的宇宙心智中的规范相一致。在此至少提出这么一种观点，但这需要更慎重的考虑。

从逻辑上讲，价值与作为大全(a whole)的存在有多种可能的关系。首先，价值与存在可能没有关系；价值也许根本就不是实存的，理想本质世界，整个价值领域与存在世界也许没什么关系；价值也许只是深思的对象，而不是行动的成果。这种观点既被苛刻的存在又被我们对假设的完美大全的忽略所排除。

在剩下的多种可能性中，我们将只提三种，我们称它们为存在反叛价值、价值反叛存在以及价值与存在的合作。（这里存在这一术语意指作为大全的存在，因为价值当然被看作每一种情况下的实存。）

当任何合理的价值原则遭到否决，而残酷的暴力，侵略性的骄傲，非理性的自我立场或集团立场成为生活的主导时，我们便有了存在对价值的反叛。或可更确切地称之为价值主张对规范性价值的反叛，或生命对理性的背叛。另一方面，当人之理性本质起而反叛自在的事物、谴责自然的不正义和非精神暴力的力量时我们便有了价值对存在的反叛。这一观点出现在弗朗西斯科·罗梅洛(Francisco Romero)的思想中。

与这两种观点对照，如果我们强调价值与作为整体的存在的关系，便能得到一种更具包容性和有机的观点。那些如笔者一样持此观点的人们坚持认为，除非存在某种意义上是永恒的心灵，除非规范是全宇宙过程的永恒目标，心灵—价值—理想—规范(mind-values-ideals-norm)就绝不会产生。这种经验唯心主义或人格主义并不认为一切存在都是精神的或有目的的。它通过如下假说而达到一种统一，存在之精神和目的方面是永恒的、主导的；它们总是指导和转变非精神和无目的方面；它们决定着进化的方向，并确保那为真的生存基础和实现的规范在基于经验的第一次检验时并不是显而易见的。正如没有一个好人会满足于他当前的善，没有一位哲学家能满足于第一印象。

再一次小结：价值是主观的［这一命题］或许为真。我的正义经验或爱的经验合我不能存在。但价值的主观性信条尚有规范的客观性信条与之相配。规范并不局限于承认和运用它们的人。它们是合理的、普遍的，对一切皆为真的。我们确实有理由相信有效规范就是宇宙之客观目的结构的定义。它们似乎是一切进化斗争的约束目标。我们可以把它们认作神圣心灵(Divine Mind)的目的，即使不能把它们认作绝对全能并创造一切的神的目的。无论规范与神或任何其他可能的形而上学实在的关系如何，它们都是理性的命令，它们的家(home)便是理性的居所，它们的作用便在人生存的地方。

(七)规范、人、自然与上帝

要等上帝和罪恶问题在以下两章得以独立分析之后，这个特别假说才能得到更完全的阐述。我们将努力表明规范、自然、人和宇宙人格(the cosmic Person)如何在人格主义的唯心主义中相互关联以结束本章——把本章归结为这样一个人格主义原理，充分的形而上学必须在感觉经验、价值经验和人的关联整体(togetherness)中看待感觉经验、价值经验和人。

7a. 上帝中的自然过程的内在性。[17] 过去的哲学家和神学家常说自然中的上帝的内在性。这种语言蕴涵自然是外在于上帝的，上帝进入其中，或许居于其中。但人格主义得到了这样的洞见，自然并非外在于上帝的东西，它只是上帝人格的领域(areas)之一。所以说上帝中的自然的内在性比说自然中的上帝的内在性更合理。

简言之，反对笛卡儿及一切其他二元论者而赞同怀特海，人格主义者拒斥"自然的分裂"而认为宇宙在本质上是一种存在秩序——一种人格秩序(a personal order)。通常称为自然和人类机体的存在都是它的部分，而人类和动物意识，在某种意义上在同一种本质上都是人格的相互作用的秩序的体现。自然没有任何脱离上帝的存在。自然就作为神圣人格的有意识经验而存在于神圣人格之中。"所有天堂的合唱和地上的万物"以及不可胜数的有机物和无机物，都包蕴于上帝的统一之中。

7b. 自然过程是神圣人类价值实现的工具。由这一唯心主义第一原则，人格主义者可得出结论，自然是服从于价值的。任何心灵中的东西都源自该心灵的终极意义(ultimate meaning)，而该心灵的终极意义又源自该心灵以及与之相关的心灵的目的和合理价值。人们容易忘记自然对价值的关系。当物理事件是人类生活中那么多罪恶的基础时，自然对价值的关系尤其易被误解，但从人格主义观点看，物理事件也是上帝的活动。相信为上帝之善所指导的

唯心主义宇宙却有如许多罪恶似乎是不合理的。在自然中依理性和善的规范行动的上帝如何能推卸对这些自然罪恶的责任？怎么能把毁灭人类之善的自然过程说成是人类对价值之神圣求索的内在善的工具？

　　笔者再次提醒读者，对这一问题的解答在第17章，但那儿提供的解答并不与立即要提出的关于上帝与世间罪恶之关系的一切思考的根本观点相冲突。当我们思考罪恶时，必须牢记我们所说的"多重意义理论"。[18]值得注意的根本观点是这样的：物理事件本身无所谓善与恶；仅当它们表达和影响人格时，才是善或恶的。如此设想的事件没有价值或负价值。作为物理事件的亲吻没有意义或价值；作为人的经验的吻才传递罗密欧与朱丽叶、犹太与基督之间最强烈和复杂的意义。同一物理事件对不同的心灵容易具有矛盾的意义。对于万有之源的上帝来讲，每个物理事件都意味着法则和爱；对人类来讲，很多物理事件可能意味着无法则和恨。至此读者或已明白我们为什么把此一事实和可能性称为多重意义理论。根据这一理论每一由上帝引起的物理事件都传达价值意义，但同样的事件也可能传达多种冲突的人类意义。这便意味着人可以通过那上帝而非他本人才是其形而上学原因的事件而表达自己的目的。

　　多重意义理论亦可通过谋杀的例子而得以说明。一个邪恶的人杀死一个无辜的人。对于这个恶人来讲意味着谋杀自己所憎恨的人，复仇，抢劫或无论什么别的。他的邪恶意义是真实的；他对谋杀及其后果负有责任，因为他知道谋杀及其结果会怎么样，他存心这样做。然而这同一个物理事件对上帝（如我们的理论所信持的）来讲则意味着他的法则、耐心和爱的目的。我们可别忘了这一事实：如果上帝内在于自然之中，那么谋杀者的手和凶器的每一个运动及其致命结果，直至最微小电子的微妙颤动，都是上帝意志的行动，而上帝的目的就是最高价值。同一个事件对于人意味着邪恶，对上帝则意味着善，正如两个人之间的握手可能对一个意味着友谊，而对另一个意味着背叛。多重意义原则可由战争得到最复杂、最令人信服的说明，这种物理事件表达了外交家的欺骗，战士们的爱国热情，资本家的贪婪，诗人的徒劳的理想化，普通人的恐惧或希望或无助——也表达了至善上帝的悠远痛苦的目的。

　　所以，多重意义理论有助于根据人格主义形而上学去理解人类选择的相对自主性，上帝之命令规范的要求，以及上帝通过自然为人之善的成就提供基础的一致工作的作用。神圣目的在自然中内在一致地起作用，允许实现潜在的善和恶的有限制的自由是其主要目的。多重意义理论或许不能深入到能解决超越人类控制的自然罪恶问题的程度，但它指示了宇宙心灵与在存在价值经验中提升的有限的人一起工作的基本模式。自然总该被看作稳步前进的助人类成长的最佳工具。发生于人的事情大部分依赖他们彼此间的合作以及与根据他自己的合理规范和评价规范在自然和人类生命中运作的上帝的合作。

　　恰是这种关于价值、理想、规范及其与存在之关系的推理模式构成了宇宙心灵是善的从而是值得崇拜的这一人格主义论点的根本基础。宇宙心灵并不仅是一个最合理地说明如我们所知的关于人、自然以及二者的相互作用的实存事实的假说。它还为我们提供了统一实存事实与价值的最合理的假说。关于罪恶问题还有更多东西需要论述，现在我们有根据称宇宙心灵为存在与价值的源泉，以及作为宗教崇拜和道德灵感之对象的至善的上帝。

　　（八）价值理论中绝对主义的唯心主义与人格主义的唯心主义之对比

　　对人和价值的论述构成绝对主义的唯心主义与人格主义者之相对多元主义的唯心主义之间的主要区别。我们要阐明这两种类型的唯心主义之间的相似与区别。

　　8a. 在关于自然的形而上学方面的一致。[19]唯心主义的绝对主义就是这样一个信条：整个宇宙就是一个完美的、包容一切的心灵（或至少是如心灵一样的统一）；无论是自然还是人类个人和社会中的任何一个东西都是一个绝对心灵的一个相位（Phase），一个方面，一个阶段——在宽泛的意义上是其一个部分。这种观点在本质上是泛神论的，尽管它的诸如黑格尔这样的代表不在乎被称作泛神论者。绝对主义诉诸思想者（thinkers），因为它清楚明白地示范了这样一个说法，"我是葡萄树，尔等只是枝蔓"。于是绝对主义似乎既是逻辑又是宗教上融贯的结果，印度教和基督教都深受其影响。当你读伪狄奥尼修斯时，你很难分清自己是在印度、巴勒斯坦，还是在阿蒂

卡。绝对主义产生了伟大的思想体系，并对自然哲学作出了持久的有效贡献。对所有的绝对主义者而言，自然就是上帝的经验——或者如某些印度教教徒所认为的是上帝的"表演"（lila），或者是上帝的创造意志，或者是上帝的知识。那种把物理自然看作内在于上帝之中的上帝自己经验之一个方面的观点是人类心灵最崇高的观念之一。科学和哲学中并没有什么能对此提出严正挑战。这个概念使上帝走近于人并突破了科学与宗教之间的人为樊篱。

8b. 关于价值之形而上学地位的分歧。 所以对绝对主义者的自然哲学无须再提什么严肃问题。可当思想转向关于人格与价值的根本问题时，一幅全然不同的画面便会显露出来。人格（human persons）便是对理想规范的意识；它们也是对这些规范之非常不完善的实现的意识，有时甚至是对这些规范的有意背弃。错误、不完善和道德上的邪恶与罪恶皆是人类经验之不可否认的事实。绝对主义者（例如罗依斯）会说："是的，这些是事实，错误、不完善和罪恶存在于绝对（The Absolute）之中，但亦被克服于绝对之中。不完善会变得完善；罪恶会被征服。"

在这一点上批判绝对主义的人格主义者提出了自己的反对［意见］。他会对绝对主义者说：

> 如果错误和罪恶已经在绝对中被完全克服了，那它们就不会存在于绝对之中就像存在于我这个凡人身上一样。在我身上，错误确实被当作真理，而罪恶确实被当作善良。在我身上存在不可能像我所经验到的一样存在于绝对之中，我是无知的，但这并不代表绝对者也是无知的。既然我的一生都具有某种程度的不完善，那么我的人格中就不可能存在于上帝之中作为他的一部分。

"多元主义的"人格主义者——他认为宇宙是由依赖于最高人格，但并非其部分的人格（persons）构成的社会——在此有一个反对各种类型绝对主义的结论性逻辑论证。在说不完善的人是完善的上帝的一部分时有个不可根除的矛盾。但说不完善的人和完善的上帝生活在社会的相互关联中或上帝理解人之不完善及其原因和补助办法则不会产生矛盾。

8c. 关于人格之形而上学地位的分歧。 绝对主义在宗教上也是有缺陷的。绝对主义似乎与上帝之整一性的神秘含义(the unio mystica)相协调，但它会危害宗教的其他方面。如果灵魂实质上在其存在中便与上帝为一，那么人之为人的责任和道德生活便完结了。只有上帝才对上帝负责。取消道德努力便是到处斩断先知性宗教的根并毁掉宗教与人类品格之间的纽带。

更有甚者，与上帝实质上统一的绝对主义论断会使神秘经验失去意义，因为绝对主义者认为人本质上与上帝合一，而不管是否在神秘经验中实现了这种统一。除非至少有两个人格——上帝和人——在交流与协作，与上帝交流与协作的观念便毫无意义。绝对主义起初似乎很有利于神秘经验，结果却既断送了这种经验的动机又断送了它的意义。而人格主义再加上其基本社会哲学却保留了人格的分立和尊严，同时在目的整一性、崇拜交流以及上帝与人之间的爱的协作中发现了深刻的意义。

注释

[1] 选自 6d 部分开头而略去从 5a 到 c 部分的此章是布莱特曼博士留下的最后手稿。

[2] 亚历山大·麦克比斯在其吉福德讲座"生活实验"(1952)中已揭示不同文化中有比通常认为的多的共同价值。勇敢、忠诚和合作如科学一样受到普遍重视。人类学家们如果不承认获取真理的科学方法的力量就无法赋予自己的观点以有效性。如果真理只是大学惯例中的怪事，那么人类学和文化相对主义就如"绝对"价值一样没有根据。编辑建议克拉德·克卢克胡恩以"伦理相对性：原来如此和不"[载 Jour. Phil. L11(1955)，663～677 页]作为对这一话题的进一步讨论[的标题]。

[3] 参见 E. G. 斯潘丁《机遇的世界》(1936)和 J. 杜威《寻求确定性》(1929)。

[4] 参见 E. S. 布莱特曼《哲学导论》(1951)151～163 页对赞成和反对价值客观性的事例的论述。

[5] 参见布莱特曼《自然与价值》(1945)全书。

[6] 关于价值的文献甚多。可参见一般百科全书和哲学辞典与哲学百科全书中关于价值和价值论的词条。20 世纪特别值得注意的是：W. M. 厄班(Vrban)，《评价》(1909)；R. B. 培里，《一般价值论》(1926)和《价值世界》(1954)；N. 哈特曼，《伦理学》(1926)，恩(En)编，1932；R. 李卜来，《价

值的可证实性》(1944)，R. 李卜来编，《价值：合作探究》(1949)；E. W. 豪，《什么是价值?》(1952)。W. H. 沃克明斯特，《价值理论问题》，载 Phil. Phen. Res. XII (1952)，495～512 页，是富有启发意义的。

[7] 注意，这一定义与《宗教哲学》88 页中给出的定义是同一的，与《道德律》以及《自然和价值》72～73 页中的既强调欲望又强调在对可心的对象的经验中的欲望实现的定义是一致的，亦可见《哲学导论》(1951)，151 页。

[8] 见亚里士多德：《尼各马科伦理学》，Ⅰ，vi，9，1096b，14～20 页。

[9] 关于此问题的简明讨论可参见卢修斯·伽文(Lucius Garvin)，《现代伦理学导论》(波士顿，Houghtou Mifflin co.，1953)，第 5 章；亦可参见托马斯·E. 希尔(Thomas E. Hill)，《当代伦理理论》(纽约，The Macmillan co.，1950)。

[10] 以下段落直至 5c 的结尾皆引自布莱特曼的文章《价值、理想、规范和存在》而未作什么实质性的编辑性改动，该文载于 Phil. Phen. Res.，Ⅳ (1943—1944)，220～222 页，此处引用已得到出版商的应允。

[11] 理想的本性以及我们对理想的理解的本性在安东尼奥·卡叟(Antonio Caso)的具有历史导向的小书 El Acto Identorio (Mexico：Libreria de Porrua Huos. y Cia.，1934)中得到了很好的阐述。

[12] 价值经验和感性经验以及各自的客观指称之间的极富成果的类比已在 W. R. 索利(W. R. Sorley)的《道德、价值和上帝理念》(1918)一书中得以阐述。

[13] 关于这一一般命题的更具体的表述可参见 E. S. 布莱特曼《人与价值》(波士顿大学演讲，1951.4)。

[14] 亨瑞·大卫·爱肯(Henry David Aiken)教授在其论文《道德判断的权威性》(Phil. Phen. Res.，XII，1952，519 页)中已开始反对"创造超感觉的'价值'世界"。然而所有意志善良的人都会反对随意的创造，而这个陈述意指不存在实际超感觉的价值经验。如果这意味着否定善意和偏好出现在经验中或否认批判性规范思想是非感性经验，那它显然已被日常经验所反驳。如果这只断言价值和规范与对感性经验的约束和使用有关，那么没有哪位唯心主义者否认这一点。

[15] 参见 E. S. 布莱特曼的《价值，理想，规范与存在》，载 Phil. Phen. Res.，Ⅳ (1943)，219～223 页。

[16] §6 的其余部分节录自布莱特曼的《价值，理想，规范和存在》，载 Phil. Phen. Res.，Ⅳ (1943)，222～224 页，只做了些次要的编辑性改动。

[17] 以下内容选自布莱特曼的《自然与价值》(1945)的 125 页和 126 页，重印已得出版者的许可。

［18］由此到下一段结尾的内容选自 E. S. 布莱特曼的《哲学导论》(1951)，177～
　　 178 页，重印已得到出版者的许可。

［19］这一章的剩余部分选自 E. S. 布莱特曼的《自然与价值》(1945)，130～132
　　 页，且已得到出版者的许可。

选译自［美］E. S. 布莱特曼：《人格与实在》，第 15 章，

纽约，罗纳尔德出版公司，1958。 卢风译。

[德]布伯（**Martin Buber，1878—1965**）

《我与你》(1923) (节选)

《人与人之间》(1947) (节选)

《人的知识》(1965) (节选)

《我与你》（1923）（节选）

人执持双重的态度，因之世界于他呈现为双重世界。

人言说双重的原初词，因之他必持双重态度。

原初词是双字而非单字。

其一是"我—你"。

其二是"我—它"。

在后者中，无须改变此原初词本身，便可用"他"和"她"这两者之一来替换"它"。

由此，人之"我"也是双重性的。

因为，原初词"我—你"中之"我"与原初词"我—它"中之"我"迥乎不同。

＊ ＊

这并不是说：在原初词之外有独立存在物，前者只是指云后者；原初词一旦流溢而出便玉成一种存在。

诵出原初词也就诵出了在。

一旦讲出了"你"，"我—你"中之我也就随之溢出。

一旦讲出了"它"，"我—它"中之我也就随之溢出。

原初词"我—你"只可能随纯全之在而说出。

原初词"我—它"绝不能随纯全之在而说出。

没有孑然独存的"我"，仅有原初词"我—你"中之"我"以及原初词"我—它"中之"我"。

当人言及"我"时，他必定意指二者之一。"我"一经道出，他所意指的那个"我"便即刻显现。同样，当他述及"你"或"它"时，也就讲出了这个或那个原初词中的"我"。

"我"存在即言及"我"。言及"我"即诵出这一或那一原初词。

称述一原初词之时，人便步入它且驻足于其间。

*　　*

人生不是及物动词的囚徒。那总需事物为对象的活动并非人生之全部内容。我感觉某物，我知觉某物，我想象某物，我意欲某物，我体味某物，我思想某物——凡此种种绝对构不成人生。

凡此种种皆是"它"之国度的根基。

然则"你"之国度却有迥异的根基。

*　　*

凡称述"你"的人都不以事物为对象。因为，有一物则必有他物，"它"与其他的"它"相待，"它"之存在必仰仗他物。而诵出"你"之时，事物、对象皆不复存在。"你"无待无限。言及"你"之人不据有物。他一无所持。然他处于关系之中。

*　　*

据说，人感觉到他的世界。此之何谓？人流连于事物之表面而感知它们，他由此抽取出关于它们之性状的消息，获致经验知识。他经验到事物之性质。

但经验不足以向人展示世界。

因为它们向他展现的只是由"它""它""它"，由"他""他"和"她""她"以及"它""它"拼凑成的世界。

我经验某物。

即使人在"外在"经验上再添加"内在"经验，一切也无所改变。人希求遮掩死之奥赜，故而对经验作出此种一瞬即逝的划分。但内在之物何异于外在之物？除了物仍是物！

我经验某物。

即使人在"公开"经验上再添加"神秘"经验，一切也无所改变。

骄矜的理智自以为在事物中瞥见了专为洞烛玄机的它而设的宝库，而它正执有打开这华府的钥匙。啊，没有秘密的秘密！啊，知识的堆砌！它，总是它，它！

  * *

  经验者滞留在世界之外。经验"在他之中"，而非位于他和世界之间。

  世界超然于经验之上。它容忍人对它产生经验，然则却与其毫无牵连。因为，它绝不染指经验，而经验根本无从企达它。

  * *

  经验世界屈从于原初词"我—它"。

  原初词"我—你"则创造出关系世界。

  * *

  关系世界呈现为三种境界。

  ——与自然相关联的人生。此关系飘浮在幽冥中，居于语言无法降临的莫测深豁。众多生灵在我们四周游动孳生，但它们无力接近我们，而当我们向其称述"你"时，吐出的语词却被囚禁在语言的门限内。

  ——与人相关联的人生。这是公开敞亮，具语言之形的关系，在此间我们奉献并领承"你"。

  ——与精神实体相关联的人生。此为朦胧玄奥但昭彰明朗之关系；此为无可言喻但创生语言之关系。在这里，我们无从聆听到"你"，但可闻听遥远的召唤，我们因此而回答、构建、思虑、行动。我们用全部身心倾述原初词，尽管不能以口舌吐出"你"。

  然而我们如何能将不可言传者与原初词"我—你"之世界相沟通？

  在每一境界，以不同方式，我们通过浮现于眼前的流变不居者而窥见永恒之"你"的身影；在每一境界，我们皆承吸永恒之"你"的气息；在每一境界，我们都向永恒之"你"称述"你"。

  * *

  我凝视着一株树。

  我可以把它看作为一幅图像：一束沉滞的光波或是衬有湛蓝、

银白色调之背景的点点绿斑。

我可以把它视为运动：密实胶结之木髓上奔流的脉动，根须的吸吮，枝叶的呼吸，与大地天穹的不息交流或者微妙生成本身。

我可以把它当作实例而划归某一类属，以研究它的特殊构造与生命形式。

我可以完全漠视它的实在，它的统一，而仅把它当作规律的表征——或是那些使力量之无休止对抗趋于平衡的规律，或是那些制约元素之融合分离的规律。

我可以把它分解为永驻不易的数，分解为纯粹的数量关系。

在上述的一切情形中，树始终不过是我的对象，它有其空间位置、时间限度、性质特点、形态结构。

但是，我也能够让发自本心的意志和慈悲情怀主宰自己，我凝神观照树，进入物我不分之关系中。此刻，它已不复为"它"，惟一性之伟力已整个地统摄了我。

这并非是指：要进抵此种境界，我必得摈弃一切观察。我无须为见而视而不见；我无须抛弃任何知识。恰好相反，我所观察知悉的一切——图像与运动、种类与实例、规律与数量——此时皆汇融成不可分割的整体。

凡隶属于树的一切，它之形貌结构、物理运动、碧绿翠华、化学变化、它与水火土木的交流，与星辰日月的类通，此刻都聚集入一统一体中。

树并非我的印象、我想象力的驰骋、我心绪的征象。它是我之外真实的存在。它与我休戚相关，正如我与它息息相通，其差别仅在于方式不同。

关系是相互的。切不可因漠视此点而使关系之意义的力量亏蚀消损。

那么，树也有与人相似的意识？对此我一无所知。是否因为你们曾似乎成功地分解过它，现在又欲求将不可分解者再度分解？与我相遇的绝非树之灵魂或精神，而正是不可分割的树本身。

＊　　＊

如果我作为我的"你"而面对人，并向他吐诉原初词"我—你"，此时他不再是物中之一物，不再是由物构成的物。

他不是"他"或"她"，不是与其他的"他"或"她"相待的有限物，不是世界网络中的一点一瞬，不是可被经验、被描述的本质，不是一束有定名的属性，而是无待无垠、纯全无方之"你"，充溢穹苍之"你"。这并非意指：除他而外无物存在。这毋宁是说：万有皆栖居于他的灿烂光华中。

音符构不成旋律，语词凑不成诗句，线条铸不成雕像。要把如此和谐的统一体瓦解为无数碎片，人必施强暴于它们。我对其倾诉"你"之人也同样如此。我固然可从他身上抽取出头发之色泽，言谈之特色，品德之光彩，且当反复为之；但如此一来，他早已不复为"你"。

祈祷不在时间之中，时间却在祈祷之内；牺牲不在空间之中，空间却在牺牲之内。凡颠倒此种关系者必然会毁灭本真的实在。同样，我绝非是在某一时辰、某一处所与我对其称述"你"之人相遇。我固然可以把他置于特定的时空中，且当反复为之，但如此一来，他早已不复为"你"，所余的仅是某个"他"或"她"，也即是"它"。

一旦"你"之天穹莅临，光耀于我颅顶之上，则因果之疾风将俯伏足下，命运之流转将畏缩不前。

我不能经验到我对其称述"你"之人，原初词之神圣使我和他处于关系之中。但倘若我从中退缩出来，他将再度成为我经验的对象。经验即使"你"疏远者。

被称述"你"之人可能因蔽于经验而无从领会此圣洁关系。即使如此，关系依然存在。因为，"你"超越了"它"所能认知的范围，"它"远不能理喻"你"之伟力、人之不可穷天地。关系并非太虚幻境，它是真实人生惟一的摇篮。

＊　＊

艺术的永恒源泉是：形象惠临人，期望假手于他而成为艺术品。形象非为人心之产物，而是一种呈现，它呈现于人心，要求其奉献创造活力。这一切取决于人之真性活动。倘若人践行此活动，以全部身心对所呈现的形象倾吐原初词，那么创造力将自他沛然溢出，艺术品由此而产生。

真性活动包括牺牲与风险。牺牲意指：供奉在形象之祭坛上的祭品乃是无穷可能性；凡嬉戏于视野中的须臾即逝之物必须尽皆摈除，切不可任其潜入艺术品，惠临者之惟一性要求如此。风险意指：人必得倾其全部生命来称述"你"，献身于此，无所保留。艺术品非为树木人类，绝不会容忍我滞留逍遥于"它"之世界。她是君主，我当竭力伺奉。否则，不是我使她香消玉殒，便是她令我毁灭殆尽。

形象莅临我。我无从经验她，描述她，而只可实现她。她在与我相遇者之神妙容光中绚灿流辉，比经验世界之一切明澈更为澄明，故而我能观照她。她并非作为"幽邃"事物中之一物，作为虚像幻影而呈现于我，而是我眼前现时的存在。若依据所谓客观性来度量，她的确不是"实存"。但敢问还有何物比她更为实在？把我和她相沟通的乃是真切实在的关系：她影响我，恰如我作用她。

创造即汲取，创作即获致，塑造即昭示。我实现形象之时就是我敞亮她之时。我指引她惠临"它"之世界。所创造的艺术品呈现为一系列可经验、可描述的性质之聚合，因之它为众物中之一物，但它不时向虔诚敏感之观照者展露其本真面目。

＊　＊

——我们经验到"你"之什么？

——全无。因为"你"不可被经验。

——我们能知悉"你"之什么？

——一切。因为"你"之任何一部分都不可被单称知悉。

＊　＊

"你"经由神恩与我相遇，而我无从通过寻觅来发见"你"。不过，向"你"倾吐原初词正是我的真性活动，我惟一的真性活动。

"你"与我相遇，我步入与"你"的直接关系里。所以，关系既是被选择者又是选择者，既是施动者又是受动者。因为，人之纯全真性活动意味着中止一切有限活动、一切植根于此有限性上的感觉活动；就此而言，它不能不若受动者。

人必以其纯全真性来倾诉原初词"我—你"。欲使人生汇融于此真性，绝不能依靠我但又绝不可脱离我。我实现"我"而接近"你"；在实现"我"的过程中我讲出了"你"。

凡真实的人生皆是相遇。

＊　＊

与"你"的关系直接无间。没有任何概念体系、天赋良知、梦幻想象横亘在"我"与"你"之间。在这里，甚至记忆也转换了自身，因为它已超越孤立而融入纯全。没有任何目的意图、薪望欲求、先知预见横亘在"我"与"你"之间。在这里，甚至渴念也转换了自身，因为它已超越梦幻而转入呈现。一切中介皆为阻障。仅在中介坍塌崩毁之处，相遇始会出现。

＊　＊

在关系的直接性面前，一切间接性皆为无关宏旨之物。即使我之"你"已成为其他"我"之"它"（普遍经验的对象），或者可能因我的真性活动而变成"它"，一切也无所改变。因为，真正的界线虽然摇摆不定，却既不在经验与非经验之间，也不在给予的与非给予的之间，更不在实在世界与价值世界之间；它同时跨越所有这些境界而仁立在"你"与"它"之间，现时与对象之间。

＊　＊

现时并非指我们观念中眼下呈现的"已逝"时间的终点、时光流程里凝固的一瞬，它是真实活泼、沛然充溢的现在。仅在当下、相遇、关系出现之际，现时方才存在；仅当"你"成为当下时，现时方会显现。

原初词"我—它"中之"我"，即未曾与"你"相遇的"我"，为一大堆"内容"所缠绕的"我"，只有过去而无现时。这意思是：当人沉湎于他所经验所利用的物之时，他其实生活在过去里。在他的时间中没有现时。除了对象，他一无所有，而对象滞留于已逝时光。

现时非为转瞬即逝、一掠而过的时辰，它是当下，是常驻；对象非为持续连绵，它是静止、迟滞、中断、僵死、凝固，关系匮乏、现时丧失。

本真的存在仁立在现时中，对象的存在蜷缩在过去里。

＊　＊

吁请"理念世界"，薪求它充当凌驾于对立双方之第三者，这也无助于消除前述的本原二重性。因为，我所言及的正是活生生的人，你与我，我们的人生，我们的世界，这里没有所谓孑然独存之自在的"我"，自在的在。对活生生的人而言，真正的界线也把理念世界劈为两半。

确实，有不少沉湎在物之世界、醉心于经验物利用物之人，已替自己在此岸或彼岸构建出理念王国，以便当虚无侵袭之际可在其间寻得慰藉安宁。他们在理念世界的门前脱掉日常人生的鄙俗外套，披上圣洁罩袍，以能瞥见本原之在或必然之在而自鸣得意；但他之人生与其毫无关联。对他来说，甚而宣称自己意欲如此也令他无限欣慰。

此类人所虚设、想象、鼓噪的"它"之人类根本不同于那生机盎然、在其间人们相互称颂"你"的人类。最神圣的虚妄乃为偶像；最高尚的伪善情操即是堕落。理念既不屈居在我们身内，也不君临于我们头上；它们活跃于人之间，亲近人，毗邻人。那不能倾吐原初词之人可悲可怜，然那用枯涩概念称述理念之人更可痛可哀！

*   *

前述的三个实例①之一——艺术——业已清楚地表明：直接无间的关系包含有对与我相遇的"你"之作用。作为人真性活动的艺术决定了形式之转化为艺术品的进程，惠临的形式因与人的相遇而充实自身，她由此便莅临物之世界。在此间，她持久地活动，常常地演变成"它"，然同时又满怀喜悦地不断复归为"你"。她"化身为形"，其形体从无时间无空间之"现时"洪流中飘然而下，进抵实存的此岸。

我对人称述"你"，但此种与"你"的关系中所包含的作用却冥蒙难辨。那促成了关系之直接性的人之真性活动，被人们习惯地理解为也即是误解为情感。在爱之形而上学与心理玄学中，情感须臾不离，始终相随，可它们构不成爱。与爱形影不离的感情具有不同种类，耶稣对着魔者②所怀的情感有异于他对其钟爱的门徒的挚情，然他施予的却是同样的爱。情感为人所"心怀"，而爱自在地呈现；

---

①　三个实例是：树，人，艺术——译者注。

②　参见《马太福音》，12 章。

情感寓于人，但人寓于爱。这非为譬喻，而乃确凿的真理。爱不会依附于"我"，以至于把"你"视作"内容""对象"。爱伫立在"我"与"你"之间。凡未曾明谙此理者，凡未曾以其本真自性领悟此理者，不可能懂得爱为何物，即使他把一生中所体味、经历、享有和表达过的感情均归结成爱。爱以其作用弥漫于整个世界。在伫立于爱且从爱向外观照的人之眼目中，他人不再被奔波操劳所缠绕。任何人，无论其善良邪恶，聪慧愚钝，俊美丑陋，皆依次转为真切的实存。就是说，他们挣脱羁绊，站出世界而步入其惟一性，作为"你"而与我相遇。惟一性以其辉煌的方式时时呈现，由此人得以影响、帮助、治疗、教育、抚养、拯救。爱本为每一"我"对每一"你"的义务。从爱中萌生出任何情感也无从促成的无别，一切施爱者的无别，从最卑微者到最显贵者，从终生蒙承宠爱的幸运儿到这样的受难者——他整个一生都被钉在世界的十字架上，他置生死于度外，跨越了不可逾越之极点：爱一切人！

　　第三表征即是受造物与我们对它的观照。且让此表征的作用隐匿在神秘中。信仰生命之纯朴神奇，信仰对万有的奉伺，然后你方可豁然悟得受造物之期待渴仰，翘首以望此中蕴涵的奥义。言语会遮蔽真实的消息。观照吧！你周围沸腾着活泼的生命，无论你趋向何方，处处皆与在者相遇。

＊　　＊

　　关系是相互的。我的"你"作用我，正如我影响他。我的学生铸造我，我的业绩抟塑我。"恶"人在圣洁原初词的轻抚下成为圣徒。孩童、动物授予我们何等高深的教育！不可思议的，我们栖居且观察"初民"之语言。他们居于对象匮乏的情况，其人生构建在充溢着现时的狭隘活动范围。其语言细胞乃为句子词与前语法结构（后来划分出的不同词类发端于它们），它们最明显地晓示出关系之整全性。我们说"遥远"，而祖鲁人却用一个词来表述它；其在我们句子形式中的含义是，"那儿有人呼喊'妈妈，我完了'"。火地人以一个七音节词而遨游在我们之分析理智上，其确切含义是，"他们相互凝视，两者均期待对方主动从事他们欲做又无力于做者"。名词或代词所指称者深嵌在整个境况里，他们仅属浮雕碑刻，尚未完全脱颖而出，自成一体。其关切眷顾的非是分析的结果，思虑的产物，而是本真的原初统一，亲身体悟到的关系。

我们向相逢者问候祝福，对其表示忠诚，愿其与神同在。然则此类陈词滥调是何等的间接疏远！（谁还能从"愿神降福于你！"中感受到它原有的力量交流，哪怕是一星半点！）且把它们与卡菲尔人伴随着身体之直接接触的问候相比较，"我瞧你"！或者，与美洲人离奇但崇高的致意相比较，"嗅我"！

可以设想：名称、观念、对人及物的表象皆肇始于纯粹关系性事件和境况。唤醒"初民"之精神的原始印象、情绪波澜都因关系事件（与在者之相遇）和关系境况（与相遇者之共同生活）而资始。人夜夜皆见素月，但熟视无睹，无所触动，直至它在梦境窹间突然亲临他，以无言之姿令他心荡神移，以精灵摄其魂魄，以轻抚之甜美迷醉他。但这番经历留与他的并非是某种视象，如波的月华或随它而至的精怪。最初，他仅能感受到清月之搅动人心的波荡流溢全身，尔后，他心中才萌生出对酿成此作用的月亮之心象。仅在此时，他对那夜晚潜入他的未知者之记忆方才熠熠生辉，具形赋体，呈现为此作用的造就者。记忆由此使未知者嬗变为对象，使本不可被经验而只能被感受之"你"转成"他"或"她"。

每一本质现象皆具备此种长存不殆之元始关系特点，它使我们更易领会原始社会的精神要素，当今世界对此要素的研究探讨不一而足，但均未得其要义。我这里所意指的是神妙难喻的力量，在许多原始民族之信仰或知识（二者实为一体）中都可追溯到有关它的观念，当然有种种变化。它作为 Mana 或 Orenda① 且以其本真面目进入婆罗门教，尔后又演变成古写本② 与《使徒书》中之"活力"与"神恩"。它乃超感觉、超自然之伟力，不过，此类描述植根于我们的范畴框架，初民并无这些概念。初民之世界以他身体经验为限，对于他，"死者"之光临极为"自然"，把超验之物奉为实在，这于他实在是荒谬之至。他用来描说"神秘之力"之现象皆属基本的关系事件，即触动其身躯，激动其灵魂的事件。寂夜来访之月魄及死者便具有

① 两者皆指原始民族所信奉的超自然的"神力"。
② 原文为 Zauberpapyri，这是指古代写在莎草纸上的文稿。

此力量。燃烧的太阳，嗥嗥的野兽，以目光宰制他的酋长，用咒语赋畀他行猎力量的巫师，他们无不具备此伟力。这功效无穷之力便是 Mana，正是它把九天之月变成令我热血沸腾的"你"。在扰动人心之浑然印象中，对象心象渐次脱颖而出，此时，此伟力便化着记忆而留下足迹，作为此作用的造就者呈现于人心，人因领有它（或是凭借某种神石而获致它）而功业昭彰。初民之"世界图景"神秘玄奥，但其原因非在于它以神秘之力为枢机，而在于人自身之力量是此神秘之力的变体、枝叶。人一切卓有成效之活动皆渊源于这博大宏力。在此"世界图景"中，因果性非为无限连绵的链条，相反地，它仅是伟力不断闪烁，是伟力站出来玉成万有之活动，宛若生息莫测之火山喷发。Mana 是原始的抽象，或许比数更古老，但并不比它更具超自然性。由此而萌生的回忆把庄严的关系事件，把本原的情感波澜依次排列。在此序列中，"作用万有者"乃是人自我保存本能视为最紧要者，人寻知本能视为最彰明较著者，它卓然屹立，最具伟力。其次有非公共者，即个人体验中之"你"，它退居在人之回忆中，孑然孤立，渐渐转化成对象，逐步被纳入种与类中。最后，"你"之恒定不易的对峙者——"我"——也显现于序列里，它狰狞诡异，其可怖超乎亡灵，其阴惨甚于冷月，然它却必得益发清晰地呈现。

较之其他本能，自我保存本能与自"我"意识并无更直接的关联。那企求自我炫耀的非是"我"本身，而是尚未知悉"我"的身躯；那切望造作物品、工具或玩偶且以"造物者"自居者非是"我"本身，而是"我"的身躯。在求知之原初性中不可能觅见"我思故我在"，其间根本不存在哪怕是最原始素朴的主体观念。仅当原初词"我—影响—你"与"你—作用—我"分崩离析之时，仅当"影响""作用"皆沦为对象之时，"我"才脱离元始体验，步出无限本原的原初词，成为一独立实体。

＊　＊

初民之精神发展史揭示了两大原初词之根本差异。早在最初的关系事件中他已诵出"我—你"，且其方式天然无矫，先在于任何语言形式，此即是说，先在于对"我"之自我意识。与此相反，仅在人把自身认作"我"时，此即是说，仅在"我"自"我—你"中分离而出之时，"我—它"方可被称述。

原初词"我—你"可被消解成"我"与"你"，然则"我"与"你"之机械组合并不能构成"我—你"，因为"我—你"本质上先在于"我"。而"我—它"却发端于"我"与"它"之组合，因为"它"本性上后在于"我"。

原初之关系事件具惟一性，因此"我"必栖居在其间。就是说，依照关系之本性，仅有两者，即人以及与人相遇者能以其完满实在性伫立于关系中。世界在关系中呈现为二元体系，当此之时，人虽未以"我"自居，却早已意识到"我"之彻宇无涯的悲哀。

"我"此时尚未被纳入自然实在之事件。自然实在之事件进入原初词"我—它"，由此而成为与"我"产生关联之经验。此事件意味着人之躯体与周围世界相分离，因为人体已成为众感觉的承担者。躯体认识到自身的特殊性，且把自身分解为此类特性，但此分解只是纯粹机械地解剖，因而无从揭示"我"特有的领域、状态。

一旦"我"走出原初关系，自成一体，它即刻也参与躯体脱离周围世界之自然实在的过程，由此激活了在其间"我"自由驰骋的天地。"我"此时变得无比脆弱，龟缩成单纯的功能活动。仅在这一时辰，"我"之意识活动方才出现，此活动便是原初词"我—它"的第一存在形式，是其与"我"产生关联的第一形式。这走出来的"我"宣称自己乃是感觉的承担者，而周围世界仅是感觉对象。当然，凡此一切皆以"原始"的而非"认识论"的形式发生。然而，只要人说出"我见到树"，则他已不可能再称述人（"我"）与树（"你"）之关系，其所建立的乃是人之意识对作为对象之树的知觉，其所构筑的乃是主体与客体之间的鸿沟。原初词"我—它"，这分离之辞，隔阂之辞，业已被讲述出来。

＊   ＊

——那么，我们命运之凄凉沉郁肇始于泰初之时？

——确乎如此。此即是说，就人之意识生活产生于泰初而言。然意识生活意味着普遍存在之人化。精神在时间流变里显现为自然界之产物，甚而可谓是副产物，但自然本身却永恒伫立在精神之中。

不同时代，不同世界赋予两大原初词之对立以不同名称，但它却以无可名状之真实而蕴涵在创造中。

＊　＊

——那么，你坚信人类初期曾有天堂？

——无可置疑！纵使天堂犹如地狱（我在历史的沉思中所返还的那一时代肯定充斥着狂暴强横，伤悲大痛，苦难折磨，野蛮愚昧）。

洪荒之时，人之关系经历绝非一帆风顺，舒适惬意，然则他宁可遭受威逼生存的强暴而耻于为无穷琐事常戚！前者开辟通往天主之长衢，后者掘下直抵虚无之深壑。

＊　＊

对于探求两大原初词时代的景况，初民仅能提供浮光掠影的消息。因为，即使我们能完全接近他们的生活，其也仅可寓言性地提示早期人类真实的人生。而从孩童身上，我们可获致更完满的情况。

我们已洞若观火地瞥见：原初词之精神实在产生于自然实在。"我—你"源于自然的融合，"我—它"源于自然的分离。

母腹中婴儿之人生乃是纯粹自然之相融，身体朝夕相接，生命相互奔流。婴儿的生命地平线形成之时，其似乎奇妙地伫立于又脱离于承负它的母亲之生命地平线，因为他并非仅只栖息于她的子宫内。此相融深蕴着宇宙性。"人于母体洞悉宇宙，人离母体忘却宇宙"，这条犹太教神秘格言可谓是对远古铭文冥濛的诠释。此融合化身为幽潜之渴念而隐匿于人心。有人把精神与理智混为一谈，将其视为自然之附庸，但它实则是自然最绚丽的芳卉（尽管它极易遭受种种疾患的摧残）；在此类人眼中，这种渴念不过意味着人蕲求回归，但它实则是人仰慕宇宙汇融，希望勃发为精神之今生与其本真的"你"相融。

如同一切将降临斯世的生命，每一孺子皆栖居在宏大母亲之子宫内，寄身于无形无相，浑然一统的原初世界中。一旦脱离她之躯体，我们便相互分离，奔入各自的人生，仅在夜阑之时方可挣脱种种羁绊而重趋近她；正常人夜复一夜不断经历此过程。不过，此分离非若人脱离生母那样如此突然，如此暴烈；婴儿被赐畀了充足的时间，以便他得以用与世界的精神融合（即关系）来替代他逐渐丧失了的自然融合。他步出混沌之绚烂黑暗，进入创造之冷寂光明。然他尚未领有它；他必得将其抽取出来，他必得把它构筑成他的实在，他必得瞥见、聆听、触摸、塑造它，由此而觅得自己的世界。创造在相遇中展现其形象性。它不会沉溺于无为等待之感觉，而是奋然飞升，与急欲探求之感觉相逢。人仅可凭借积极辛劳的活动去期待并赢得日常对象，即活跃于发展成熟的人周围的对象。因为，没有任何事物本是现成的经验，它必在与相遇者之交互作用中呈示自身。和初民一样，孩童生活于梦复一梦（即使在苏醒时，他大部分时间也沉醉于梦幻里）、生活于投光与反光中。

　　我们早已在最古老朦胧的阶段里瞥见建立关系之努力的本原性。在人能知觉分离独存的事物前，他怯生的目光投向混沌莫明之空，无名无相之境；当人不存饥渴之忧时，其双手必会微妙莫测地伸入虚空，似乎是无所意欲地寻求与无可名状者相遇。倘若乐意，你当然可称此为动物性活动，但如此则一无所获。因为，正是不断努力之瞥最终能滞留在红色地毯上，长驻不移，直至红形之魂对瞥显露自身；正是动最终将获致玩具熊清晰分明的形象，由此，对象之全形真体内化于人，生动活泼，铭刻在心。此灵魂、形象非为关于对象的经验，而为孩童与生机盎然的相遇者之交流，但仅是"想象"交流（"想象"不是"赋万有以魂灵"，它乃是令万有皆成"你"的本性，是赋界万有以关系的本性，是以自身之充实而玉成活泼行动的本性。它不是把生机盎然之相遇者，而是把相遇者之纯形象或象征交给人）。微弱暗哑，支离破碎，毫无意义的声响不竭地穿越太虚，但终有一日，它们将汇融成对话；或许，这是由细火文煨而成，但难道这竟会减损其作为对话之光辉？无数被称为反射活动的行为便是人构造世界的利镘。孩童并非首先知觉到对象，尔后建立与它的关系；相反倒是，建立关系之努力率先出现。孩童之手形成拱穹，以让相遇者安卧其下，其后而生的便是关系，即先于任何语词的无言地言说"你"。仅当元始体验分崩离析，相融之双方各成一体之时，"物化"及"我化"方才出现。泰初即有关系。它为存在之范畴，欣然之作为，领悟之形式，灵魂之原本；它乃关系之先验的根，它乃先天之"你"。

　　先天之"你"实现于与相遇者之亲身体验的关系中。人可在相遇者身上发现"你"，可在惟一性中把握"你"，最后，可用原初词称述"你"。这一切均筑基在关系之先验的根上。

在蕲求相近之天性（首先是触摸，尔后是凝视另一在者）中，先天之"你"立即展露其全部伟力，由此，相近之天性日渐明晰地敞亮其"相互"、"温柔"之意蕴。先天之"你"也支配着"创造"天性（即以综合之方式，或者，若不能如此，以分析、分解之方式构造事物的天性），这样，便出现了被创造者的"人格化"，这样，便产生了"对话"。对"你"之日增愈烈的"渴念"，此渴念的满足或落空，不竭的尝试以及对自己之束手无策的悲剧性意识，凡此一切皆不可避免地渗透入孩童的灵魂发展进程中。我们必得时时牢记：此现象渊源于浑然一体、无形无相的原初世界。因为，降临世界然尚未成为自体的及实在的存在之个人必须从它领承充实的在，通过它而进入关系，由它而逐步发展自身。

＊　＊

人通过"你"而成为"我"。相遇者来去不定，关系事件时而层次选出，时而烟消云散。在此动荡变幻中，对恒定一方之意识，即自"我"意识渐次增强，益愈清晰。当然，此时之"我"尚囿于与"你"的关系网络里，但欲成为"你"之征象已明显出现，只是还不能如愿。不过，"我"之力量不断膨胀，直至一切羁绊皆断裂破碎；当此之时，"我"与我自身面面相对，似乎"我"之自身已与"我"相分裂而转成"你"。"我"即刻占有自身，从此，"我"执持自我意识而跨入关系。

仅在这一时辰，另一原初词方才形成。从此，关系中之"你"日渐消退，然它尚未成为某个"我"之"它"，成为匮乏本真融合之知觉与经验的对象，这种情形在尔后才会出现。眼下，它乃是自为的"它"，它仍默默无闻，但正蓄力以待，准备跨入新的关系事件。与此同时，人发育整全之躯体也从周围世界分离而出，承负感觉经验，担载本能冲动。但此分离尚属"各—居—其—所"之并列，非为"我"与对象之截然对立。然而，自成一体之"我"在此时业已呈现，"我"自充盈圆全中退缩而出，成为一功能体，即经验物、利用物之主体。"我"趋近一切自为之"它"，捕获它们，占有它们，与它们组成原初词"我—它"。已具"我性"之人，称述"我—它"之人与事物对峙，但这已不复为在相互作用之洪流中的相遇。此时，他将其对象化，有序化，或俯首以放大镜细察明观，或仰首用望远镜远眺遥视。他冷静分析事件，对其惟一性无所感触；他漠然综合事物，毫无万有一体之情怀。因为，仅在关系中人方可感悟万有之惟一性，仅在惟一性感悟中人方可怀具万有一体之心胸。此刻，他第一次把事物经验成性质之聚合。每一关系性体验后，隶属于“你”之性质便留存在人的记忆里，然只是到此时，事物于他才呈现为由实在性质所构成者。“你”之中本有众多性质之核心、基质，而人根据其对关系的回忆，依照每个人之梦想性、形象性或思考性之不同性格，将此基质充实、扩大。此刻，他也第一次把事物塞入时空—因果网络，使其各居其位，各循其途，各具其可测度性及特定本性。

“你”确乎呈现于空间，但这乃是相遇者之惟一性空间，其余的一切皆属它之背景陪衬，它们绝不能限制它，规定它；“你”确乎出现于时间，但这乃是自我实现之时间，它非为一川流不息之进程中的环节，而是人亲身体验的瞬时片刻，此时刻之纯净强烈的维度仅可由它自己予以规定。同时，“你”也显现为施动者与受动者，但它并非受制于因果链条，在关系事件中，它始终伫立在与我之相互作用里。只有“它”能被有序化，此乃人类世界最根本之真理。仅当事物由我们之“你”转成我们之“它”之时，它们方可被排列组合。“你”不知何谓刻板有序的系统。

我们既已深入到此种境界，则不可不澄清人类世界之根本真理的另一方面。没有它，世界将变成毫无用处的断壁残垣。换言之，有序世界非为世界秩序①。在幽寂玄奥之时辰，世界秩序敞亮现时，昭示其真貌。音符之流飘浮于太虚，世界秩序即是其悄声无息的乐谱。幽寂时辰旋踵即逝，倏忽而去；从它们不可获致确切内容，然则它们的伟力贯穿人之创造、人之领悟，其力量的光潮涌入有序世界，一次次把它瓦解消融。此显现于个人历史，此显现于人类历史。

＊　＊

人执持双重态度，故而世界于他呈现为双重世界。

他知觉周围之存在——事物及作为事物之在者；他知觉周围之发生——事件及作为事件之活动。性质构成事物，瞬时组成事件；

---

　　①　原文为：Gaordnete Welt ist nicht die Weltordnung。

事物进入空间框架，事件居于时间网络。事物与事件以其他事物与事件为限，用它们作尺规，与它们相比较。这是秩序井然之世界，这是离异分化之世界。它妥实可靠，密结稳固，延续连绵，它向人敞开户牖，任人反复攫取其内容。它闭目则去，睁眼即来。它永驻身侧，邻接你之肌肤，倘若你愿作如是观；它长存身内，栖于你之灵魂，倘若你有此意愿。它乃你之对象，而且，如果你乐意，它将永复如此，始终为你的路人过客，或寓于心内或立于身侧。你知觉它，视它作"真理"，它无所抱怨，任你所为，然则它非为你之奴仆。只有言及它，你方可被他人"理解"；它乐于充当你们所有人的共同对象，任其趋近每个人之方式却各不相同。你绝不可能在它之中与他人相遇。没有世界，你不可能生，因为它之妥靠庇护着你的生存；然一旦死在世界，你将葬身于虚无。

存在与生成作为相遇者与人相遇。惟有一种在，每一物皆是在；所存在者在事件之发生中向人显露自身，所发生者又作为存在降临于人。除了这惟一的在，无物当下存在，但惟一的在蕴涵整个世界。尺规与比较业已消失，但不可测度者能在何种程度上转成实在却完全取决于你。相遇断然不会排列组合而构成世界，但每一相遇皆是世界秩序之表征。相遇断然不会相互勾连，但每一相遇将玉成你与世界之关联。以此种面貌呈现于你的世界不再是恒定妥靠的，因为她时时更新，因为你不可用语言系执她。她无所稳固，因为在其间万有相互汇融；她无所连绵，因为她不招自来，苦留偏去。她超越人的观察审度，一旦你意欲如此，她即刻瓦解冰消。她惠临，她为把你带出而惠临；如果她无法接近你，相遇你，她会倏然消退，然将改颜换貌而再度降临。她不在你之外，而是沸腾于你之底蕴奥枢。假若你称其为"我魂之魂"，这绝非言之过甚。然而，你须倍加小心，切不可企求移她于你之灵魂内，否则，你只会使她玉殒。她乃你之现时，你进入她而后领承现时。你可把她视作对象，经验她，利用她，但你践行此举时，现时已灰飞烟灭，荡然无存。在你与她之间有相互馈赠：你向她称述"你"，把全部存在投入她；她对你诵出"你"，向你奉献自身。言及她时，无人可理解你。普天之下惟有她与你。不过，她会教诲你如何与他人相遇，且在相遇中助你佑你。她之惠临赋界你圣洁光辉，她之离去留予你庄严伤悲，此光辉与伤悲将你引向"你"。在"你"之中，关系之经纬交相织连，关系之平行线欣然相会。她无力维系你之生存，她仅能助你瞥见永恒。

＊　＊

"它"之世界龟缩于时空网络。

"你"之世界超越于时空网络。

当关系事件走完它的旅程，个别之"你"必将转成"它"。

个别之"它"因为步入关系事件而能够成为"你"。

这便是"它"之世界之两大特权。它们促使人把"它"之世界看作这样的世界：他必得生存于其间，他仅能生存于其间；在这里，他领有各种刺激兴奋，在这里，他可展开活动，获致知识。在"它"之世界的恒定不易，实惠有益之漫长历史中，"你"之瞬时片刻乃是神妙离奇，缥缈虚无之诗意插曲，柔媚妖娆，荡人心腑，诱人走向危机四伏之极端，致使稳若磐石的秩序动荡毁圮。它们留下的非为满意答案，而是无穷疑难。它们扰乱安宁，引来事端，令人生怖，实为累赘。既然我们必得离弃它们而回归"世界"，为何不干脆滞留于"世界"？为何不可把相遇者纳入秩序规范，将其塞入对象世界？有时，人除了对其父亲、妻室、丈夫称述"你"之外别无选择，然为何不可口诵"你"而心谓"它"？用口舌吐出"你"远非是称诵那可怖之原初词；尚且，我不妨柔情蜜意地对灵魂低述"你"，只要我真正意谓的乃是经验、利用，这对我又有何损伤？

人不能生存于纯粹现时，因为，一旦现时奔腾而出，一泻千里，人生将即刻消耗殆尽。但人却能生存于纯粹过去，因为仅在此间他可构筑生命。只要人用经验，利用它来填塞每一瞬时，它便会停止燃烧。

人呵，伫立在真理之一切庄严中且聆听这样的昭示：人无"它"不可生存，但仅靠"它"则生存者不复为人。

选自［德］马丁·布伯：《我与你》，
北京，生活·读书·新知三联书店，1986。陈维纲译。

《人与人之间》（1947）（节选）

第一部分　对　话

第一节　描　述

原初的记忆

我经常做相同的梦，尽管变化各异，有时也会间隔数年。我称它为"双重呼唤"之梦。梦的背景总是大体相同的，那是一个贫弱而蛮荒的世界。我觉得自己置身于一个巨大的洞穴之中，就像锡拉库扎①的拉托米亚一般；或者置身于一个泥土房中，醒来后会使我回想起乡间的农夫；或者在茂密森林的边缘，我记不得是否真的似曾相识。

梦以不同的方式拉开序幕，常常伴有某些非凡事件的降临，例如，一只状若幼狮的小兽（梦中我知道它的名字，醒来却忘记了），它撕扯着我的手臂，惟用力方可挣脱。奇怪的是，梦中故事的开端与这些事件的表面含义相同。显然，那是整个梦境中最为重要的，但却总是如此迅疾地展现，仿佛无关紧要。而后突然间又放慢速度：我站在那里，大声呼唤。鉴于我清醒的意识所记录下的事件，我本

---

① 　锡拉库扎（Syracuse）系意大利西西里岛东部一港市。

应设想，我所发出的呼喊声的变化与以往的事情一样，时而欢愉，时而恐惧，有时甚至充满痛苦，但却又伴着成功的喜悦。然而，在我清晨梦醒后的回忆中，那呼喊声既不富于表情，也颇乏变化，每一次都是相同的呼喊，语言含混但节奏感强，起伏分明，声音渐趋洪亮。如果我醒着，嗓子是难以忍受的，声音悠长，异常的悠远深长，如此呼喊像一首歌。当它停止，我的心跳也戛然而止。但是，随即在远处的某个地方，另一声呼喊向我袭来，与以前的呼喊相同，却由另一个声音唱出。然而，它与我的呼喊绝非类同，当然也不是我呼喊的"回声"，那是真正的应答。这种应答并非单纯地重复我的呼喊，甚至不是以一种弱化的形式，而却与之相一致，回应着我的呼喊——如此这般，起初传到我耳中的毫无疑问的我的呼喊，现在却存在着问题，一连串的问题，好在这些问题一一得到回应。然而，回应也与问题一样难于解释。遇到相同的呼喊并不意味着两声呼喊完全相同，每一次的声音都是新的。但是现在，随着回应的中止，在它消弭的瞬间，我确信——怀着对这个真实的梦的确信——现在，它已经发生了。别无他物，仅此而已。而且，正是以这种方式——现在，它已经发生了。如果我试图去解释它，就意味着，现在使我发出叫喊的事件真实地发生了，并且伴有回应者。

此后，这个梦多次重现——直到一次，最后一次，大约发生在两年前。起初一切依旧（即动物之梦），我的呼喊声消失，心弦紧绷。然后，随之陷入沉寂，没有回应。我仔细聆听，没有声响。头一遭，我在等待回应；迄今它都令我迷惑，似乎我从未听到过它。等待，却无声响。现在却发生了一些事情。至今为止，我似乎从未以其他方式进入感观世界，除了利用耳朵，并且我发现自己不过是一个具有感觉能力的个体，既是附着身体器官的感觉，也是赤裸裸的感觉。所以，我向远方暴露自己，面向所有的感知。于是，回应在喧闹中出现了，不是来自远方，而是来自环绕我的空气。事实上，并不是它出现了，它原本就在那里——所以我应该作出解释——在我呼唤之前，它就存在。现在，当我向它完全开放时，我又听到了回应。并且将它完全纳入我的知觉之中，就像在原初的梦中领悟其应答者一样。要说如何倾听它，应该说用"身上每一个毛孔"去感受。应答者依旧出现在我的梦中，回应我的呼唤。它以一种难于定义的不可知的完满性超越原初的应答者，因为事实在于，它已经在那里了。

当我最终听到它，轰鸣声比任何时候都大，我愈发确定，此刻它已经发生了。

无言即交流

正如最渴望交谈却无法交流（最清楚地表现在一种可以恰当地称之为辩论的奇特活动中，辩论意为"分开"，那些思考能力颇佳的人尤其沉迷于该活动），对于交谈来说，声音不是必要的，无手势亦可。言语可以摒弃所有感觉的凭借，并不失为言语。

当然，我并不是指恋人之间的含情脉脉、依偎轻轻、眉目传情、心有灵犀，事实上，仅仅是一个凝眸，系于彼此心灵的含义也是丰富的。我也不是指神秘主义者享有的静默，如报道中方济各会的埃济底阿斯和法国的路易斯（或者，极为相似的，两个哈西德教派的拉比），他们相见，一言不发，但是"站在上帝（圣像）面前"感受彼此。这里，仍有手势及其形体语言的表达。

我之所思，我会以实例阐述清楚。

设想在荒芜之地，两个人并肩而坐，他们互不搭言，也不相望，甚至从不转向对方。他们互不信任，亦不相知，只是在那天清晨，他们在旅途中相识。此时，他们不关心对方，我们也无须了解他人的心思。其中一人一如平常般平和地坐在看似普通的座位上，热切地等待即将到来的一切。一个人一定已经在那里了，他的存在似乎昭示着准备的不尽充分。另一个人的态度并没有与他相悖，那是一个自敛的人，善于克制自己。但是如果我们了解他就会知道，儿童时代他被施以符咒，他的自持不仅仅是一种态度，而所有态度的背后是一种在表达中无法克服的无能为力。现在——让我们设想，在成功地破除束缚我们心灵的七个铁箍的时刻——符咒悄然消失了。直到现在，此人仍然一言不发，手指都没动一下。然而，他在做些事情。符咒的消失已经莅临于他——无论来自何方——尽管他没做什么。而这正是他现在的所作所为：他解除了自己所保有的缄默，只有他自己的权利方可施加，信息毫无约束地流淌出来，沉默将它带给邻人。这确是给予他的，他毫无保留地接受这信息，正如接受自己所面临的真实的命运。他将不能告诉任何人他所经历的东西，甚至他自己。对于他人，他现在"知道"些什么？无须再知道什么。

因为在那里坦诚占据主导，在人与人之间，即使无言，对话的言语也神圣地发生了。

纷纭意见与偶发事实

因此，人类的对话或以语音或以手势，这些符号都具有独特的生命力（语言的字母在特例中有其地位，正如聚会中前后传阅的、描述气氛的纸条），尽管如此，没有这种符号，对话亦可存在，不过它的确不以一种客观的可以理解的形式而存在。另一方面，交流的一个要素似乎就在于它的本质，无论内在与否。但在其巅峰时刻，对话甚至可以超出这些界限。对话可以在被传达的内容或可以被传达的内容之外完成，甚至是最隐私的部分。并且，对话不是在某种神秘事件中完成的，而是在确切意义上的事实中完成，且完全契合于常规的人类世界以及具体的时间序列。

人们确实有可能倾向于承认其对于情欲这一特殊领域的有效性。但我却无意在这里把它作为解答。情爱，在现实中，远比柏拉图谱系神话的构成更为奇异。情爱也绝不像人们所设想的那样，纯粹是对话的浓缩与展开。我确信没有其他领域如这一领域那样（后文将论及），对话与独白相辅相成却又背道而驰。许多广为人知的爱情的迷狂只不过是恋人之间意想不到的可能性得以满足时的喜悦。

我宁愿去思考那些质朴但有意义的事情——陌生的人在繁忙的大街上擦肩而过，他们瞥视对方，尽管不是宿命的一瞥，却显示出两厢对话的本质。

但是，我能够通过一些经历展示我所思考的一切，这些经历真正完成了信息与信息的交流，也就是说，将对话的信息具体化。

这里我所关注的不能以观念传达给读者，我将用实例来说明——倘若问题重要，我们不避讳从个人生活的最隐秘处选取例证。除此之外，相似的例子何处可寻呢？

我与一位亡友的友情源于一次偶然的事件，如果你不介意，可以把它称为一个被突然中断的谈话。时间是在 1914 年的复活节。来自欧洲不同民族的人们聚集在一起，由于一种莫名的大难临头的预感，他们试图为建立一个超国家的机构而做些准备。会谈是坦诚的，在此之前我从未深切体验过如此主旨鲜明而又成效卓著的会谈。所有与会者都深受其影响，没有虚伪之辞，字真句实。当我们讨论到组成更大的集团，并发出公开倡议时（确定同年 8 月聚会），我们中的一个人激情澎湃，颇具仁爱与公正之心，提出了一个值得考虑的问题，那就是，得到提名的犹太人太多，这样一来有几个国家似乎就要由他们的犹太人来代表了。尽管类似的反思与我的意见毫不相关，这是因为，我始终主张犹太人在维系世界持久和平所作的努力是有效的而不是肤浅的。这种努力只应在他们自己的共同体中，而不应分散在成员之中。在我看来，他们这种方式的表达，是对其公正性的玷污。作为一个顽固的犹太人，我对他们的异议表示反抗。我已经无法记起我是怎么讲起耶稣来的了，我说我们犹太人打从心底里认识他，他是犹太人，这令我们冲动和兴奋，这种认识方式对那些皈依他的民族来说仍旧是无法企及的。"以一种你仍旧无法达到的方式"——我直截了当地对前面那位牧师说。他站起来，我也站起来，我们从对方的眼睛中洞悉心灵。"好吧"，他说。在所有人的面前，我们兄弟般地亲吻对方。

犹太教徒与基督徒关于彼此间境遇的讨论转变为犹太人与基督徒之间的联盟。在这种转变中，对话得以实现。意见消失了，偶发事实以一种具体的形式发生了。

宗教争论

这里，我设想会有两种反对意见：一种颇具影响，一种现实有效。

在这两种反对意见中，一种反对我的观点采取这种形式。当论及根本性的宇宙观问题时，谈话绝不能以这种方式中断。每个人必须完全真实地展示自我，在人们无法自拔的偏好中，以真实的方式体验自我常常会受到他人的限制。于是，二者共同承受我们受制约的本性的命运，并在其中相遇。

对此，我的回答是，受限的经验包含在我所提到的那些东西中，共同克服它们的经验亦包含其中。这不可能在宇宙观层面上完成，而是诉诸现实层面。二者都无须放弃其观点；只是，当他们做些意想不到的事情，或者有一个可称之为协约的意外事件发生时，他们进入了一个所持观点的原则失效的领域。他们也遭遇了我们受制约的本性的命运。但是，当他们为了某个永恒的时刻而摆脱宿命，就像我们所被允许的那样时，他们其实是无比崇尚这种命运的。当每个人都在心灵深处转向他人，与他人交谈，彼此接近，使对方显现时，他们就相遇了。

另一种反对意见来自一个相当不同、甚至是对立的方面。我之所言在这种观点所及之处或许是正确的，但止于承认对信仰告白的正确性。信仰对立者所关注的是奉行神旨，而不是短暂的人与人之间的争论。对于那种笃信信仰，不惜牺牲自我、屠戮他人的人来说，没有信仰的法则支配不到的领域。他为真理的胜利而努力，而不允许自己被情感所误导。信念不同于他即为错误，必须改宗，至少要接受教导；与他直接的契约不能由信仰的主张出发，而只能于其外达成。宗教论证的观点不容忽视。

这种反对意见从其对相对精神的无约束特征之漠视中获得力量，这种特征被认为是一个过程问题。我只要通过忏悔就足以回答这个问题。

我没有可能判定路德或加尔文的行为，路德在马堡拒绝与乌尔德利希·兹温利①合作，加尔文则促成了塞尔维特②之死。因为路德和加尔文认为，基督的话语临在于众人，清晰明了，人们应当不容置疑地拥护它。我不相信这种说法，基督的教义流星般穿过我的视野，陨石可以作证，虽然它不能发光。而我自己只见到光亮却无法创造陨石，就说"正是它"。但是信仰的不同绝不能仅仅理解为个体的差异，也不能归因于现代人信仰的脆弱；即使我们的信仰大大加强了，差异依然存在。确切地说，世界已经发生了变化，从严格意义上讲，体现在上帝与人的关系之中。仅仅考虑我们所熟知的黯淡、无上之光、生存之黑暗、启示之虚无，肯定不能从本质上把握这种变化。这是期待中的黑暗——不是模糊的希望，而是期待。我们期待神的显现，并且知道显现之地，我们将其称为共同体。在这个期待中的共同体中，被清晰地了解、被拥护的惟一福音是不存在的。在人类面对他人境遇的过程中，口传之词得以详述。没有对其创造

---

① 乌尔德利希·兹温利（Tlyich Tlyich Zwingligli，1484—1531）系瑞士苏黎世宗教改革运动领导人。

② 米格尔·塞尔维特（Miguel Serveto，1511—1553），西班牙著名学者，1553 年被加尔文以火刑处死。

物的忠诚，就没有对神的皈依。我们的方式是去经验之。

一次真正的宗教交谈在进行——不是那些徒有其名虚有其表的交谈，事实上没有人关注同伴的话语；真正的对话从肯定到肯定，亦从一开放心灵者到另一开放心灵之人。惟有此时，真正平凡的生活才会出现——不是在一切宗教中提炼出具有相同信仰的生活，而是在一定境遇之中感受痛苦与期待的人生。

问题之提出

对话的生命力并不局限于与他人之交流；而如其所示，是人们之间的相互关系，且仅仅表现在与他人的交流之中。

同样，即使免除语言和交流，仅从我们可以感知到的来看，对话的生命力似乎也不可避免地与之相结合，并作为其最微小的组成构成内在行为的相互性。对话中连接在一起的两个人一定会转向对方，他们一定业已转向对方——无论以任何行为作为衡量标准，或实际上只是以其行为意识作为衡量标准。

如此直接和正式地提出问题是有益的。在讨论关于范畴之界限这一被明确阐述的问题背后，隐藏着一个新的问题，它使得所有规则分崩离析。

观察　旁观　意识

我们可以通过三种方式感知一个眼前生活的人（我不考虑将科学知识作为客体，这里不涉及这一点）。我们感知到的客体没有必要了解我们的存在。由此，他是否与感受者有所关联或者对感受者有某些看法都不重要。

观察者为了将被观察者牢记于心，孜孜以求地去"关注"他。观察者探察并且记录，就是说，他勤于记录尽可能多的"特质"。他严阵以待，无一疏漏。特质构成客体，可以获悉特质背后所隐藏的内容。人类所表达的系统的知识不断收录层出不穷的个体的新变化，以保持其适用性。面部只代表容貌，动作仅表现姿态。

旁观者并不专注。他的立场是让自己自由地观看客体，安然地等待其呈现于他。仅在开始有其目的性，超乎目的的一切都非其所愿。旁观者不是四处搜罗、漫无选择地记录，他放任自己，丝毫不怕忘记什么（"忘记才好"，他说）。他不去回忆，只依赖于感观去存留值得保存的东西。他不像观察者那样，以青草作为草料；相反地，而是让阳光去照耀它。他不关注特质（"特质会使人误入歧途"，他说）。客体向它所显现的是那些非"特质"、非"表现"的东西（"兴趣并不重要"，他说）。所有伟大的艺术家都是旁观者。

然而有一种截然不同的感知。

旁观者和观察者都具有定向性，他们的立场即期望去感知生活在我们面前的人们。此外，对他们来说，此人乃是与他们自己、他们的生活相分离的客体，也正是由于这一原因，他才能够被"恰当地"感知。随之，他们以如此方式体验到的东西——无论是从观察者角度得来的众多特质，还是旁观者所认为的存在，二者既不强求他们的行为，也不将命运施加其上，而是将整体交付于感觉。

在我个人生活的某个接受性的时刻，某人来见我，对我"说某些事情"，这些事情是关于我的，但我却根本无法以任何客观的方式加以把握，这是一件不同的事情。这并不意味着，告诉我一个人的行为举止如何，他会做什么样的事情，等等；而意味着，告知我某事，向我讲述某事，论及那些进入我生活的事，可以是关于此人之事，例如他需要我；也可以是关乎自己的事。与我相关的这个人本身与所说的东西毫不相关。他与我没有关系，他的确根本没有注意我。于我而言，不是他像孤独者一般无声地向邻人袒露心机；而是其在讲述他自己。

把"说"作为隐喻并不能够真正理解它。这句"对我没说什么"是一个过时的隐喻；我所说的话则是真实的言语。言语的大厦有很多公寓，这是其中之一。

将它告知我与旁观、审视而得知所产生的效果是完全不同的。我不能够描绘、概述或描写一个人，如果事件都是通过他告诉我的。如果我试图去做，这将是话语的终点。此人不是我的客体，我不得不与他相关联。或许，我必须完成与他相关的事件；或许我只是了解一些，这只是让我"接受"的问题。或许我必须立刻作出回答，对于那个我面前的人；或许所言要经过长时间、多方面的传送，我会在其他时间、地点回答他人的问题，用他知晓的那种言语。现在仅仅要做到独自担当，回答问题。而我每每遇到的情形却是：每一句话都需要回答。

我们可以将这种感知方式称为意识。

我所意识到的不一定是人，可以是一种动物、植物，或者一块石头。没有什么现象或事件从这一系列中被剔除，正是通过它们告知我一些事情。没有什么能够拒绝成为福音的化身。对话可能性的范围即意识之界限。

符　号

我们每个人却都被包裹在甲胄之中，这些甲胄的任务是防止符号进入。符号不断地涌向我们，或者意味着被告知，我们只需去感知、去展示自己。但是对我们来说这种风险过大，无声的惊雷似乎要以毁灭作为代价，我们只有一代代地去改良防护器械。我们所有的知识向我们保证，"镇静，所有的事情都如其所愿地发生，没有什么是针对你的，你并没有被指定；它就是世界，你可以任意体验，你用之在自我身上的一切仅仅源于自己，不需要你的任何东西，你不被告知，一片寂静"。

我们每个人都被包裹在甲胄之中，但我们很快就对其不再熟悉，不再关注。有时穿过甲胄，激荡心灵去感受些什么。每当它把自己强加给我们，于是我们就注意到它并且问自己，"有什么奇异的事情发生了吗？不是我们每天所遇到的那类事情吗"？而后我们回答自己，"没什么特别的，的确没有，每天如此，只是我们不在场而已"。

交流的符号并不是异乎寻常、超乎秩序的，即使掺杂那些在任何场合下、经常发生的东西，交流也并没有增加什么。以太之波不停地吼叫，但是绝大多数时候我们拒绝接受。

对我呈现的东西在对我说话。在对我呈现的事物中，这个发生着的世界在对我说话。只有从中剔除告知的种子，使其荒芜，我才能将我之所想作为与我无涉的世界的一部分。建立一个只需与之相契合的密切关联的贫瘠系统是人类巨大的工程。人类已将语言强制置于这项工程的施行之中。

在年代久远的城堡之外，反对意见朝向我，如果一些卫士对这一系列思想稍加留意，就会发现它不过是一种原始迷信的变形，这种迷信认为，宇宙和大地之上的时间对于人类生活来说具有可把握的直接含义。为代替从物理学、生物学、社会学上理解一个事件(对此我思考很多，我一直崇敬真正的研究行为，只要研究者在仅知其所为的同时不忘进入其领域的范围)，这些守门者说，人们试图去了解宣称一事件的意义，而这在理性的连续时空中并无位置。

就在那时，我意想不到地遇到一群占卜师，众所周知，他们中的很多都是现代型的。

但是无论他们是内脏占卜还是占星，他们的符号都具有特定的含义，即它们都包括在词典之中，即使不必有书面形式。流传下来的信息无论多么深奥都无关紧要：探寻符号意义者对于这一符号或那一符号所意指的人生关键之处谙熟于心。由一些不同符号结合所造成的分与合的特定困难也无关紧要。因为你可以在"字典中查找"。这一切事物的共同特征就是它适用于任何时间：事物保持不变，它们被一次性揭示出来，规则、法则及其类推的结论可以随处运用。人们所共称的迷信，即不正当的信仰，对我来说则是谬知。从关于数字"13"的迷信中，可以看到完好的悬梯能够直达真知的眩目高度。这甚至不是现实信仰的狂热。

真正的信仰——如果我所定义的现实信仰是指展示我们自己与感知——始于放下字典而无所用之际。我想到的东西向我诉说，但所言不能够为任何深奥的知识所揭示；因为它从未被说出，也不曾由发出的声音所构成。它既不能阐释也不能翻译，我既不能去解释也不能去展示它；它根本不是一个什么东西，据说它进入了我真实的生命；它不是一种可以孤立于情境而记忆的经验，那时，告知依旧存留，不可分离，询问者的问题尤在并且会有答案。

（问题尤在，因为这是另一个重要的矛盾，此矛盾存在于解释符号的一切事物与我所涉及的符号语言之中，这种语言没有带来知识或满足。）

信仰位于"一次性经过"的河流中，知识可以跨越河流。类推和类型学的一切紧急事件结构对人类精神来说都是必不可少的。但是，当询问者的问题临近你我，却又要逃开之时，紧急事件的结构就会起作用。有生之命仅于这种河流中得以验证、实现。

怀着对延续时空世界的尊重，我知道我每时每刻所面对的恒常的现实世界都是真实存在的。我可以将其分成相应的部分，比较它们，按照类似现象将它们分组，我可以从简单中推导并最终归结为更简单的现象；不过，当我为所有一切而付出时，我并没有触及具象的现实世界。现在它用一种令人恐惧的目光凝视我，不可分离、不可比较、不可简化，只发生了一次。所以，在斯特拉文斯基的芭蕾舞剧中，四处跳动的牵线木偶的导演想要告诉年度集市上的人们，它们所惧怕的丑角不过是一束穿衣的稻草而已；他将其撕碎——他也崩溃了。棚顶之上，活着的彼恰契卡坐在那里嘲笑他，喋喋不休。

具体现实真实的名字是一种创造，它被交付于我和每一个人。告知的符号于其中被赋予我们。

一个转变

早年，"宗教的"事情对我来说是异常的。这样一些时刻常常超出时间进程：日常的外壳从某处或它处被击碎，随后，表面可靠的永恒性破灭了，所发生的攻击将其法则冲击得七零八落。"宗教经验"是对不合生命情境之他性的体验。它可以始于平常事物，始于对寻常客体的思考，但随之却出人意料地变得神秘而不可思议，最终照亮了进入一条神秘的闪电般穿出黑暗的道路。然而，时间同样不需要中间阶段就能够被撕裂——首先是牢固的世界结构，而后，更为牢固的自信心飘然而去，你被引入到一片充盈的天地之中。"宗教"使你升腾。现在，那里盘踞的事物是习以为常的存在，这里则被启示、迷狂、欣喜所占据，没有时间或顺序。这样，你自身的生活就包含现实的生活与超然的生活，除了转变的时刻之外，没有任何联结。

无常生命趋于死亡和永恒，只有实现其无常方能面对这一切。通过一个日常事件、一次判断——由紧闭的双唇和冷静的一瞥中作出判断，诸如，由此认识到现实生活如此划分的不合理性。

所发生的事情仅仅是在一个上午。在一个充满"宗教"激情的早晨之后，始于一位素昧平生的年轻人的造访。他心不在焉。我当然会让这次见面显得亲切，所以对待他不像对待他的同龄人那样有一丝冷淡；那些年轻人习惯于在每天的这个时候见我，他们把我当作圣贤一般，聆听教诲。我专注而坦率地同他交谈——只是我忽略了去猜度他未提出的问题。随后没多久，我从他的一个朋友处得知问题的本质内容——他已不在人世。我知道他的拜访绝非偶然而是宿命，不是为了聊天而是抉择。他曾经到我这里，在一个时刻。当我们在绝望中走进他人，我们期待的是什么？一定是一种显现，借之我们被告知仍有意义。

从此，我放弃了这种宗教，它不过是一种异常、精粹、升华与迷狂；或者说是它放弃了我。除了未被带走的日常生活外我一无所有。神秘不再被揭露，它已经遁逃或留驻于事物的发生处。除了需求与责任等重要时刻之外，我不知道别的什么时候是充实的。尽管与它并不等同，不过我懂得在需求中我被需求，在责任中我要承担责任，我知道是谁说话，是谁需要回应。

我不知道更多。如果那就是宗教，那么它就是一切，不过是作为对话可能性的一切。这里同样有宗教最高形式的空间。因为当你祈祷时，你不是将自己置于这种生活之外，而是在祈祷中针对它去思考，即使最终放弃；空前惊悸的事亦是。当你被上天召唤，它需要你，于是去选择、受准许、被派送。当涉及你以及生命中至关重要的部分时，这一时刻不是从生命中抽取出来的，而是依赖于那些幸存者的示意；你不是湮没于没有义务的完满之中，而是愿意过一种交流的生活。

谁在说话

在生命的符号中，我们被告知。可是，是谁在说话？

把"上帝"作为回答于我们无益，如果我们没有给出个体存在关键时刻之外的答案，这种关键时刻要我们不得不忘掉我们所知道、我们所能够想象到的所有事情，我们敢于不流传、不学习、不自谋发展，也不存有知识，我们被掷于黑暗之中。

现在，我用一个笨拙的比较来说明，因为我知道没有恰当的方法。

当我们真正理解一首诗时，我们对于诗人的了解是在诗句中所了解到的——没有什么传记智慧，它对于我们完全理解我们所要理解的东西是有价值的：走近我们的自我就是这诗歌的主体。但是，当我们以相同的正确方式品味诗人的其他作品时，主体在结合的过程中具有多重性，它们相互完善，相互说明，形塑了一首个体实存的复调音乐。

以这样一种方式，从符号的给予者，即过往生命中的语词的言说者中，在诸神以单一身份为我们升起的时刻，这声音的主，太一，出来了！

上与下

上下相联。期望与人而不是与上帝交谈，他的话不能实现；期望与上帝交谈，而不是与人，他的话会引人误入歧途。

有一个传说：一次，一个受上帝启示的人离开生命界进入一片荒地。他在那里游荡，直到来到一个神秘门之前。他敲门。里面传出问话："你到这里想得到什么？"他说："我向人类称赞你，但是他们对我的话充耳不闻。所以我来到这里，向你诉说并想得到答复。""转身离开吧"，里面传来声音，"这里也没人听你诉说，我已经将我的听力融入常人的充耳不闻之中。"

来自上帝的真正的诉说将引导人类进入活生生的言语之境，在那里，生命的声音依稀而过，如此错过却真正获得了永恒的伙伴。

责　任

责任的观念会从专门的伦理学领域、从自由翱翔的"应然"领域中带回现实生活领域。真正的责任只存在于有所回应的地方。

对什么作出回应呢？

对发生在一个人身上的事情，对所见、所闻、所感作出回应。由于从世界和命运那里获得了一些内容，每一个分配给他的具体时刻对于执著于他的人来讲，都是语言。之所以需要专注，不过是因为需要从仔细观察入手。由此，正如我所指出的，文明这一大容器使人们远离这种专注及其所带来的后果是非常必要的。因为依其习惯，专注的人"掌握"紧随其后发生的事情；进入其中是强求的。此外，他所信任、所拥有的一向有用的东西中没有一个可以帮助他，没有任何知识、技术、系统、程序可以帮助他，因为现在，他必须利用那些不经分类的东西，自身也被具体化。这种语言没有字母表，每一个声音都是新创造的并且以这种方式领会。

期待一个专注者的出现，他在事件发生时能够直面创新。它以语言的形式出现，不是充溢头脑的语言，而是准确针对他的语言。如果一个人问另一个人是否听到，他说听到了，那么他们只是在经验行为而不是在被经验对象上一致。

但是，语言由声音构成，这些声音——我重复是为了消除误解，或许误解依然存在，我指的是那些异乎寻常、大乎生命的东西——就是个人日常生活中的事件。其中，我们被告知这些事件或"伟大"或"渺小"，而那些伟大的事件并不比他者运用更重要的符号。

然而，我们的态度并不是通过我们意识到的符号而被决定。关于自己，我们依然可以保持沉默——答复富于典型的时代特征——或者退让至习以为常的类型之中；尽管二者都会令我们沉迷于创伤，这种创伤不会在任何清醒与昏迷的状态中被忘怀。可是，这种情况也可能产生于我们冒险作出的、或许是结结巴巴的回应之中——心灵几乎不能够获得清晰的发音——然而，这是一种真诚的结巴，当含义与嗓音相合时可以说些什么，然而喉咙过于紧张无法完全表达出成型的含义。我们的应答用言语表达出来，或有所行为抑或有所阻碍，如告谓一样无法翻译——由此，行为类似阻碍而阻碍也类似行为。我们以此方式所说的存在的是我们走向、进入此刻临近我们的情境之中，如此情境我们不知道也不可能知道，因为没有类似的存在。

至此并未完结，我们必须放弃那样的期待：我们意识到的情境永远不会被完成，但我们可以把它纳入到现实生活的实质之中。只有那时，那个真正的时刻，我们才能体验生命，一种不同于诸时刻之总和的生命。我们对该时刻作出回应，同时也对那一时刻的行为作出回应，并对其负责。一个新创造的具体实在物被放置在我们的怀抱中，我们要为它负责。一只狗看着你，你要对它这一瞥负责；一个孩子抓住你的手，你要对他的触摸负责；一群人向你走来，你要对他们的需要负责。

道德与宗教

不对一句话作出回应的责任是道德的一种隐喻。事实上，只有当我必须要对彼处的法院行使责任时，责任才存在；只有当我所负的"责任"由明朗变得不容置疑时，"自我责任"才具有现实性。但是在对话的人生中，真正对事件负责的他并不需要说出他所回应的言说者的姓名——他在言辞实体中了解到他，该实体强加其上，并采取一种心性中的音调，搅动他的内心深处。一个人可尽力摒弃"上帝于彼"的信念，他在对话的严格圣礼中悉心体味他。

不要认为我置疑道德而荣耀宗教。当然，宗教是一种现象而非假定，进一步地，它既包括沉着也包括镇定，在这一点上，它优于道德。道德实在，即要求者的要求，在宗教中有一席之地，但宗教实在，即要求者无限的存在，在道德中却无位置。然而，当宗教自尽其能、维护自我的时候，较之道德，它依然暧昧不明，恰恰因为它更为实际而广泛。宗教作为一种准备放弃自我的冒险，乃是富于养料的河流要道；作为系统、拥有、保证与被保证，宗教乃是不循环的静脉血液。如果说没有什么能够像道德那样隐藏人类的面孔，那么也没有什么能够像宗教一样掩盖上帝的面容。道德拥有原则，宗教则有教义对应，我欣赏教义的"客观"的简洁性，但是二者背后所潜藏的——世俗的或神圣的——是有关对话情境的战争，也潜伏着拒斥不可预知时刻的"一劳永逸"。甚至当关于教义本原的主张仍旧无可争议时，教义也已经成为反对天启的、最神圣的无懈可击的形式。天启不允许有完成时，但拥有技艺的人以其对安全的热望却将其支撑在完成状态。

第二节　限　度

阈限种种

即使包括无声的、甚至是不用手势的对话形式，对话生活和独白生活的阈限与对话和独白的阈限也并不一致。不仅有大量的对话生活表面上看来并非对话，也有一些对话不是生命的对话，纵使它徒有其表却缺少对话的本质。的确，很多时候似乎只有这一种类型的对话。

我知道有三种对话：有真正的对话——无论是开口说话还是沉默不语——在那里，每一位参与者都真正关心对方或他人当下和特殊的存在，并且怀着在自己与他人之间建立一种活生生的相互关联的动机而转向他人；有技术性的对话，它只是由客观理解的需求所激起；还有装扮成对话的独白，其中，片刻即会相遇的两个或更多的人分别以奇异的转弯抹角、迂回曲折的方式与自己说话，设想他们已经摆脱了被置于自己打发时光的痛苦。如我所言，第一种对话已经少见；这种对话出现之处，无论采取多么"非精神"的形式，代表人类精神之有机存在的持续性证据还是可以体现出来。第二种类型具有"现代存在"不可分割的纯正的性质。然而在这里，真正的对话不断地隐匿在各种各样光怪陆离的角落里，偶尔也以一种不合时宜的方式出其不意、却不恰当地攻破其表——当然，通常是一种自以为是的宽容而不是完全的反感。——正如在列车守门者的语调中，在一个年长的卖报人对你的一瞥中，在烟囱清扫工人的微笑中。第

三种对话……①

在一次辩论中，思想不是按照其在头脑中存在的方式，而是以说话的方式去表达。这些思想尖锐地击中要害，但是说话的对象并不存在，他被认为以任意方式将个人呈现；一次会谈既不需要传达什么，也不需要获知什么，既不需要影响某人，也不需要与某人建立关联，决定其性质的仅仅是一种期求，即期求通过标示一些印象从而使自我依赖感得以证实，或者如果这种依赖感不够稳定，即可使其加强；一次友好的聊天，其中每个人都觉得自己是绝对的、合理的，而他人是相对的、有疑问的；一对恋人的交谈，他们都为自己美丽的灵魂和珍贵的体验而愉悦——这是怎样一个充满对话却面目不明的幽灵世界呀！

对话生活并非于其中与人们有大量交往，而是在其中与你不得不交往的人有真正的交往。孤独的人并不是过着独白生活的人，而是不能使共同体的背景变得真实的人，在那个共同体中存在是他的宿命，然而他离去了。事实上，正是孤独才能显示出这种在比照中最深层的本质。过着对话人生的他在岁月的进程中接受那些言说，觉得自己会去寻求一个答案。假定，在一座孤山的巨大空境之中，他遇到的一些东西在游走，变化多端，但是并不离开他。过着独白生活的他绝不会意识到作为绝对非己之物的他人，以及作为仍与之交流的他人。对于他，孤独就意味着视觉与思想的无限增长，而绝不是探求更深层次的交往。对于他，自然既是一种"经历"，因此是一种在自身中的生活，又是一个被动的知识对象，既是被观念性地带入灵魂的，又是真实地被异化了的。于他而言，自然不会成为需要所见所感去领悟的话语。

生活于对话之中的存在者，即使杂处于极端的拒斥状态之中，也能够获得奇刻但却具有强烈意义的互惠；生活于独白之中的存在者，即使在最温柔亲密的状态中也不会越雷池一步。

决不能由此就与某些道德家所设想的"利己主义"和"利他主义"的比较相混淆。我认识这样的人，他们积极投身于"社会活动"，却

———————

① 原文省略。

从不与同僚进行本质到本质地交谈；我也认识另一种人，他们除了敌人之外没有任何其他的人际关系，但是他们对敌人的关系如果不称其为对话的话，那么一定是敌人的过错。

对话并不等同于爱。我知道不会有人在任何时刻都会爱上他遇到的每一个人。即使是耶稣，显然他会爱"罪人"，但也仅限于那些可以被赦免、可爱的罪人，或者触犯戒律的罪人；而不是那些只忠于财产而与耶稣及其教义相违背的罪人。不过，耶稣对待后者一如对待前者，都与他们处于直接的关联之中。对话不等于爱，但是没有对话的爱，或是不走向他人、接近他人、与他人相伴，而只执著于自我——这种爱就是魔鬼撒旦。

当然，为了能走出自我、走向他人，你必须要有一个起点，已经并且必须做到自持。仅仅是个体之间的对话只是一副草图，只有将对话扩展到人们之间，这副图画才能够被填充。就像教给他关于边界的无尽内容的对话所产生的完整而美好的体验那样，个体何以如此真实地成为一个人？

这里所说的乃是在昏暗岁月中多次听到的与呼唤相反的东西，为了一种普世的坦诚。能够坦诚对待每一个过客，却不失其本质；但他是充实却无效用的，他不能与他所遇到的每个人有直接的关联。路德将希伯来文的"同伴"误译为"最接近者"（七十子译本已经将其译为接近者、邻人）。如果每一样具体的东西都同样接近、最近，那么与世界共生的生命就不再清晰而整合，也不再具有人性的意义。但是无论我们什么时候互相走进，在我与我的同伴——那是具有同伴关系的创造物——之间无须任何中介，因为我们拥有共同核心的关系被连接起来。

基本运动

我把基本运动称为人的一种本质活动（可以被理解为一种"内在"活动，但是只有眼部肌肉高度紧张、健步如飞的时候，它才是内在的），围绕它建立起一种本质的态度。我并没有及时地思考这件事，尽管单一的行为总是先于持久的态度；后者在基本运动的一次次完成中具有真实性，无须意见亦无须习惯。另外，作为一个美丽的、有效的谎言，态度有审美的，或者还有政治的含义。一个人们熟知的格言说，"一种意见首先定会被接受，其余的即会遵循它"，这在本质行为和本质态度的范围内不具有真理性——也就是说，我们所关注的是人的整体。

对话人生的基本运动是转向他人。的确，这种运动似乎时刻都在发生，甚为平凡。如果你看到某人，与他交谈，你转向他，这当然是你的身体；但是，你的灵魂也有必要转向他，因为这样你才将注意力转移。但是在这一切之中，什么是本质的活动，什么与本质存在有关？无视手边事物的不可理解性，一个人前行并最终成为一种实在。现在，我们感到世界不再是点的无意义聚集，我们曾瞬间关注过其中的某一点。它是一种无限的混乱，围绕一个轮廓分明而且能承受重量的狭窄防浪堤坝——其无限性受防浪堤坝的限制，尽管没有被环绕，自身也变得有限。无限性被赋予形式，从而放弃了中立性。（不过在每一时刻的接触中，每一个都值得我们将本质和盘托出。）因为没有人是无表达力的。我们之转向他带来了回应，但是难以察觉，且很快平静下来。回应体现在心灵的观看和探寻中，或许这种观看和探寻会消解在纯粹的心性中，但他们确实存在。现代人有一种观念，认为转向他人是感伤的，与现世生活的压抑并不一致，这是一种奇谈怪论。正如时下他所面对的状况表明，在现世人生的匆忙中，转向他人是无法实践的，这不过是其原创性不济的一个虚伪的自白。作为一个沉着的同伴，他让它记下可能的或允许的事情，而不是给每一时间状态作出规定，亦即在何种空间以何种形式对有生命的存在作出让步。

独白人生的基本运动不是转向相对的"转过来"，而是"反映"。

我11岁那年在祖父母家度过暑假，我经常一有机会就溜进马厩，亲昵地抚摸心爱的马的颈，那是一匹健壮的深灰色大马。那不是一时兴起，而是一件伟大的、友好的、又深深打动我的事情。现在如果让我去解释它，从我那仍旧有鲜活记忆的手开始，我要说，在抚摸它时我所体会到的是他者，具有无限他性的他者，尽管这他性就像牛羊的他性一般并不令我惊奇，但它还是令我前去抚摸它。那些坚硬的鬃毛，有时异常光滑，像被梳理过，有时又惊人地杂乱，当我抚摸它们、感受手中的生命时，尽管生命自身的元素与我的皮肤相接触，它却是非我之物，并非与我同类，可以感觉到是他者，不是另外的同类，而的确是他者；而它又使我接近，向我倾诉，将其置于"你"以及"你"与我的基本关系之中。即使最初我不把燕麦放入马槽，这马也会渐渐抬起它硕大的头颅，轻摇耳朵，安详地喷着鼻息，就像一个密谋者发出只有他的同谋才明白的暗号；我被他视为同谋了。然而一度——我不知道什么影响到这孩子，无论如何它都孩子气十足——它拒绝我的抚摸，那抚摸带给我快乐，我也由此突然间注意到自己的手。游戏仍在继续，但是发生了一些变化，与以前不再相同。第二天，在喂它很多草料后，当我抚摸它的头，它并没有抬起头来。若干年后，当我追忆这件事，我不再认为那动物意识到我的背叛，但在当时，我应该对自己作出评价。

反映与利己主义及其来自利己主义的东西有所不同。它不是指一个人关注自我，为自我考虑，指定自我，享乐、崇拜、悲悯自我；所有这些都可作为补充，但不是反映所必须的。（相似地，对于转向他人、成就他人，可以加上在其特殊的存在中实现他者、甚至完成他者，这样对于他和某人自己的共同情形也同样为他的、他者的目的而去体验之。）当一个人不再以其本质存在而是特殊性去接受他人的时候——这种特殊性绝不可能被自我的范围所限定，尽管有真实的触摸和接近，他的灵魂绝不内在于其中——让他者的存在只作为自己的经验、"自我的一部分"的时候，我将其称为反映。因为那时，对话已成为一种虚构，两个人的世界之间的秘密交流不过是一场游戏，在对与他相违抗的真实生命的拒斥中，一切实在的本质都开始瓦解。

无言深处

有时我听说，"我与你"是肤浅的，深刻的言语和回应不复存在，而只有不为他人所面对的原初的存在。我们应该置身于这静寂的整体之中，而其余的则将其相对性留给未来的生活，而不是施加于绝对的"我"和"你"与他们的对话。

现在，从我自己无法忘怀的体验中，我深知在一种状态中，生命自身本质的束缚从我们这里隐退，我们体验到的是一个未被分割的统一体。但是我不知道——心灵欣然去想象与必然去想象（我也经历过一次）——这里我已经与本原存在或神达成一致。这其实是夸张，若要合理地理解是不允许的。负责任地说——一个人在事实面前能够把握其范围——从那些经验中我只能推出，在他们之中我获得了无形式或内容的不可区分的自我的统一。我可以称之为原始的前传记的统一，并且设想它隐于一切传记变幻、心灵发展与复杂化之中而没有任何改变。然而，对于理解"负责"真实而严肃的解释，这种统一体不过是我的心灵的统一体，我已经在构成和内容之下多次涉及其范围，以至于我除了将他理解为无限之物之外别无选择。但是我的心灵的基本统一体必定超出迄今为止来自生命的一切多样性，尽管丝毫没有超越个体性，或者世界中一切心灵的多样性——世界是实存的，它一度是单一的、独一无二且不可复归的，这个创造性的个体：是人类心灵之一而不是"心灵的全部"；是一个受限制的特殊实在而不是神；基本的创造物的统一体是将创造物让渡给创造者的前一刻而不是当时与上帝发生关联。

他的自我统一体在人们所感受到的一般统一体中是可以分辨的。在心灵中占支配地位的那些领域，在采取某种行为或事件时都会沉溺其中，他不能够体验多重性的休止，除非将其作为统一体自身。也就是说，他将所体验到的多重性休止作为相互性的休止、作为他性缺失的揭示与完成。已成为某人的存在而不能够再从个性化方面、也不能够从"我与你"的方面去理解自我。对于心灵边缘的体验，"某人"必须与"那个人"意指相同。

但是在现实生活中，处于此时刻的人并不能够在创造性情境之上，而是位于其下，这一情境比所有的迷狂状态更加非同寻常、更加真实。他并不在对话之上，而是之下。他并不比他者更接近隐于"我与你"之上的上帝，也不比他者更远离转向人们、奉献自我的上帝，如同面向你的我和面向我的你，除非身体的死亡可能揭示出一切，而他者在祈祷中、仪式中、生命中并没有走出面对面的情形而一直等待无言的统一体。

即使过着对话生活的他也会了解到一个活生生的统一体：生命的统一体，如同真正获胜的统一体不再被撕毁而有任何变化，不会七零八落地沦为平凡的创造性生活和"神话的"高尚的时光；未受破坏的、在具象中毫无狂喜的坚定之言语被听到，并且居然还得到一个结结巴巴的应答。

关于思想

对于所有不含偏见色彩的思考而言，显然，所有艺术主要植根于对话本质。一切音乐都需要耳朵，但不是艺术家自己的耳朵；雕塑需要眼睛，而不是雕塑家自己的眼睛；建筑还要求阶梯，因为人要在其中走动。他们对接受者说，一些东西被表述只能通过某种语言(不是一种"感觉"，而是一种可感知的神秘)。然而，这似乎与独白人生中的一些思想相联，在独白的人生中，交流占次要地位。思想似乎由独白而生，是这样吗？这里是否有一个高耸于对话人生的堡垒？人们难以接近它，并且他自己将在无上的孤独中承受并最终获得胜利——正如哲学家所说，纯粹的主体将自身与具体的人区分开，以便为自己建立一个世界并巩固这个世界。

柏拉图多次将思考称为心灵与自身无声的交谈。每一个真正思考过的人都知道，在这一不平凡的进程中，有一步骤是在"内心"的审判庭上被提问并作出回答的。但那不是思想的产生，而是对已产生思想的首次尝试与检验。思想的出现并不发生在与自我的对话中。独白的特征不属于与有认知的思想产生基本关系的洞察；不属于对这种洞察的把握、限制和压缩；亦不属于对独立性概念形式的塑造；亦不属于对这一形式的接纳，伴随着关系的赋予，它们相互吻合、相互连接，形成了一种概念形式的状态；最终，亦不属于语言的表述和阐明(语言迄今为止只具有技巧性和有限的象征功能)。当然，对话的因素在这里也能被发现。思想者在其思想发展阶段、在他们的回答中，叙述者并非他本人。但是作为基本关联，他必须要对其洞察负责，或作为某种秩序，不得不对新生的概念形式负责。同时，设想作为自然或观念中的实存所发出的顿呼是与自我真正的对话，这对思想活动的动态性也是一种误解。

但是，当思想之尝试与检验暂时完成，在"内心"的审判庭，即在柏拉图式理性意义上的独白阶段之前，这种尝试与检验除了具有相似形式之外，又拥有另外一种形式，其中对话起很大的作用，如果对任何人来说都熟知的话，那么对柏拉图亦如此。为审判而接近的他并不是经验的自我，而是天才，是我有意成就的精神，是想象中的自我，在他面前，新思想的出现需要认可，即进入其完满的思考之中。

现在我们换一个维度来看，甚至从将权利释放后仍不满足的维度来看，出现了一种对于纯粹对话领域中实践尝试与检验的渴望。

这里，接受功能不再被交与"你—我"，而是交与一个真正的"你"，这个"你"或许依然被认为、被体验为最高的生命和"他者"，或者将他人具象化为一个亲密的人。威廉·亨伯特在其著名的论著《论双数》(1927)中说："人甚至为了单纯的思想之故而渴望对应于我的你。只有当概念在思想的另一种能力中反映出来时，在他看来，这一概念才达到明晰而确定。通过从表象的变动中剥离，并且在面对主体时被形塑为客体，这一概念就形成了。如果这种分离不单单在主体中继续进行，如果他真正理解自身之外的思想，那么客观性仍然以更加完善的形式出现；这只在另一个像他一样的表象和思维的存在物那里才有可能。在思想的一种能力和另一种能力之间，除语言之外，无其他中介。"1843 年，这一说法在路德维希·费尔巴哈那里被简化为一句格言："真正的辩证法不是孤独的思想者与他自己的独白，而是我与你之间的对话。"

但是这种说法超乎对于事实的"反映"，它指出在思想正当活动的原初阶段，内在活动与一个本真的而不仅仅是一个内在的我产生关联。在那里，现代哲学最真诚地渴望追寻人类生存基础的问题、境遇以及现状，在一些修正中，采取了更进一步的、重要的步骤。这里肯定不仅仅是你接受我，并且与我进行哲学探讨。更为卓越地，我们有与己相对的你，因为我们真正拥有以其他方式思考它物的他人。同样地，这也不是空中楼阁中国际象棋的游戏，而是坚实大地上人们有所约束的活动，其中，一个人不可抗拒地意识到他人的他性，但在未实现的时候根本不会提出质疑；一个人将其本原置于他的思考之中，在对它的关系中思考，在思想中诉说。

然而，现代哲学影响下的人，不再以这种方式在无法触及的纯粹观念领域中思考，而是在现实中思考——他是在现实中思考吗？不单单是在被思想塑造的实在中思考吗？以此方式认可和接受的他人不只是被思想塑造而成其为非现实的吗？我们这里提及的思想者拥有与他性的具体事实相似的东西吗？

如若我们严肃对待在我与你之间的思考，那么仅将我们的思想投向为思想所塑造的思想的它物是不够的。我们也应运用这种思想，恰好这样的运用，在生活中朝向他人，他人不是被思想塑造而是具体呈现于我们面前。我们应该具体朝向他具体的生活，而不应该朝向另一个思想者的生活。关于思想者，除了他的思想外我们期望一无所知，即使他人是一个思想者，也应该朝向超越他思想的具体生活——更应该朝向他个人，思想的活动必然属于他个人。

思想活动何时将忍受、涵盖、涉及面对我们的活生生的人们的出现？思想的辩证法何时将成为对话，成为严格依据思想术语的、与此在之人进行的一次不动感情亦不轻松的对话？

爱 神

希腊人区分一种强有力的、创世的爱神和轻柔的、心灵之中的爱神；也区分了神圣的与世俗的爱神。这两种区分于我而言似乎都未涉及绝对的区分。因为世界产生的欲望之神，雅各布·格林进入灵魂的世界，并以专横恶魔般的方式完成了宇宙起源的工作，就像为存在物授粉的中介：他是伟大的、为心理机制起源而授粉的蝴蝶。潘多莫斯神（假设他是一个真正的爱神，不是厚颜无耻地装作更高级爱神的普里阿婆斯），只需振动羽翼即可在身体的游戏中揭示原初之火。

当然，有疑问的是爱神是否没有损耗飞行能力，是否在严酷的犯人生活中遭到谴责，或者支配属于凡俗之爱的琐碎行为。相爱者的心灵互为对方做事；但是在"折断羽翼"者的规则下折断了羽翼（因为他的有力和无力通常显现在他们的力量及其无力之中），他们萎缩于所在之处，每一个人都在巢穴之中，而不是飞向他们所钟爱的对方，在那个超出靠近的、"知晓"的世界中。

忠诚于关于对话的、有着坚硬翅膀的爱神的人们知道所爱的人的存在。他们在简单的显现中体验了特殊生命——不是作为可见可触之物，而是由"内在"到"外在"，由神经来支配运动。然而，这里我只指两种截然相反的体验——更多的是一种稍纵即逝的体验——同时又是静止的。那里是头脑的偏爱——你感觉到灵魂是多么欣赏颈上的头颅，你觉得它不在你的头颅上而在别处的他人身上，在一个被爱者的身上，而你自己好像没被掠走，你就在这里，感受着自我的存在，接受着头脑的偏爱与指示，成为对自己无言之言的回答。在这静止之中，你进行也体验着对话。二人忠于对话的爱神，相互爱着对方，他们从对方那里接收到的事件是同样的，即他们从两个方面接受同一件事情，因而首次具体地理解到一个事件到底是什么。

断翅的爱神的王国是一个反应与映像的世界。但是，伤翅者控制之处就没有映像。因为在那里，我——心中充满爱转向他人——被爱者，他具有他性，是独立的、能够自我实现的，我用尽内心意向的全部力量转向他。我确实转向了他，正如转向一个正在转向我的人，但是就在这一被充分理解，但却不为我所理解的现实中，我转向了他。我不将活生生的、我所面对的东西吸收到我的心灵之中，我真诚地向自己也向他发誓，我是有信仰的。

对话的爱神十分简单；独白的爱神则是多重性的。多年来，我倘徉在人类生活的土地上，研究形形色色的"情欲之人"（正如断翅之人不时地将自己描述成为爱神之仆从）而未果。在那里，心中充满爱的人艰难地行走，只迷恋于他的激情；在那里，一个人怀有不同的感觉，正如佩戴着勋章绶带；在那里，一个人沉迷于令其着迷的冒险；在那里，一个人正欣喜若狂地注视着自己假设的投降的景象；在那里，一个人收集刺激的因素；在那里，一个人展示他的"权力"；在那里，一个人借用活力来炫耀自我；在那里，一个人愿意在既作为自己，同时又作为绝不像自己的幽灵而存在；在那里，一个人在命运的火焰中温暖自己；在那里，一个人正在试验；等等——多重独白者及其映像就在最亲密者对话的房间之中。

我已经提及了零碎的东西，但我所能想到的更多的是庞然大物。一些人向他们要吞噬的客体保证，神圣权力的施予与承受都被称为英雄式的爱。我知道这样的"领导者"，不但可以利用自己的强硬手段将成长中人类的血液混杂，也可以彻底分解它，使之不能再塑造。他们玩味着自己所具备的有影响力的权力，同时又自欺欺人地将自己及其民众想象成年青的灵魂缔造者，请求爱神——与世俗的大众不相接近——作为这一工程的保护神。

他们都在拍打着空气。只有自己转向他人，并向他人敞开胸怀，才能够从他人身上感受世界。当一个存在的他性为我的存在所接受，只有这样的存在才在实存的完整的浓缩中生活，并且面对我，把永恒的光辉带给我。只有当两个人均以此而相互说话，"就是你"才是他们之间内心之中当前的存在。

共同体

按照今日政治学定义的习长之见，群体中惟一重要的事情，无论是在当前还是在历史上，就是他们执意去做某事，即他们要完成之事。只有当尊重群体之目的影响到群体行为时，他们所做之事才被赋予意义。于是，它被让渡给图谋获得国家权力的一小撮人，同伴之谊充溢其中，且具有价值，因为它增强了这些人可信赖的攻击性力量。如果给依旧陌生的人提供满怀激情的训练作为补偿，那么他们同样可以准确无误地完成；确实存在着完善这个严格体系的良好基础。如果这个群体甚至力求达到更高的社会层次形式，那么在群体自身的生命中，这种更高形式在萌芽时期即被实现似乎是危险的。因为在这种不成熟的严谨之中，"有效"刺激的压制令人担忧。观点很明确，作为沙漠绿洲中的过客，偶尔的远离该地会被认为失掉了灌溉撒哈拉沙漠的工程。

　　运用这种简化的估价模式，一个群体真正的、个体的价值仍旧不能够被理解，正如我们判断一个人只依据其贡献而不是品性。当关于牺牲存在、放弃自我实现的闲谈增多，思想之扭曲也随之增长，可能还涉及对一个令人厌恶之物的美好的隐喻。可以抛弃幸福、所有权、权力、权威、生命，但牺牲存在乃是极端荒谬的。任何时刻，即使它必须保证自己与实在的关系，也不可以诉诸任何随之而来的、未来的时刻，它是如此贫瘠，为使未来时刻丰盈起来，就不可以这样做。

　　共同体感并非去支配那些领域，在那里，习俗合乎愿望的转变被共同地扭曲了，共同体感来自一个抗拒的世界，在无共同体之处方可做到这点。共同体感在争斗发生之处处于支配地位，共同体为其作为一个共同体的事实而抗争，源于这样的立场，争斗发生了。但是，未来同时也被决定了；一切政治"成就"，究其改变核心之效果，以及于事实面前通过某种无法体察之方式影响神秘历史之效果，不过充当了预备役的角色而已。

　　但是，在这众多的、混杂的、行进中的集体中，谁仍然在感悟他所设定的为之奋斗的目标——共同体是什么？他们都向共同体的相似物投降了。集体不是简单的捆绑，而是束集：个体的人被束缚在一起，被共同武装，从一个人到另一个人，如此多的生命会激励行进的步伐。但是共同体，成长中的共同体(就迄今为止我们所了解的来看)是这样一群人的实体：人们不再肩并肩而是一个接一个。这群人尽管也趋于同一个目标，但是在任何时候都经历着转向他人、主动面对他人、从"我"流向"你"的过程。共同体即在于共同体显现之处。集体基于个人实存的有机退化，共同体则基于面向他人生活中的个人实存的增长与证明。对于集体的现代性狂热乃是逃离共同体对个人的检验与奉献，是逃离生命的对话，要求在世界的心脏中将自我固定。

集体性的人傲慢地蔑视在"青年运动"时代中其前辈的"多愁善感"。这种广泛而深入的关注伴随着一切生命关系的问题，同时，共同体也就成了"目标"，亦成为问题。他们总是在兜圈子，却从不离开那记号。但是，现在有命令要进发，因为"事出有因"。主观错误的道路被抛在后面，而走上直接追求目的的客观性道路。正如前者存在虚假的主观性，因为缺乏作为主体的基本力量；因而后者也存在虚假的客观性，因为这里的人不是去适应世界而是非世界的小宗派。正如前者的一切颂扬自由之歌都是虚无之吟唱，因为他们认识到的只是解脱束缚而不是免除职责；而客观性甚至是对权威最高的赞誉都成为一种误解。因为事实上，他们只有通过言语和呼喊才可以强化伪装之权威。而在这种权威的背后缺乏一致的态度，他们的强大是扭曲了的。但是那些赞美诗所赞颂的真正的权威，即那个坚定地回应天主神恩时被神赐予能力的权威仍然不为当下政治领域所知。表面上看，这两代人类型不同，甚至到了互相矛盾的地步，而事实上，他们陷入了同样混乱的境地。"青年运动"那一代人考虑他的问题，关注（无论在不同时候有什么特殊的问题）自我参与其中，他体验他的"我"，而不保证自我——为了不必保证一个回应的、有责任的自我。集体的一代着手且大步前行，首先成功地抛弃了自我，因而从根本上避开了保证自我的问题。不过还是有了进展。于前者，独白将自己扮成对话。于后者则更为简单，因为独白的人生被欲望从绝大多数人那里驱除，或者被迫放弃了这种习惯；而发号施令的其他人至少不需要装扮成任何对话。

对话和独白都沉默了。被束集的人们向前行进，没有"你"也没有"我"，左边的人想要消除记忆，右边的人则想控制它：人们互相敌对、各自分离，走入共同的深渊。

选译自［德］马丁·布伯：《人与人之间》，
罗伯特·格雷戈·斯密（Robert Gregor Smith）英译本，
第一部分，第一、二节，伦敦，基冈—保罗出版社，1947版。李哲译。

《人的知识》（1965）（节选）

一、人际关系的要素

社会关系与人际关系

　　人间发生的事物常被归因于社会王国，因此模糊了在本质上不同的人生的两个领域的非常重要的分界线。大约在 50 年前，当我自己开始寻求在社会知识方面的认识而使用到我当时还不知悉的人际（the interhuman）[1] 这个概念时，我本人犯了同样的错误。从那时起，有种观念对我来说变得越来越清晰，那就是，我们必须把我们的存在作为一个独立的范畴来处理。如果用数学术语来表述，甚至可以说应该把我们的存在作为一个独立的维度来处理。由于我们对人的存在那么熟悉，以至于迄今为止它几乎逃离了我们的视线。然而洞察其特性不仅对于我们的思考而且对于我们的生活来说都是至关重要的。

　　我们也许会这样来描述社会现象：一定数量的人，生活在一起，相互紧密联系，有共同的经验和反应。然而以这种方式联系在一起只是意味着每位个体的存在都被包括和容纳在一个群体的存在之中。这并不意味着在群体中的人与人之间存在任何种类的个人关系。他们确实会感觉到他们以某种方式具有所属关系，可谓他们与群体外的人在所属关系上有着根本的不同。确实人与人之间的接触，尤其是在较小的集体中的人与人之间的接触，常常有利于个体关系的诞生，但是从另一个方面说，这也使个体关系的产生更加困难。确实在历史上存在过的群体中曾经出现过两个成员之间的非常紧密和亲密的关系——比如说，在日本武士或多利安武士中出现的同性恋关系，这些关系都有利于增加群体的内聚力。但是从总体上看必须说群体中的主要因素，尤其在人类历史发展的后期，更倾向于压制个人关系而支持纯粹的集体要素。在后者独立统治或处于支配地位时，人感觉到自身被集体支撑着，使他们不再感到孤独，不再对世界和失落充满恐惧。当这种情况发生时——对于现代人来说，这种情况的发生具有实质性，在集体的挺进面前，个人与个人之间的关系似乎在不断退却。集体的目的在于制约个人生活倾向。似乎在集体中紧密联系的人只应该关注集体的工作，集体能够容忍的个人之间的伙伴关系只能居于其次。

有一次我参加了我与之没有所属关系的运动。当队伍通过一个大的城镇时，我感觉到了个人与集体这两个领域的明显区别。我的一位朋友是这次运动的领导人之一。我感觉到一种悲剧性的发展趋势即将影响我的朋友的命运。出于同情我参加了这次运动。正在列队的时候，我与他进行了交谈，也与另外一名死亡正在降临到他头上的好心的"狂热分子"进行了交谈。那时候我还感觉到这两个人确实在那里与我作对。他们在距离上离我很近，而心灵上却离我很遥远。他们与我那么不同，以至于我的灵魂持续地受到这种不同的折磨，而且这种不同以其真实的存在与我相对立。然后队伍开始出发。过了不一会儿，我摆脱了对立情绪，被拉入队伍中，同时进入了毫无目的的行进阶段。很明显，对于那两位我刚与他们交换过意见的人来说，一切依旧。又过了一会儿，我们路过了一间咖啡屋。昨天我刚与一位知交不深的音乐家来过这里。就在我们路过这间咖啡屋的那一时刻，门开了，那位音乐家站在门槛上，看着我，很明显他只是看着我并向我挥手。我似乎立刻就被从队伍中拉了出来，离开了与我一同行进的朋友，站在那里，与那位音乐家面面相觑。我忘记了我正在与队伍步调一致地行进。我感觉到我正站在那里带着微笑无言地回应着他的召唤。当我意识到这种事实的时候，由我和我的伙伴领头的队伍已经离开了那间咖啡屋。

人际关系领域远远超越了那种同情。这种简单的事件只是其中的一部分，正如两个陌生人在一辆拥挤的有轨电车上交换了眼神，立刻又回到了那种互相没有愿望知晓对方的满足状态。但是冤家之间不经意的碰头也都属于这个领域，这种相遇会影响对方的态度。也就是说，无论多么难以察觉，在二者之间确实在发生着某种事情，无论当时是否通过某种情感表现出来。惟一重要的是对于这两个人中的任何一位来说，对方都成了特殊的他者。双方都意识到对方的存在，并以这样的方式与他相互联系：互不把对方看成其客体，或当成对象来加以利用，而是当成生活中的伙伴，即使它只不过是场拳击赛。存在主义者的著名论断之一是，人与人之间的基本因素是人对于他者来说是个客体。如果这种情况属实，人际关系中的特殊现实，人与人之间接触的事实就会被大幅消除，但没有被完全消除。让我们来举个粗略的例子。假设两个人正在相互对视。这里关键的不是双方互相把对方当成客体，而是他们都没有完全那么做，因为他们这么做会是失败的。我们与所有的存在物的共同点是我们能够被当成观察的客体。作为人，我的特权是我能够通过隐藏我的存在的活动，建立起一种对于客体化来说无法通过的屏障。只有在伙伴关系中，我的存在能够被理解为一个存在着的整体。

社会学家可能反对把社会关系与人际关系加以区分，而认为社会实际上是建立在人的关系基础上的，这种关系理论被认为是社会学的基础。但是在这里"关系"这个概念的模糊性变得明显起来。例如，当我们谈到工作中两个人之间的同志关系时，不仅意味着同志间发生的事情，而且意味着一种持久的倾向。在这些发生的事情中，其中甚至包括诸如对不在场的同志的回忆这种纯粹的心理过程，这种倾向得以实现。但是在人际关系这个概念中，我仅指人与人之间实际发生的事情，无论是否是完全相互性的或者倾向于发展成为相互关系。双方的参与在原则上是不可缺少的。人际关系领域是个整体，其中一个人与另一个人相对立。我们把没有展开的人际关系称为对话关系。

因此试图把人际关系现象理解为心理现象是根本错误的。当两个人在一起交谈的时候，一方在听而一方在准备说。在这种情景中，心理现象当然是这种交谈的重要组成部分。但是对于对话本身来说，这只是隐藏着的附属物。在语音中充满着含义。这种含义既不可能在双方中的一方那里找到，也不可能在双方在一起时找到，而只能在对话本身中，在他们共同生活的"之间"中找到。

是与似乎

人际关系中的本质问题具有二元性：是和似乎。

存在着这样一种为人们熟知的事实，也就是，人常常被他们留给他人的印象所困扰。这种情况在道德哲学中比在人类学中讨论得要多，但是这对于人类学来说也是最重要的研究课题之一。

我们可以把人的存在区分为两种不同的类型。一种类型是人实际上是什么，另一种类型是人希望看上去似乎是什么。总的说来，这两种类型是混合在一起的。也许几乎没有人能够完全不受他们给予他人的印象的影响，也很少有完全受制于自己给他人的印象的人。我们必须区分由人或他人主导的本质性态度。

正如其性质所表明的那样，在人际关系领域也就是在人们互相之间的个人交往中，这种区分在工作中显的最有力量。

两人互视是最简单明了的例子——第一个人属于第一种类型，第二个人属于第二种类型。从自己的存在的角度注视对方的人，正如一个注视着某位与之有个人交往关系的人。他的注视是"自发的"，"毫无保留的"；当然他会受到使他人理解自己的欲望的影响。但是他不会受到来自他自己的观念的影响，他能够或应该用这种观念来唤醒他正在注视着的人。他的对立面是不同的。由于他很注意他的形象，他的外表，特别是他的表情或眼神会对他人产生的影响，因此他会"做"表情。人或多或少地有些特殊。人在他的能力的协助下，能够使他的存在中的某种确定因素出现在他的表情之中。他作出一副具有和常常满足于具有自然言述效果的表情。这种言述不仅是在某个特定的时刻会发生的精神现象的言述，而且是某类人生的反映。

但是这必须与另外一个"似乎"的领域仔细地加以区别。"似乎"在本体论上的合法性是不容置疑的。这里我指的是"真实的似乎"这个领域。例如，一位青年模仿他的英雄榜样。当他这么做的时候，他被英雄主义的真实性所俘。或者一个人在扮演着命运之神的角色并想象出真实的命运之神。在这种情况下，不存在虚假的问题；模仿是真实的模仿，扮演的角色也是真实的；面具也是真实的面具而不是欺骗。而当伪装来源于谎言和被谎言所渗透时，人际关系的存在本身则受到了威胁。问题不在于有人说了谎或编造了某些理由。我所说的谎言在与某些特殊事实相关时不会发生，但是与存在本身相关时则会发生，它以同样的方式对人际关系的存在构成威胁。有时人会为了满足某种臭架子的需要而丧失我与你之间真实交往的大好时机。

现在让我们来想象两个正坐在一起交谈的人，并分别称他们为彼得和保罗。他们的生活由表象所支配。让我们来列出相关的不同类型的外观。首先，存在着这样一个彼得，他展现给保罗的是他所希望的那种表象；也存在着这样一个保罗，他展现给彼得的也是他所希望的那种表象。其次，存在着另外一个彼得，他是保罗眼里实际的彼得，也就是保罗眼中的彼得的形象，这个形象在总体上与彼得希望保罗看到的那个彼得至少不完全一样；反之亦然。再次，存在着彼得自己心目中的彼得；也存在着保罗自己心目中的保罗。最后，还存在着肉体的彼得和肉体的保罗。两个生命存在物和六个幽灵般的表象在两个人的对话中以多种方式混合在一起。哪里有任何真实的人际生活生存的空间呢？

无论在其他领域里"真实"这个词是什么含义，在人际关系领域，真实指的是人在相互交流中以他们是什么的面目出现。这并不是说人必须把发生在自己身上的所有事情都告诉他人，而是说不应该允许任何"似乎"在他自己与他者之间蔓延。它不是要使一个人居于另一个人之先，而是要求他在交流时允许他人分享自己的存在。这是个关于人际关系的真实性的问题。在上述状况中，没有找到这样的真实性，也没有找到人的要素本身的真实性。

因此，正像我们开始意识到人的危机一样，我们也应该意识到在人与人之间存在的危机。我们必须解除附着于正直这个概念上的空洞的道德说教，让它有具体的正直概念的性质。如果说在远古时代人生的前提是人的直立行走，那么可以说人生只有通过灵魂的直立行走，通过十足的正直才能实现。这种正直没有受到任何"似乎"的诱惑，因为它已经征服了所有的伪装。

⋯⋯⋯⋯⋯

一般说来，人们并没有真正地在交谈。尽管每个人都求助于他人，但是他实际上是在对一个虚拟的上诉法庭说话，这个法庭除了听他说话外不包含其他内容。在《樱桃园》里，契诃夫用诗歌的语言表达了这种状态。在那里，家庭成员生活在一起的惟一用途是互相交谈。然而是萨特把它提高到了存在原则的高度。在契诃夫那里，它还是以自闭者的缺失的面目出现。萨特把会话者之间的壁垒看成是根本不可逾越的。对于他来说，人只是直接与他自己相关，只料理自己的事务，这是人性之必然。他人内心的存在是他自己的事情，而不是我的事；既不存在与他人的直接关系，也不可能存在这样的关系。这也许是现代人的恶劣的宿命论的最简洁的表述。它把退化看成是人类不可变更的本质，把陷入死胡同这样的不幸视为人的命运。它把每种有突破性的思想称为反动的浪漫主义。真正知道我们这一代人在多大程度上迷失了真正的自由之路和失去了我与你之间的自由给予的人，为了回应这类认识的绝对性要求，必须亲自践行率直的品格——即便他是地球上惟一这样做的人，也应坚持到嘲讽者遭到了恐惧的打击，并听到了他们自己的被压抑的渴望的声音，才能背离此道。

真实的对话出现的主要前提是每个人都应该把他的对话伙伴看成是本他。我开始认识他，意识到他是不同的，以一种属他的、确定的和独特的方式与我具有本质上的差别。我接受我所看见的他，这样我就能够竭诚对本他说话。也许有时在我们的会话主题方面我必须提出严厉的反对意见，但是我接受这个人，我相信他的确定的存在，这种存在来源于已充分发展了的确信——即使我必须逐步展示这种确信本身的不正当性。我肯定我与之抗争的人：我作为伙伴与之抗争，我把他当成人和创造物，我把反对我的人当成与我对立的人。确实现在在我们之间能否进行真实的对话，能否在交谈中出现交互性，这取决于对方。但是如果我因此给予了与我对立的人以合法身份，我把他当成我愿意与之对话的人，那么我就可以信赖他，而且假设他也愿意把我当作他的伙伴来与我交往。

那么当我"意识"到一个人的时候，我所说的"意识"这个词的确切含义是什么呢？一般说来，意识到一件事或一个存在物的意思是把它作为包括所有具体细节的整体来体验，其中不作任何简约或抽象。尽管人不仅作为所有生命存在物中的一种生命存在物存在，而且也作为所有物中的一种物的存在，但是人与所有的生命存在物或所有物都是绝对不同的。在所有的物中，惟有人拥有精神这种天赋。精神在个人生活中起决定作用，也就是说，精神决定人。不从精神的角度无法理解人。所以意识到一个人意味着具体地体察到由精神决定的人的整体性；意味着体察到人的精神这个能动的中心。它以一种独特的可辨识的方式影响着人的言行和态度。但是当他人是我思考或观察的独立客体时，这样的意识就是不可能的，因为这种整体性和能动的中心不使自己为思考或观察所知晓。只有当我进入了与他人的实质性关系时，也就是说，当他开始向我展现他自己时，这种意识才是可能的。所以我把这种具有特别意义的意识称为"自我展现"。

通常说来，人的整体性、一致性和独特性只是部分地得到了发展。在我们的时代，把他人作为一个具有独特性的单一整体来感知的做法，几乎为所有通常被理解为现代性的事物所反对。在我们的时代，在人与人之间占主流地位的是分析的、还原的和派生的感知方法。如果说这种感知方法是分析性的，不如说是伪分析性的，因为它把整体存在物看成是部分的简单相加，所以能够被拆散。这种方法认为不仅所谓无意识能够被相对地客体化，而且在事实上永远不可能被当成客体把握的精神流本身也能够被相对地客体化。这种感知方法是还原性的，因为它企图把由微观世界的丰富性滋养的多面人简化为某种可概观的和可复现的结构。这种感知方法还是派生性的，因为它假设它能够通过发生原理把握一个已经生成的人，或正在生成的人，并且认为生成过程中的个体的能动中心原理也能够用一个总体概念来表现。今天的这种努力根本地破坏了人与人之间的神秘感，而这种神秘感曾经是最寂静的热情之源。近乎神秘的人生的水准被降级了。

我说上述这番话的目的不是要攻击人文科学中的分析方法。在不损害超越了这种方法的有效性的关于独特性的知识之外，这种方法对于进一步探索关于现象的知识是绝对必要的。因此人在使用这种分析方法时必须注意到像地平线一样环绕着这种思考方法的边界。这种限制使人们在生活中使用这种方法时产生了疑惑，因为在生活中很难看到这种边界的位置。

如果我们要头脑清楚地做今天的事和准备明天的活的话，那么我们这一代人和下一代人就必须开发出像灰姑娘辛德瑞拉那样能够生活于人的内在本质之中的天赋，以期有一天变成公主。有的人把它称为直觉，但这不是个很明确的概念。我宁愿把它称为"想象真实"的天赋，因为从本质上看，这种天赋不只是要观察他人，而且要大胆地进入——这要求对人的存在进行最强烈的激荡——他人的生活。这是所有真实的想象的本质，只是在这里我的行为不是都可能实现的，因为有具体而真实的人与我相对立。我只能以这种方式努力展现自我，而不是在他人的整体性、一致性和独特性中，利用他人的能动中心来再次实现所有这些事情。

让我再说一遍，所有这些只可能发生于一种现存的伙伴关系之中，也就是说，当我与他人处于共同的处境之中。在这种处境中，我把他人当成本他而向他暴露自我。确实我可以不表明我的基本态度，但对话可能在萌芽状态时就死亡。如果交互性被激起，那么人际关系之蓓蕾就会在真实的对话中开放。

强制与展示

我已经说明了有两种情况会妨碍人际关系的发展："似乎"的侵入和感知的不充分。现在我们面临着第三种情况。这种情况比其他情况要普通一些，但在这个关键时刻，它比其他任何时候更有力量，更危险。

影响人的生活观和生活态度的基本方式有两种。首先，人企图把自己的观点和态度以这种方式强加于他人：他人感觉到了这种行为对他本人的观点所产生的心理压力，这种压力只有通过影响力才能被解除。在影响他人的第二种基本方式中，人具有希望在他人的灵魂中找到并促进他认为正确的倾向。因为这种倾向是正确的，它作为一种可能性在他人的微观世界中也必须是活跃的。在这种可能性中，他人只需要对外开放即可；而且这种开放的发生在本质上不是靠说教，而是靠会晤，靠已生成的人和正在生成的人之间的存在性的交流来实现的。第一种方式在宣传领域得到了有力的发展，第二种方式则在教育中得到了很大的发展。

在我心目中的把自己的观点强加于人的宣传者，作为一个人来说，他并不是不关心他所希望影响的人；只要他能够利用人的各种各样的性质来赢得他人，这些性质就是重要的，他必须为此目的而知悉这些性质。在宣传者漠不关心地对待一切人事问题的过程中，他大大地超越了他为之工作的党派。对于这个党派来说，各种不同的人都具有意义，因为每个人都能够在具体的功能中根据他们的特殊性质而加以使用。确实人的性质只有在与特殊的用途相联系而且在这些限度以内在实践中被认可的时候，才能被加以考虑。在另一方面，对于宣传来说，个人的性质更可能被看成是种负担，因为宣传只是关注更多——更多的成员、更多的追随者、不断递增的支持。在以极端方式进行统治时，正如在这里一样，政治方法只是意味着通过使他人失去个性来赢得统治他者的权力。这种宣传与力量建立了各种不同的关系；宣传根据需要或期望，补充着力量或代替了力量，但归根结底是那种变得无法被察觉到的理想化了的暴力在起作用。它把人的灵魂置于一种压力之下，而这种压力给人一种能够自主的错觉。极端的政治方法意味着有效地废除人性因素。

在我的心目中，教育家生活在一个由个体组成的世界里，总有一定数量的人由他来照管。他把每个学生都看成是处于正在变成一个独特的、单个的人的过程之中，因此他是某种特殊的存在任务的承担者，他能够通过他和他自己来完成这种任务。教育家认为所有人的个人生活都处于一种实现的过程之中，他通过他自己的经验知道努力实现自我的力量在微观世界里总是在与反作用力进行着抗争。教育家认为自己是努力实现自我的力量的帮手。他知道这些力量；这些力量已经塑造了他而且将继续塑造他。现在他把这个由这些力量塑造成的人任其支配以进行新的抗争和完成新的任务。他不可能希望强加于人，因为他相信这种自我实现的力量的效用，也就是说，他相信在每个人的心目中何谓正确已经以一种单个的和独特的个人方式建立了起来。没有其他的方式可以强加于人。教育家使用的方式可以并且必须展示何谓正确。它为成就而奋争，助人发展。

强加于人的宣传者并不真正相信他自己的事业，因为他不相信在没有某些特殊工具的帮助下，他能够通过他自己的力量达到宣传的效果。他使用的最有代表性的特殊工具是扩音器和电视广告。展示事实的教育家相信的主要力量是已经自我散射和还在自我散射的力量。这种力量存在于人类社会之中，在每个人那里以每个人的特殊形式生长。教育者相信这种成长在每个时刻都需要通过会晤来提供帮助，而教育者就是应召来提供这种帮助的人。

我已经通过两个极端对立的例证阐明了这两种基本不同的态度及其相互关系的特征。只要在存在人与人相交往的地方，就能够或多或少地发现人的态度或他人的态度。

不应该把强加于人和帮助人展示自我这两种原理与傲慢和谦恭这两个概念相混淆。一个人可能很傲慢但并不希望强加于人，帮助他人展示自己的人也不一定就谦恭。傲慢和谦恭是灵魂的特性，是带有道德色彩的心理事实，而强加于人和帮助他人展示自我是发生于人与人之间的事物，是指向一种本体，人际关系的本体的人类学事实。

在道德领域里，康德表达了这种关键性原则：永远不应该只把他人想成或当成一种手段，也应该同时总是把他当成一种独立的目的。这种原则通过由人的尊严观念支持着的"应该"而得到了表达。我的观点在本质上与康德的观点相近，但具有另一种来源和目标。它很关注人际关系成立的前提。从人类学的观点上看，人不可能孤立地生存，而只能生存于人与人之间的关系之中；人性是什么的问题只有在至关重要的互惠关系中才能被适当地把握。正如我所展示的那样，为了适当的人际关系得以存在，必须使伪装不至于破坏人际关系。也如我另外所展示的那样，每个人还必须在他的个人存在方面向他人表明自己的意思和自我展现。不应该强加于人是人际关系中应该遵循的第三个基本前提。这些前提不要求人在展示自己的过程中对他人施加影响；但是这种影响是能够使人际关系走向更高阶段的一种要素。

在每个人那里都存在着以自己独特的方式获得真正的人的存在的可能性。这种情况可以通过亚里士多德的圆满实现或内生的自我实现来加以把握；但是应该注意这是种创造性工作的圆满实现。在这里只谈个性化是错误的。个性化只是所有的人的存在实现的不可缺少的个人标志。从最终意义上看，自我不是本质。人的存在通过创造一次又一次地充实自己而成为自我。人在成为自我的过程中互相帮助，把人与人之间的关系导引向其顶峰发展。人的存在的充满活力的荣誉首先作为一个整体呈现在两个人之间的关系之中，其中每个人都给予对方最高的评价，把人生的自我实现当成是种真正的创造，而不把自己的自我实现中的任何事物强加给对方。

真实的对话

现在我们必须总结和澄清真实对话的标志。

在真实的对话中，发生了向伙伴的完全转向，也就是说，它是种存在的转向。每位说话者以个人的存在向他面对的伙伴或伙伴们表达自己的"意思"。在说话者向对方表明自己的意思的同时，对方也在尽可能地向说话者呈现自己。正在体验的感觉和把感觉的结果联系起来的对真实的想象一起作用，使他人的本我以一个整体和一个独特的存在物呈现。但是说话者不只是以这种方式感知那位向他呈现自我的人：他把他当成他的伙伴，意思是说他承认本他的存在，只是要由他来确认。他向他人的真正转向包括着这种确认和这种接受。当然这样的确认不意味着赞成；但是无论我如何与他人对抗，通过在真实的对话中把他接受为我的伙伴，我就把他作为了一个人加以肯定。

另外，要使真实的对话产生，每位参与对话的人都必须使自己进入对话。那也意味着他必须在每种场合都愿意说出他的关于所谈话题的真实想法。那还进一步意味着他在每种场合都不加简化和不更换立场地贡献出他的精神。甚至具有正直品质的人也可能受着这种错觉的影响：他们没有必要说出所有"他们不得不说"的事情。真实对话需要具有真诚的风气。对于我来说，在任何时候，我不得不说的东西已经具有了希望被吐露的特征，我不应该隐瞒它，不应该保留它。对于我来说，它明白无误地属于词语的共同生活。在对话词语真实地存在的地方，应该通过毫无保留而给予这种词语以权利。毫无保留正好是无保留的谈话的对立面。每件事情都取决于"我不得不说的事物"的合法性。当然我也必须有意愿进入内部词语，然后进入此时我不得不说、但是还没有成为语言的口头词语。说话既是出于本性的需要，也是出于工作的需要。它既在生长也已成型。在真诚的气氛里，当对话出现时，它不得不再次实现二者的联合。

与此相关的是对我曾经谈到过的伪装的克服。在真实对话的气氛里，如果他作为不得不说话的说话者，为他自己的说话效果所支配，他就具有破坏性作用。如果我力图把注意力转向我的话，而不是我不得不说的话，那么在我不得不说的话方面，我就无可挽回地失败了；这就进入了一种失败的对话。这种对话是种失败，因为真实的对话属于由存在物的真实性构成的本体论领域，任何伪装的侵入都会起破坏作用。

在对话本身被实现了的地方，对话伙伴之间真实地转向了对方，他们毫无保留地表达自我，摆脱了伪装的愿望，由此产生了在其他地方无法找寻到的值得纪念的共同果实。在这种时候，每当这种时候，词语就以一种实体性的方式出现在人与人之间。这些人能够深入地把握对方，在一种自然的归属感的驱动下而向对方敞开心扉。

确实这种现象在两个人的对话中是很常见的：但是有时在几个人参加的对话中我也发现了这种现象。1914年的复活节前后，由来自几个欧洲国家的代表组成的团体举行了三天的会谈，意在为进一步的交谈做准备。[2]我们想要在一起讨论如何避免我们都认为即将发生的大灾难。我们事先没有在交谈的形式上达成一致意见，但是这里满足了真实对话的所有前提条件。从第一个小时开始，紧迫感就支配着我们之间的关系。有的人刚刚互相认识，每个人都以一种前所未闻的毫无保留的方式发了言。很明显与会者中没有一个人受到了伪装的奴役。从目的的角度看，必须说这次会谈是个失败（尽管到目前为止在我的心目中我还未断定它是个失败）。我们安排了八月中旬的最后会谈，而具有讽刺意义的是，在谈论具体事件的过程中，这个团体很快就破裂了。但是在接下来的时间里，没有一位与会者怀疑他分享了一次人际关系的胜利。

还有一点必须注意。当然，不是说所有参加真实对话的人都必须发言，有时保持沉默显得特别重要。但是每个人如果在对话过程中到了他不得不说话的时候，他决不能退缩。当然没有一个人事先知道他不得不说的话；真实的对话不可能被预先安排。确实对话从开始时其本身就有着基本的秩序，但是一切都无法决定，其过程是精神性的。有人发现只有他们受到了精神的召唤，才不得不说话。

所有与会者必须毫无例外地具有能够满足真实对话的前提条件和愿意这样做的性质。这也是个过程问题。只要与会者中有一小部分人让自己或他人感觉到不被要求积极参与时，对话的真实性就会被怀疑。这种情况会导致非常严重的问题。

　　我有一位朋友。我认为他是我们这个时代最值得注意的人物之一。他是位交谈大师，他喜欢交谈：作为一位说话者，他的真实性是很明显的。但是曾经发生过这样一件事情。他与两位朋友和三位夫人坐在一起。交谈开始。很明显夫人们从本质上说没有参与交谈，尽管在事实上她们的在场产生了很大的影响。男人们之间的交谈很快发展成为两个男人之间的争辩（我属于第三个男人）。另外一个"争辩者"，也是我的一位朋友，具有高贵的品质。他也是位真正参与了交谈的人，但他更注意客观的公平而不注意运用智力。对于任何论战来说，他都是个外行。我称之为交谈大师的那位朋友没有表现出他平时的那种沉着和力量。他闪耀着光芒，他战斗着，他胜利了，而这场对话被毁灭了。

注释

[1] "Das Zwischenmenschliche"，See my Introduction to Werner Sombart，*Das Proletariat*，Vol. I in Die Gesellschaft：*Sammlung sozialpsychologischer Monographien*，ed. by Martin Buber（1st ed.；Frankfurt am Main：Rutten & Loening 1906）.（"论人际"，见我为温纳·桑巴特的《无产阶级》所作的"导论"，载马丁·布伯编：《社会心理学著作集》，第 1 卷《无产阶级》，第 1 版，美因河畔，法兰克福，Rutten & Loening，1906）

[2] 我在其他地方记录下了这次会议的一段情节。参见我的《人与人之间》（*Between Man and Man*）中的题为"对话"（Dialogue）的论文，特别是 4～6 页。

选译自 [德] 马丁·布伯：《人的知识》，
罗纳德·格雷格·史密斯英译本，第 3 章，纽约，哈珀与罗
出版公司，1965。韦正翔译，万俊人校。